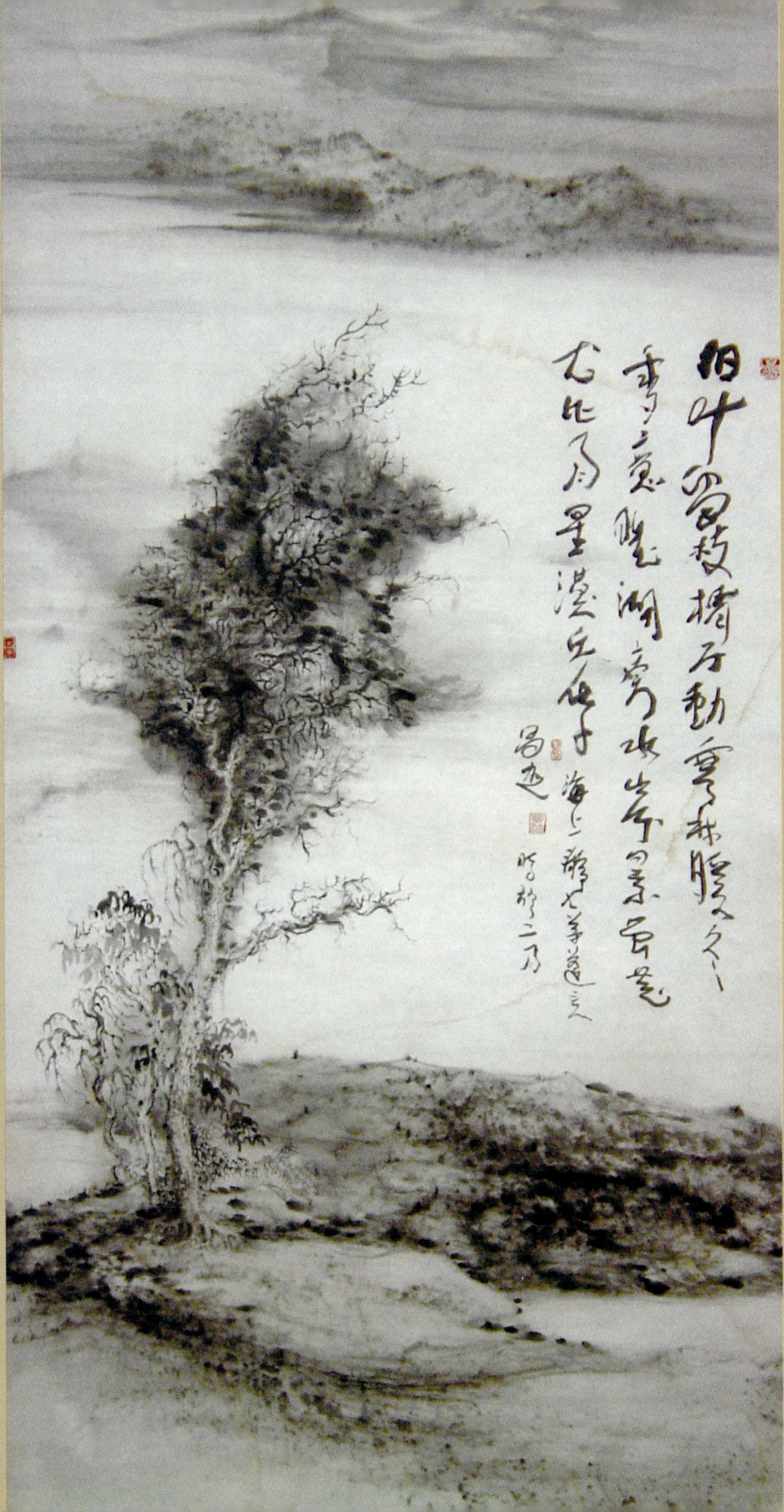

寒林水岸图

春水桃花岸图

云林山水

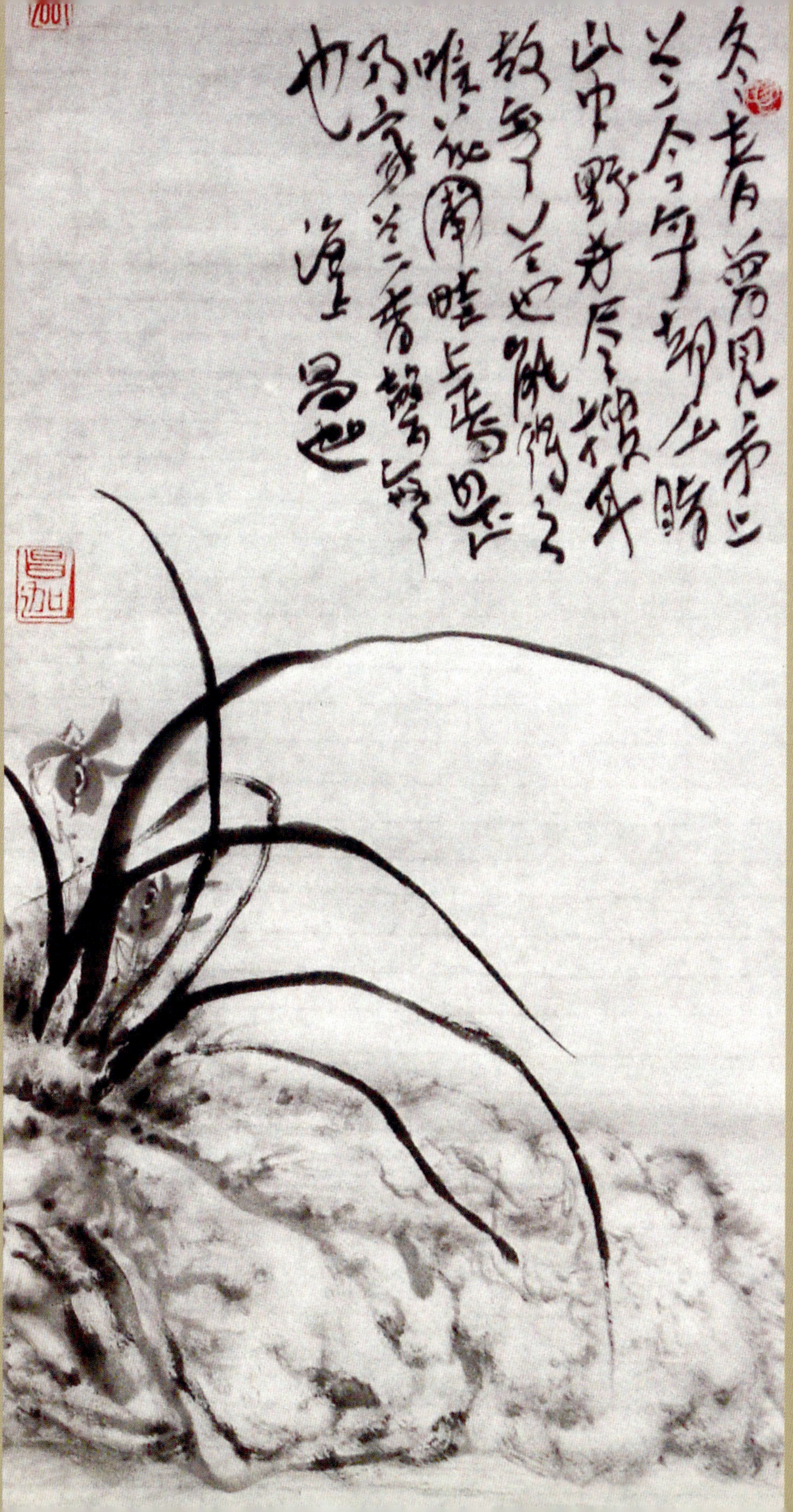

野兰

論語鏡像

LUNYU JINGXIANG

禅心读论语

昌迦禅师 著

九州出版社
JIUZHOUPRESS

图书在版编目(CIP)数据

论语镜像:禅心读论语 / 昌迦禅师著;苏雷绘. —北京:九州出版社,2010.12

ISBN 978-7-5108-0745-9

Ⅰ. ①论… Ⅱ. ①昌… ②苏… Ⅲ. ①论语—研究 Ⅳ. ①B222.25

中国版本图书馆 CIP 数据核字(2010)第 222804 号

论语镜像:禅心读论语

作　　者　昌迦禅师　著　苏雷　绘
出版发行　九州出版社
出 版 人　徐尚定
地　　址　北京市西城区阜外大街甲 35 号(100037)
发行电话　(010)68992190/2/3/5/6
网　　址　www.jiuzhoupress.com
电子信箱　jiuzhou@jiuzhoupress.com
印　　刷　北京建泰印刷有限公司
开　　本　710 毫米×1000 毫米　16 开
印　　张　19.75
字　　数　300 千字
版　　次　2010 年 12 月第 1 版
印　　次　2010 年 12 月第 1 次印刷
书　　号　ISBN 978-7-5108-0745-9
定　　价　32.00 元

序：试用般若“照”《论语》——禅的视角

《论语》成书于汉代，是孔子的语录汇集。自古以来，人们都认为《论语》很难完全读懂，对它进行注解的也不少，本书试从佛陀哲学的眼光，以孔子的历史背景和真实事件为前提，用文化比较学、古文训诂的方式，对《论语》全文内容进行了一一解说。

《论语》，从根本上讲共有两种内涵：一是属于“道”的世界观，二是属于“术”的方法论。孔子时代纸张还没有发明，文献都记录在竹简上，无法像现在这样文字具有丰富的载体，足够可以把词句运用得详尽、铺张，所以才采用这种简约的“文言”样式，而这种行文方式比较晦涩难懂，读者就很难分清哪是世界观、哪是方法论了。

但《论语》还是一个有明确编写意图的古代文本，所以囫囵吞枣地阅读方式读不出个所以然来，反会落在初级的“盲读”里，收益不会太多。

《论语》的核心是阐述“仁”和“礼”，所以孔子的世界观是环绕这两点发展的。“仁”和“礼”是儒家的“道”，孔子把这种“道”作为指引人们处世的正确准则。人的世界观都具有一套逻辑思维的方向，逻辑性越强，其“道”的价值就越直接越有效，孔子追求的也是把自己的思维更加逻辑化系统化，但是其真正的行为准则定位是否是真理自然还是后话。

竹简的《论语》

《论语》分为二十个章节，从原文看并不是太完整，古人从儒书的乱简残编中拾掇归拢，所以读上去没有类似现代文章中条理分明的章目。《论语》的章目分次，大多只是为了记忆方便，就像《诗经》原来也并无题目一样，后人为了记忆方便从诗中找出一两个诗内比较有代表性文词作为题目。《论语》也是如此：二十个相对完整的章节来自各个不同卷帙的残编竹简，被收拢为专门研究孔子言论的文献，然后加上题目并且出版。古人早期对章目与章节间的联系要求不太高，所以章目对章节内容的归纳性普遍较差，这是“文献化”后的特色，反倒是文字出现了神秘感。总之，章目的作用只是为了方便阅读和记忆。

上面的说法有一定的历史史实根据：现代阅读的《论语》多来自汉代“孔府版”。传说它是鲁君宫苑大兴土木扩建大殿，征用了孔府家园。在拆除孔子旧居时，从墙中发现了一些发了霉的儒经残简，经人断定为是孔子言论。后整理发表了共二十章，章目是汉代儒生后加上的。当时还把原稿的古文字也传抄了下来，收录在《汉简》等古籍里，来证明它是孔子相近年代的周籀字体，可信度也就高些。

现代也能看到出土的一些竹简，就常是散落于一堆的状态，有的断了，有的散了，有的乱了，很难再把它们复原完整。所以，汉代孔府版《论语》的整理出版，几乎是中国竹简文献史上每每必提的大事件，连同它上面的周籀字体也常被后人拿来考证。虽然还是有人从籀文质疑“孔府版”竹简是否也是汉代儒生伪造，但“孔府版”的二十章内容是可以信实的孔子语录，至今还无人能推翻。

孔府竹简的出土

了解了孔府版《论语》的出处及二十章内文整理出版的过程，我们对章节就不会再疑惑了。只有利用客观真实的依据来衡量历史，才会获得更有价值的考证。

“道” 的世界观决定了儒家学者对事物认识的角度和行事的准则，我且用佛陀“般若之道”来讲述一下孔子“仁礼之道”的实质，就算文章结构飘忽不定，摸透了实质内容和根本，读起来也就明了了许多。

那我就说一下“仁礼之道”的实质。“仁”，讲的是人与人的社会关系，即古代的“公共关系学”，比如君与臣、父与子之间的人际关系；“礼”，是给出一个公共群体行事的行为准则，所以“仁礼之道”实际就是讲“人与人之间的关系处理方法的准则就是社会的绝对真理”。

孔子

儒学于是便成为封建政权作为内部人员互相钳制的统治工具，并加以培养扶植，构成了种种“文化狱”的特色。实际上中国的大多数封建政权，不但采用了儒家“仁义道德”压制内部民众，对外也同时以法家的“实力纵横”与外界周旋。一旦糊涂到了朝廷对外敌也采用仁义道德作国家工具，那么这个政权将离被外敌征服不远了！

中国古代历史上的“公共关系学”分为两大流派：一派是以“仁义道德”为公关手段的儒家，另一派是以“实力纵横”为公关手段的法家，都形成于春秋战国时代。因两者游说的世界观着眼点不同，两家几乎是对立的。注重“实力资源运作”的纵横家，嘲讽儒家是些巧舌如簧而又无用的“五蠹”。显然，“仁义道德”并不以实力资源为社会实体，它只认得相互间的伦理情感斗争。儒家公共关系运筹伦理情感资源的是乡野式人际关系学，纵横家则达到了资源战略运筹的国际高度。

“社会公共关系学”乃是一种利用社会定势，来要挟对方合作的技术。儒家特定公共关系学，是设定环境下的情感表态“交际术”，目的是为了己方利益的最终达成。“礼”的“社会公共关系学”是一种“伦理化表态式交易”的进程，是人我间“妥协”或“加价”的计量公式。这个计量公式的 X 原理，孔子命名为“仁”，俚语称为“将心比心”的交道。

孔子问礼处

社会公共关系的“仁”学，是孔儒所行的“道”。一切与这个道相左的，他们认为都是“非道”的。而“社会公共关系学”虽然也与社会沾边，但它并非政治学，更不是法律学、兵学、工学和农学。那些热衷工学与农学的人，在孔子口中是些不齿的“小人”，所以工学和农学就被排除在了“君子”“仁学”之外。正因为如此，孔子以情感资源作为政治内外的工具，用意十分明确。

现代社会公共关系学，已被归附于政治和工农商实业之下，是一个附属业务的技能。而古代“交际术”实质——“仁”学，却竟然被孔子本末倒置的高高放在了工农实业之上，社会公共关系何以能领导法律、军事、农业和工业？公共关系伦理是不是法律、军事、农业和工业的必备基础？

君子大人

这正是孔子的“仁道”死结所在！儒家公共关系伦理的先决条件是情感设置，情感设置虽然可略施以“礼”来节制事物，而显然无法与政治律令的利益严谨性相抗衡。更不用说农工实业的民生物资的实在性、军事斗争之实力无可取代的诡谲抗衡与生死无情。

“仁道”，这种公共关系的伦理式游说，根本无法代替国家政令、法律、农工、军事的统辖实体而存在。这就如一个没有国家实力的外交官，用他的百变嘴皮要求敌对国施仁、将心比心，那是无法为祖国获得国际公平的。情感斗争可以全面获利的想法，几近于昏庸！“道”，有个正与邪的前提，用《周易》的原理来讲，就是“一阴一阳之谓道”，阴与阳讲的就是正与邪。

我们上面用佛教般若的空观，对《论语》的世界观作了分析。舞厅“交际花”般的，或颦或笑的妇人式面色表态，不能在战争和实业中取代士兵和工农的真实实力。小小社会公共关系学，是不能与整体社会诸学科作比较的，它无法取代和领导国家政令、法律、农工、军事完整统辖实体的存在。而《论语》通篇所言，只是一些以伦理价值说词来挟持社会的公关议论。

如上解析，《论语》本质的含义和其内容对人们的行为指向的指导方向，读者若可以通读本书，那么孔子的思维逻辑和对道德行事的指导准则的规定，都可以从书中找出来，这就是“精读”的成果。

昌迦禅师

2010年10月

目　录

1．“学习”与“朋”／〇〇一
2．“孝悌”果肉的口感与核仁之毒／〇〇五
3．“忠信”的束缚与解脱／〇〇八
4．“师威”与生死智／〇一二
5．“有求必应”与温良恭俭让／〇一六
6．非天理人伦“孝道”／〇一九
7．“和”——儒家妥协术／〇二一
8．方肉上的信义／〇二三
9．如鼠战兢的儒职／〇二六
10．水果刀的万能猜想／〇三〇
11．恶业的天命／〇三三
12．叟老不“唯一”的企求／〇三七
13．虚空中的豆子／〇四二
14．“干禄术”／〇四六
15．跑马的“谄媚”之车／〇五〇
16．桃子上的孔洞／〇五三
17．玩射壶的特等赌徒／〇五六
18．灶王爷的老鼠餐／〇六〇
19．吹进牛皮的箭／〇六五
20．牛铃与韶乐／〇六八

21. 狼爱羊的传说 / ○七四
22. 浪漫狂父与忠恕的愚孝 / ○七八
23. 人道与仁道 / ○八四
24. 鸟语者 / ○八八
25. 不可逆的反应式 / ○九三
26. 羽化的寄生蜂 / ○九九
27. 售瓜王婆 / 一○六
28. 觚中翻倒的水 / 一一○
29. 吃腊肉的养生家 / 一一九
30. 鼠间协约 / 一二四
31. 概念的仆人 / 一二九
32. 猢狲的大树 / 一三二
33. 飞鸟遗音 / 一三六
34. 听话的泰伯 / 一四○
35. “仁”的契例 / 一四三
36. 赤贫夏朝 / 一四六
37. 沉沦的神龟 / 一四八
38. 椟箱中的玉石 / 一五三
39. 君子的裘皮 / 一六○
40. 不厌精细的雄雉 / 一六五
41. 焉能事鬼的车马 / 一七一
42. 发明揪斗的祖师爷 / 一七六
43. 舞雩台上一枯叶 / 一八二
44. 老皮的慢牛 / 一八八
45. 祸国殃民之术 / 一九三
46. 阶梯的陷阱 / 一九六
47. 利用爱人 / 一九九
48. 收割秕草的人 / 二○四
49. 间谍的初祖 / 二○八

50. 巫者的恒心／二一四
51. 酷内媚外的仁政／二一九
52. 弃稼的政客／二二二
53. 仁可做叛徒／二二六
54. 强国亡国论／二三〇
55. 佞嘴骥马／二三四
56. 指责的雷声／二三七
57. 笼鹰的人／二四一
58. 人君南面术／二四六
59. 朽坏的柙椟／二五三
60. 混世秘诀／二五八
61. 无法下嘴的孢瓜／二六三
62. 风雨四季的示范／二六九
63. 溜滑的泥鳅／二七七
64. 鸡鸭间的对话／二八〇
65. 三个臭皮匠的会议／二八四
66. 螳螂、黄雀与蝉／二九〇
67. 镜像的总结／二九四
后记／三〇〇

1. “学习”与“朋”

打开《论语》，“学而时习……”前列数文之“学而”，做了《论语》的头一个章目。学习只是其中一条，并非此章独讲了“学习”。这个“第一”是指本章的自然排列数，而非指“学”的第一性。格式书写上，“学而”与“第一”中间应是空格分开写的，这是古文常识。

《论语·学而篇》

【原文】子曰：“学而时习之，不亦说乎？有朋自远方来，不亦乐乎？人不知而不愠，不亦君子乎？”

【释文】孔子说：“学习后再能实践，是个很欣悦的事嘛！投资后的获利来自远方，是值得快乐的！别人不能了知这个道理，我并不会生气，我是一名君子！”

●“子”这里专指孔子，此段讲了孔子认为做学人有价值的行为。“学”是从师学古人的经验，“习”是个人去生活实践古人经验。这里的“时”，是指进入生活状态中。孔子认为当学了古人经验后，就应该常在生活中去经历实践的检验，这是人生的一大喜悦。

有朋自远方来，这里所指的“朋”现在人多误以“友人”来理解。但在古代，朋是专用的货币计量单位：一百个钱币用绳系成串，叫一“贯”。两贯钱币，叫一“朋”。这里是孔子形容“学”后而“习”的作用，在于用他人的经验去收获个人长远的利益，这才是学习者应得的快乐。现在人们在交友中广为引用“有朋自远方来，不亦乐乎”，殊不知，现代的“朋友”一词，只是借用了两贯钱币的一左一右，来形容好友间的年龄兴趣和水平的相当，能如朋钱般一线两肩地做兄弟。这与孔子原文的“有朋自远方来”，根本是风马牛不相及，人

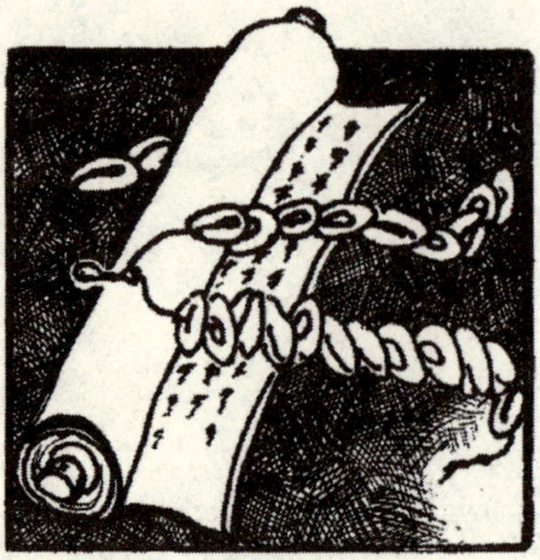
贝币之朋

家孔子是说：以“学”喻投资了本钱一贯，应继续用“习”来收获双倍的长远利润。

孔子讲述了古语“学习”的两个内涵：学习＝真获益。可看出，周代末年当时的教育，经验传授和实践经验，已经分别被提出。

“人不知而不愠，不亦君子乎？”这段还是继续着上面关于“学习”的议论，“人”指“那些人”。意为：我从不去恼恨那些并不懂得这个好处的学生，我难道不是正在做君子么！这个“人”字被放在句首很重要，古代文言文也常以用来示意本句的主语已被省略，句中的主语是未写的“我”，它是由特殊对应词“人”来暗示的。全句只是提示“我不愠”于某个现象中，并用后面的一个反问句拈出了“我不愠”的根本理由——我是在做君子啊！

你看这君子做的：学生们学而不习，他不生气，因为他做的是君子！孔子认为：为了学生而生气就不像君子了，这个“君子”也是做得古怪啊！难怪长期以来人们把“有朋自远方来不亦乐乎”，当成了“迎宾词”，也无人指出其错误，是不是历代专家们都喜欢掖着做君子，还是根本就没读通这句？我不得而知了。不过我认为教师能生点学生的气，才是纠正学生不良习惯的内心直接动力，对学生们学习上没有收获，都熟视无睹、无动于衷了！

想想：当年少正卯也在鲁国搞教学，他为什么就能把孔子的学生们都吸引走？据孔子他那个颇为自命不凡的“人不知而不愠，不亦君子乎”里看出，我以为且不论他教的什么内容，孔子的教学态度就有严重问题！这也正是他与少正卯的竞争中，留不住学生的一个原因。孔子错误将竞争失败的因素，归罪为少正卯的哲学思想和教学手段太邪恶，十数年后做上了官还不惜立罪杀害少正卯，以解愤恨……虽然孔子从“学”“习”的实践教学观念并没错。

细观《论语》，这三段文字，为什么独写成表述人的语气，而不见其前后文字？其实，这32个汉字，是完整儒典的一部分，原有儒典书名已佚，此儒典以古籀文的字体记录在无数的竹片上，原有故事已不可考。现代也会出土一些有字的古代竹简，从每片竹简可写入 20 字的汉字来计算，大概这正是收录了相当于两片相邻竹片上的一段字迹。由于两片竹简会有某种物理相连，比如竹简上的编绳尚在而未断完，又由于有证据显示着它是孔子对话的连贯片断，所以才被汉代鲁人收录于《论语》学而篇中。可以断言：这 32 字是出于同一个议题的一次孔子对话记录。

佛门的教育，不同于上面两位世俗老师以“君子相”做了自己的首要。佛教也讲从“学”“习”的实践教学，门内这叫“行解相应”。禅师大都以毕生精神点拨学生的佛性显发为己任，无私弘法不惧死亡。比如宋朝末年的祖元禅师，就是突出的一位。

祖元禅师别号“无学”，是杭州径山无准和尚的衣钵亲承。他的定力之深有目共睹：曾入定三天三夜身心纹丝不动，以致弟子们以为他已捨世圆寂，但他的鼻息告诉着大伙，这只不过是一场入定修行而已。就是这种深厚实践，让祖元禅师成了一名为教学不惧生死的人。

当北方元军南下杀入浙江时，祖元禅师当时正在温州能仁寺，寺内僧俗全逃光了，祖元禅师守着空寺没跑，他决心亲自为佛教搏出一线生机。元兵杀到，惊讶地看到禅师深入禅定三昧而一人独坐，领兵的军官拿刀架颈大喝道：“和尚你给我站起来！别人都逃命去了，难道你就不怕死么？”祖元禅师出定作礼，面对军刀坦然诵出一偈：

乾坤无地卓孤筇，
喜得人空法亦空；
珍重大元三尺剑，
电光影里斩春风！

散落的竹简

军官一听，他懂了。也被禅师的刚正举止和大义气势深深得震撼了，收回举起大刀，灰溜溜地从寺院撤出了他的军队。

这诗偈什么意思？祖元禅师说：“自身的生命困惑和求知欲不再会来烦恼我，我本人已不再是求生大众的一员，刀剑之下我的脑袋，如同是那雷电妄

祖元禅师

图斩断的大地春风——元朝乾坤这么大，难道都没有和尚弘法的场所吗？”

祖元禅师不但为了佛教后人的立足之地与元军斗争，也在生死关头还在运用教学手段，启发着杀人者的良知。镇定中实现了佛学的实践意义，结果完美无缺！体现出一位宗师“行解相应”的大师风范，此故事别后人广为传颂。

“保身哲学”是中国旧式文人所特有的酸腐做派，他们正是少了点祖元禅师的正气与无私。习惯于对学生都留一手，美其名曰“天赋并不用教”，误人子弟不用说，用禅宗来说：就几乎是在“断人慧命”了。

禅宗以“明心见性”为宗旨，正是为学人提供显发每人本具天赋的教学，本具天赋在佛教里称“佛性”，见性就是见证自己的佛性。明心是通过禅师指导，正确无误把握人类的心理表达。这种专业教育，摆脱了所谓“天赋禀异”的世俗人才观念。佛教认为：众生皆有佛性，只因被无明烦恼的乌云掩蔽，故而佛性不显发。

俗人以“留一手”，去做了一名“君子老师”，而僧人以“赴生死”，来做一名“菩萨”。同样是教化世人，差别何其大也！

中国“教育市场化”的首位人物，正是私塾的老祖师爷孔子，所谓卖嘴而不卖命的模式，“条修”腊肉的孔式收费中，教出了千年错诵“迎宾词”的低劣学生……

还是来见证我们本然的佛性吧：这里正在诵“有朋自远方来，不亦乐乎”！

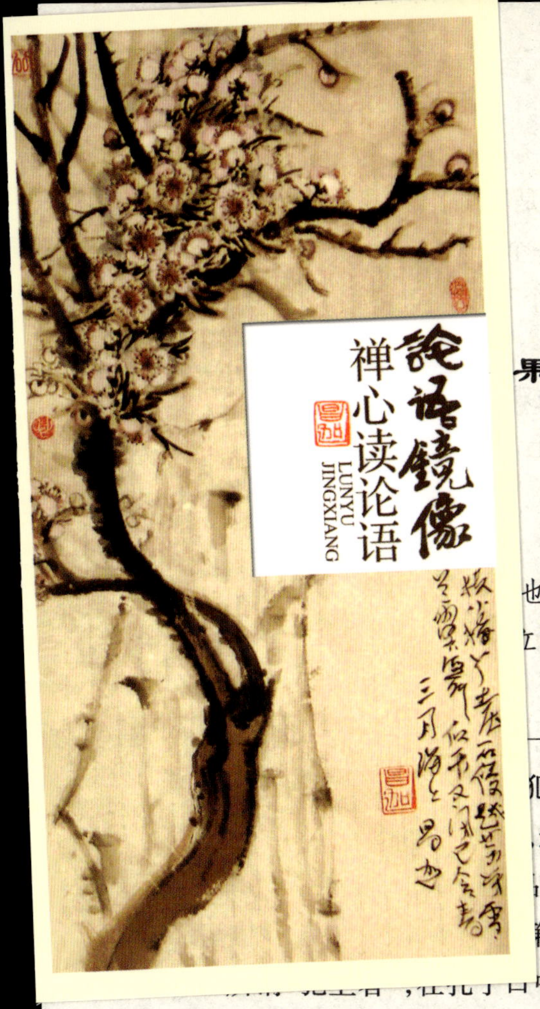

果肉的口感与核仁之毒

也孝悌而好犯上者，鲜矣。不好犯上而好作乱

立而道生。孝悌也者，其为仁之本与？”

一个人为人孝顺又和睦，但又喜欢侵犯君王的

犯君王，却喜欢制造混乱的人，是没有的。做君

道就得生，这个孝悌，不就是仁的根本么？”

品德与个人家庭关系的立论，这论调两千多年

第一断论。

犯上者”，在孔子口中说出来，有明确的对象：它是针对政治环境而说。不服从管理、不遵从长官意志、不依官阶高低行事的人，这些人都是犯上者。

儒家长期以来，认为“孝悌”是家庭关系和睦的标志：孝是对长辈血缘关系的服从，悌是对同辈长幼关系的认同。总之，“孝悌”是讲家族式的辈分服从关系，它们自有独立的家族情感价值。

我们单看“犯上说”的社团政治性，或单论“孝悌说”的家庭伦理性，它们也都接近各自的逻辑合理条件。但是，把这两条各自合理的关系式，并成一个因果关系来立论，则各自的逻辑合理性，合并为一就不一定可达成真实因果了。

比如：果子是否“鲜甜”，与果核是否“有毒”，两个条件虽皆无错，但合之，则不存在着必然的因果关系。同理，这“鲜甜”与“孝悌”，都是情感价值的一种定义，是早先经验设定的觉受价值观。而“有毒”、“犯上”则是律理必然价值的概念，它是关于罪错的价值观。

虽然,“鲜甜”与果核“有毒”都各存关于“是非”议论的内容,但两个分属不同的“是非态”,一个是情感价值是非,另一个是律理价值是非。同样的,“孝悌”“犯上”也有着不同态的是非内容。两个不同的是非价值体系,因果不同不可等值。

故而觉受价值观不直接等值于罪错价值观,觉受≠罪错。“鲜甜”可以有毒,也可能无毒!“孝悌”之人可能不会犯上,但也可能会犯上。有孝悌≠不犯上。

孔子认为:“孝悌而好犯上的人”是十分少见的。但从刚才上面的分析中证知并非如此,我们知道孔子已犯了严重经验主义错误,他的认知太主观了。

孝悌

举个例子:以儒学为典范的历代皇家规范中,宫奴的选拔,必然以“其为人也孝悌而好犯上者鲜矣”的理念来选人。这些太监宫女曾都被一一地深入他们的家庭调查,以了解本人以往的“孝悌”状况。但是,魏忠贤这样的宫内恶人,不是一样的数千年宦官为患不止吗?

宦官犯上的事从历史上可以说几大箩筐故事,加上那些朝臣背叛主子的,“孝悌而好犯上的人”是并不十分少见的!别的不说,哪个揭竿造反的犯上者,不是讲究个拉队伍兄弟情谊的“悌”呀?

大宦官大朝臣犯上的事是有的,比如叛国、弑君。但大多数的奴才们并不在用意于犯上,他们贪污民财鱼肉百姓,是一种职务内的“作乱”。孔子说:“不好犯上而好作乱者,未之有也”,看来那也是不真实的。“不好”是个主观动词,意为“动机并不于此”。

贪污鱼肉百姓的宦官朝臣,用意只是“好作乱”于对下常搞贪腐,并不动机于制造“犯上”。所以历代封建王朝,也并不全面实抓下面搞贪腐的“好作乱者”——其原因皆在朝廷深知这些人根本就“不好犯上”也。

“不好犯上而好作乱者未之有也”以上事实证明,这是不能成立的,官场上的贪官们,大多数就是不好犯上却好作乱的人。

“君子务本,本立而道生”理儿固然没错,但孔子误以孝悌为“仁”的本,其本身就是没有务到本上。“仁”的政治内核里有着“不犯上”的意义，而有孝悌的贪官在孝悌中做出犯上事、不好犯上的贪官们又很喜欢作乱——这一切说明孔子的“仁”并没有立对。

不好犯上而好作乱者

“犯上”内含的汉语多义性，是孔子借以偷换所在范畴不同，而又不被发现的关窍所在！政治中有某类“犯上”，家庭中又有另一类“犯上”，用词虽同对象不同、性质各异。孔子有意混淆了两者的不共性特征，有如两人同名而竟被混认为一人。政治“犯上”是利益行为，家庭“犯上”是感情行为。图谋于“利益犯上”的人，反倒很少去犯“感情犯上”的低级错误。所以“感情犯上”不是构成“利益犯上”的必然性要素。

孝悌也者，不是仁政之本。主观上设定“有孝悌则不犯上”、“不好作乱者必不好犯上”这两条选人用人标准。与设置“怕老婆的人必不好犯上”标准一样，是政治上不成熟不科学的体现。这也难怪：孔子前往各列国宣扬他的这套政治观念时，总会被国君和大臣们否定。

知“因果”是佛教一门必修功课，因果不明即落在苦恼众生。一切果核的“仁”必然间有其理肉，若似把梨子去认成了杏仁的果肉，就是触犯了因果。触犯了因果你就是再英明的人物，也是落个妄念妄行做出错事乃至丢掉江山，终是凡夫而非圣人。

3. "忠信"的束缚与解脱

《论语·学而篇》

【原文】子曰:"巧言令色,鲜矣仁。"

【释文】孔子说:"善于巧妙运用语言转变他人方向的人,少见会有什么仁德。"

●这与其是孔子表明"仁"的所在,还不如说是以"仁"在强调言行必须针对明确的事件。孔子很反感意图在于改变人我原有思路的那种言论,孔子的"日三省乎吾身"里,还有随时改变自我的潜意。而孔子的"道千乘之国",却单刀直涉"信、用、使"的确切事件,丝毫不在乎于对人如何"令色"。说白了,孔子强调为人要"少解释而多做事"——多解释人就不仁。

所以,孔子实际是一个重实事而轻思虑的人:从"鲜矣仁"上,孔子的行动一直明确站在特权贵族一边,而不再思维动摇。故而"巧言令色鲜矣仁"是孔儒对内部阶级立场的一种要求,而非真的不求学生能"巧言"。他只是不寄希望于用"巧言"去说服下层,"仁"在孔儒手上,是不用"巧言令色"对民众解释,而是站在贵族一边,"使民与时"的颁布时限,直接行动驱使下民!

其实,被孔子指为"巧言令色"的行政解释功能,是现代行政必不可少的办公能力,它是提高办公透明度的现代手段。那种对民众只颁布用工时限的做法,没有了言词解释,无论如何都像是在驱使牲畜。

【原文】曾子曰:吾日三省乎吾身。为人谋而不忠乎?与朋友交而不信乎?传不习乎?

【释文】曾参说:我一天都要三次反省自己,看看共事为人谋划中有没有不忠，与朋友交往时有没有守信，传授的知识我实践了吗？从“日三省乎吾身”，可见孔子要求其弟子在生活中去实践忠信。

宫门之兽

●曾子，有时被解释成弟子曾参，或曾其父。我也曾这样认为过。但通观《论语》编辑体文本，孔门众弟子皆被以“子某”称，以与孔子“某子”做区分，这已是《论语》编辑通例。所以《论语》中出现的“曾子”、“有子”都不应是人名，两处“子”前的字，似应为古语中的状语前置。如果这是汉代儒生把古籀文的字形“孔”与“曾”搞混了，也有这个可能。因为在古籀文中，孔与曾的形态有百分之七十以上的相似度，儒生会因文献墨迹的漫灭而搞混。总之，论语中有违背礼教的称呼方式是个现实，我们不希望看到汉代儒生们在违背礼教的同时，还做了夹带杂混的篡意阴谋。也难怪自古以来就有人对这出现“曾子曰”的《论语》做出怀疑，从传抄原籍上的诸多文字形态上的不合理，对《论语》部分内容的真实性提出了设疑。但文句不论是曾参的话还是孔子的话，它都是在力图表达“仁”。

从忠信的词面上，我们看不出如何为忠信，但从“为人谋”上，可知“忠”的内容于孔子是与谋划共事有关的。而“与朋友交”则是关于“信”的对象和事件。这完全都是孔门内传习的原有内容。

现代生活中，与人共事谋划原则讲的是行为合法性，法律中没有这类忠的立项所在。为什么呢？因为“忠”是私情原理下的情感取向，他决定一个人的行为是“私情”+“利益”= 忠。

虽然公务中它也可讲忠，但“私情”的加入，决定了公务内之“忠”是对人情关系的上下依从，一种“以人情为铆钉”的机械式权力臣服。有人以“忠于法律”来为忠做些辩护：认为“忠”也能服务法律。但是，法律以不讲人情的先决条件，这已否定了忠的绝对价值。对人情的忠是“与人谋”中逃不脱的交际圈套，行忠者也许并无图获私利，但会因忠导致伤害到公众利益，所以忠只是某集团利益下的价值观，而非天下公允的准则。孔子也许常混迹于各利益集团下谋

曾孔误别

生,故而惶恐于集团权势的血亲威淫,而不得不实践着"忠"的臣服。

上与下的忠

"忠"是威淫下的产物,是正常人格被情感利益极度曲扭后的定义,而法律却反行之,在制止人群中出现这种人格变态。忠只是一种私人行为的单向情感纵容,而法律则在行使公共利益的周全保护。虽然忠从字面上似乎可以忠于一切内容,但此内容与彼内容常不具兼容性。逻辑上,忠不是"一切内容"的共主。比如:君民矛盾,忠君必难忠民。所以,忠是小义,而非全理。

既然以忠为绝对的原则,何以能让朋友放心信任他呢?一旦共事中他忠于威淫之下,朋友间的信用还会有吗?为主卖友的事,中国的古人也有很多啊!当年易牙为了忠于他的国君主人,连父子间的人伦信用都完全背弃了,厨房中杀儿子拿人肉给主人做了汤羹,何况朋友之信用乎!所以,孔儒的"信"是低阶于"忠"的,从中暗示着权势威淫之下会做出弃信的判断。孔子一定在实践之"习"中,感到了在常人之间,忠君与信友之间存着现实矛盾。

遵法守信,远比忠君守信来得可行。忠君是依人情而犯公信,遵法是依法律而信用立。孔子也在原文中以"传不习乎"做后设,分别前述了对"忠""信"的认识,显示了对"忠君守信"实践的某种怀疑和担忧。

【原文】子曰:道千乘之国,敬事而信,节用而爱人,使民以时。

【释文】孔子说:"身在千乘大国中,当事事敬重,以此为做人的信用。要有节制的差使民众,以爱护人工,动用民工要公布以时限。"

千乘之国

●什么是千乘之国?贵族马车叫"乘",以"千乘"泛指一国之内贵族之多,原文中含有对内容表述的环境设定。在众多贵族之间混活,由于贵族间血亲利益有别,这种交际之复杂便不在话下。如何周旋于众贵族间呢？孔子教人要“敬事而信”。

敬事，即事来事往中，处处小心对待，孔子划出了敬事的明确对象：从大国而行忠，以贵族而为友，以民而为佣！所以对下层，孔子还举例传授了驭使下民所要注意之处：即“节用”，否则，孔子警告会出乱子。这个敬字也是“警”的古文通假。如此一看，显然他们孔儒已占有贵族的高级地位。

孔子把“为人谋”注释为是“千乘谋”，点示出孔儒只能是为众贵族乃至帝君服务。由于贵族间的皇亲关系，孔儒忠的最终对象，只指向了贵族权威的高端——帝君，以此成全自己与贵族间的所谓朋友关系。而孔儒与民众的社会关系，只剩下贵族与百姓间的对立关系。

孔子对“朋友”的内容进行了界定，这个“朋友”模糊概念，孔子转用“乘”划出了它“贵族”的定义范畴。并以“用民”之话题，暗示孔儒也具有贵族血亲特权。

所以，我们若以为孔儒真是在全心全意忠于全体民众、他的“信”是想要与百姓为友，这就大错了。孔子这里对民讲的“信”，只是关于“工期”中涉及的效率问题，而非平等人权。“使民以时”这句，只是把对百姓的“信”，归结为简单的“工期效率”之意。

可见，为了忠，孔子的“信”对贵族和对百姓在概念上是被区别开的，对贵族之“信”是以诚为信，对百姓则是以效率为信。对贵族信之以情，对百姓却信之以利。

不敬拜帝王的僧尼

由于孔子“忠、信”的贵族专有逻辑属性，它根本无法移用于现代政治人际关系。我们无法认可在法律之下的现代国度中，还存有贵族专有利益的“君”，也难以支持众贵族的“千乘”可继续驱使人民。

佛教这方面没有讲要人“忠”于什么，似乎“忠”是被回避的世间情感，而只讲“皈依”。皈依不同于忠！皈依范畴，不出佛教的教育机制三要素之外：目标上皈依佛，课目上皈依佛法，传授上皈依僧。佛教里戒律僧尼不向帝王行世俗拜礼，也就是说，佛教的僧尼不必“忠”于谁，他们只按戒律佛法行事。

佛教也讲“信”，但这“信”是指“相信”，所以有“信为道之源、功德之母”的说法。这与孔儒的“信”是两码事：孔儒是从“爱人”来讲是人事信用等级，而佛教只从“爱道”论及对修行的信心程度。

信用是见利的，信心则见义，一个讲证物，一个讲证心。所以佛教修行有个“信愿行”的三部曲，讲“信”是修行入门的第一步，我们可千万别与孔儒的那“信”混作一团来解。“信心”是向自己内心走的证信，“信用”是己心向外，对物质世界的可获取等级。

比较下所得的结论：孔子对束缚奴隶身心的奴隶主贵族之“信”，与对解放世俗思想人心束缚之佛教的“信”，两条道路正好一反一正。

4. “师威”与生死智

《论语·学而篇》

【原文】子曰：弟子，入则孝，出则悌，谨而信，汎爱众，而亲仁。行有余力，则以学文。

【释文】孔子说：“作为弟子，首先得做到，在家内有孝行，在外敬爱兄长；言语讲信用，平等爱护大众，会亲近有仁德的人。这些都能轻松做得到了，才可以进入文献中去学习。”

●这里，孔子为学生罗列出了他的教规。“弟子”是指求学者，有人认为它包含了“幼童”之意，其实不然。孔子的弟子们大多是成年人，还有老年的，没人会把孔门弟子视为幼童。要搞清“弟子”的概念实质所指，了解“君子”一词，有助于对“弟子”进行考证。“弟子”中的“弟”，是指“兄长之下者”，所以它是指兄长们的随从者，随从什么？随从于学习。而正是因为如此，所以孔子要为做弟子的订立规范。“孝”被孔子设计成约束个人具备“悌”和“信”的首要条件；“爱众”、“亲仁”，是指对团体和领袖意志的认可，这是从学于团体的必备条件。有了这两个条件，才具备跟他学文献的要求。用俗点的话说：你们要来向我“亲仁”吗？先得无条件地服从我师徒长幼间的规矩，我才教你们。

【原文】子夏曰：贤贤易色，事父母，能竭其力。事君，能致其身。与朋友交，言而有信。虽曰未学，吾必谓之学矣。

【释文】子夏说："勤勉变换角色：对待父母，能够竭尽全力；对待君王，能够以命托付；与朋友交往，言谈有信用，虽然是还没开始学习，我也一定说他学到真的学问了。"

●这里的"贤贤易色"，被古代的经学家们解释为"敬妻说"、"夫妇伦理说"、"轻色说"，宋儒将其句解读为"尊重有贤德的人，而看轻女色。"

现代的注经者，如南怀瑾又以"肃然起敬说"来看"贤贤易色"。他们所以有上面这么多的离题之解，无不是落入了"贤贤"="动词＋名词"的理解误区。其实"贤贤"不过是个加重的"语气叠词"——贤，劳累。"贤贤"，劳累有加的勤勉状。

贤贤易色

有这么多的古今人物把后一个"贤"字，视为理所当然的"有才德者贤人"，而忘了"贤"字的原意中，尚有"劳累"形容词的古解。

我以为，古人误把前个贤字作了动词用："学习贤者义"，是把形容词当成了名词之后的一个错误。其实，贤上更加之贤的用语，是加重语气的重复词，而非什么动词前设。"色"在"贤贤易色"中，并非"女色"或妇、妻的意思。"色"此处也不是颜面"脸色"之意，所以南怀瑾"肃然起敬说"的解释并不正确。色字在"事父母"、"事君"之中，因"易"字所指此两不同内容的"变化"，故而此"色"即是指"角色"。

虚伪的古代儒家门徒出于强烈的"卫道"心，竟然把这句普通的语句，上升到了"尊重有贤德的人，而看轻女色"这类无稽的道德化解释，真是让人哭笑不得。《论语》二十篇中，共出现了"色"字二十处。我认为："勤勉变换角色"是《论语》"贤贤易色"的正确释文。其原句，意在引出下文两条"事××"的内容来，《论语》的文法结构，证明了这点。

另外，下面孔子与子夏的这段对话，也证明子夏的"贤贤易色"中，具备"语气叠词"性质，孔子用"重"来肯定了"贤贤"的"叠变角色"意。

子夏所言的释文应该如此——子夏说：勤勉变换角色，在家能尽力协助父母、在外也能全赴身心的协助君王，与朋友交往做到言而有信，做弟子的虽然还处在没学文的阶段，我认为这已是学的开始了。

【原文】子曰：君子不重则不威，学则不固。主忠信，无友不如己者，过则勿惮改。

【释文】孔子说："做君子行为不庄重则没有威严，学习也不能算巩固。行为由忠信来支配，那朋友就会向你学，犯了过错也不怕自己做出改正。"

●孔子说：你不处处勤勉，则做君子没有威严，你学知识便不能得到巩固。你若总是以忠信为行动的指导，那么你所有的朋友，便都会来学你的样，有了过错也就不怕去改正。

这个"重"，是指"处处如此"的叠加意。"君子不重则不威"是一句以"不重"为假设前提，来表述"君子不威"原因的句式。它实是个因果句，只不过古人把因与果做了并列，强调出"做君子"的因果必然性，所以隐去了本事件中指示代词的"你"。

这句是孔子对应子夏的问题而言，是对子夏"贤贤易色"烦恼中的一种劝慰。孔子从君子立威望的角度，指出弟子们"贤贤易色"的必要，强调了要对老师威望的服从，这里"师道尊严"几乎就是其直接理由。不重则不威，一句露出真相——意在于师威。

这是孔子借"君、父母"之威，来压抑学生的手段。好比现代的某位无能教师对学生说："你不听课，是因为你没孝父母、是由于你不忠于政府"差不多。孔子一说"学则不固"，我们就知道他又是在把学生学不巩固的内因，全怪在了没有建立起师威，而不是从自身师能、师德上去追究。

子夏

孔子努力把自己夹在了家长和国君的权力中间，以图在学生中建立起个人师威，又把学生"学不巩固"的缘由，推给了缺乏师威。而实际，学生"学不巩固"无非是教授不得法，不会引导学生开拓思维而已。

孔子借父母国君之题，将"学不巩固"与有无师威挂钩。转而又语锋掉头，讲起了“忠信”对交友的好处：“无友不如己者，过则勿惮改”——你的朋友也会像你这样，他们有了过错也不怕改。

这句话看似是向人推荐“忠信”交友的好处，实质是孔子在为他自己的“师威论”找理由。以自己有“忠信”来挟持学生，持父母国君之重而行师威。孔子“忠信”的所图在于“有威”！

事实上，“忠信”所致的“有威”，是十分“贤贤易色”的，它根本不可能建立起“无友不如己者”的环境氛围。若不然，朝廷之中哪怕只一人有忠信，莫不即成满朝全是忠信者焉！正视教师威德的所在，老师必须先尊敬同行和前辈，给学生以榜样，这才是真的以身作则。弃敬同行（杀了少正卯）和前辈，反去教人仆伏于非关学习环境的那些情感与权位，这样怎么教育得好学生们？

学府是求真理知识的所在，为真理而奋斗的精神高于情感与权位，忠信于朝廷和朋友，并不构成真理获得的必然条件，反而可能成为一块阻碍深入思索的情感绊脚石。现代的校园黑社会团伙，“忠信”思想就是他们犯罪的团体常有要素之一。所以，忠信不一定是从善的要义，它也是从恶的所在。历代朝廷之喜爱儒学，无非是看到忠信在朝廷中的“团伙效应”，大权之下无谓真理，所以情感抱团的理论和培养，成为儒学颇受重视的原因。孔子的有威，即权力有威。但这种教育理念显得十分混乱，孔子对子夏的回答，其理由就勉强得很。

佛教与儒学比较，有一条行事法则：“依法不依人。”而孔子忠信立威的意图，则在于产生“依人于情和权”，这与佛教追求真理的方向很不一样。

不过，中国百姓已深受儒学染毒，中国佛教历史上，也会带上孔子的“依人于情和权”的现象，比如不以戒律原则办事，在教内认“干亲”拉帮派，不以全体持戒僧侣为师，独以某人为尊，这些都是“依人不依法”的表现。虽然是忠信于某人了，小团体也抱成团了，但破坏了佛教追求真理、立志解脱苦难的终极目标的达到，团伙成了坠落私欲的场地。出家修行原讲的是“词族亲，远权势、求正果”的道路，目的是求取纯正无杂的人生解脱真理，岂能“出了旧家又入新家”呢？佛教戒律不许可这样。

孔儒的“权、威、亲、友”，实是真理坠落的“众生心”，也是人类社会的生死智的所在，它并不是佛教的大智慧。

5. “有求必应”与温良恭俭让

《论语·学而篇》

【原文】曾子曰：慎终追远，民德归厚矣。

由于《论语》常无端地出现“曾子曰……”数条，插在文中各处，且与前后内容显出不相关的现象，估计是曾参下面人搞的幼稚行为。故不再做释文和议论，以示尊重初编。

【原文】子禽问于子贡曰：“夫子至于是邦也，必闻其政。求之与？抑与之与？”子贡曰：“夫子温良恭俭让以得之。夫子求之也，其诸异乎人之求之与

【释文】子禽问子贡：“我们的老师每到一个新的城邦，必然会听到他在那里发表政见。这机会是他向政府求来的呢，还是政府主动给予他的？”子贡回答：“我们的老师性格温厚善良，对人恭敬、对己俭朴，凡事总是谦让他人，如果连老师都去向人求什么机遇，岂不与别人的求遇行为一样了吗？”

●温良恭俭让，也就是孔子讲到的“温厚”，不过从孔子对邦城民风的评价，子贡却转用到了孔子的身上。暗指孔子一入邦城即是最有民德的人，政府当然就会“慎终追远”的让孔子来发表政见，老师孔子是不会学没德的百姓这样，去向政府来求得机遇。

子贡把孔子所讲的“厚”，发挥至“温良恭俭让”五条。不论“厚”还是“温良恭俭让”，都是评议执政者对面之百姓的德行。“不求”是他们在理想中，对执政者做到的行为特征。

民众淳朴固然不错，但对执政者“不求”何以成德？原来，古人治国如同放牧，视民众如家畜，把一日三餐投饲的圈养家畜，放入山里去打野食自谋生路。他们认为，从政治成本计算：圈养家畜是有求的，是有成本的；而野牧

家畜是无求的，也无成本。所以，这里孔子所讲德，是站在贵族国君立场上的“民德”。民所“不求”，贵族国君则安逸轻松。

邦城游说

民不求，有三类的基本心理构成：一是懦弱，二是安分，三是反抗。懦弱与惧怕也近似，安分是一种满足现状的心态。从现代政治层面看，安分会有富足的一面，而另一面的安分也不一定是好事：比如那些现代流浪汉的那类“安分”，实质上是政策对身心病弱者社会关怀的缺失。

懦弱与惧怕也会造成民所不求，这实是不敢去提要求，其含射的是执政者高高在上的官僚姿态。另有一种百姓对现政的反抗，那就是拒绝所求。如不食周粟的商朝老者伯夷、叔齐一样，他们宁可逃入深山天天挖野菜吃，死也不向政府求救济，一旦被告知这土地上的野菜也是周朝的，便宁愿饿死也不再吃它了。这三类的不求之民，也一样有着温良恭俭让的可能，而古代社会中出现这样的“不求”现象，那个政治真是可悲的。

所以，孔子试图从“民德厚”上，去论证政府是否“慎终追远”，他只投贵族国君所好的利益去讲德。并站在了百姓利益上的，因为真正“慎终追远”的政府，必然在营造着百姓们有求的空间，而且是有求必应！民德厚不厚，与政府是不是在做着慎终追远没有关系。

什么才是叫政府的“慎终追远”？以现代政治看，通过社会制度达到福利公允、财富公平、政通人和的长治久安，才叫“慎终追远”了。没有政民亲和有求必应的长久制度，是不可能达到“慎终追远”的。

在佛教中，就有观世音菩萨的信仰，中国民间广泛给予观世音菩萨“有求必应”的精神寄托。为什么民间有这种心理，难道不正是百姓们的种种“有求”，乃是他们底层的心声？福利公允、财富公平、政通人和，这些都是政权对民众的工作重点所在，也是民众千百年来寄希望于古今政府的民政内容嘛。

周朝末年当时是奴隶制社会向封建社会转变的时代，旧贵族是奴隶主阶级。奴隶主对民众的观念中，有着“人牧”的落后奴役心态。他们当然认为民众就应当无求于权贵，这是“仁”的民德，因为奴隶主根本就不必向奴隶有所承诺。

牧人之术

性格温厚善良、对人恭敬、对己俭朴、凡事总是谦让他人，这些被子贡所称赞的品格，常识里并非一定是“以得之”而获发言权的必然条件。发言权的获得，因授权者的观念不同而会有所不同。比如，谦让他人的发言者，大多会落于无发言时间的境地，除非授权发言者，在专挑那个最谦让者，让其先发言。而俭朴与政治发言并无一点关系，除非授权者专挑俭朴者让他发言。如果能“以得之”的，只是这些条件，那么孔子的政见如何完全不重要，只要“温良恭俭让”的德厚，“无求”就是了。

民德厚，就没有了“有求”，随之就会授予优先发言权。这个逻辑可笑得很：与养一头畜生不同之处，唯在于被许可发表政见了，而畜生则不会言。一句话：你别向我有求，我即许可你发言！

这是一种奴隶制的政治形态，它曲扭了人类社会政见言论的正常功能。如果用某种道德条款限制住言论述求功能，那言论也许只能留下一片赞叹之声。赞叹语，是不是政见呢？只算一半而已。所以那些没有言论述求的政治荐言，多是些不痛不痒的马屁大话，它很难提供有益未来（即慎终追远）的社会建议。

远古代政治的遗毒，实是在愚民，是在支持役奴，这是恶魔政见的绳索在捆绑民生。

人们在现实社会里，永远有着“有求必应”的美好愿望。凡是为百姓们提供这样服务的人或机构，即是广义上的在做菩萨。他们所行，不会是孔子“温良恭俭让”要求民德归厚之途，而是以现实承诺来“观世间一切音声”，在行观世音菩萨“大慈大悲”的智慧之道。这样的服务型政府，有求必应——才是社会现代政治文明慎终追远的效用所在。

6. 非天理人伦“孝道”

《论语·学而篇》

【原文】子曰:父在,观其志。父没,观其行。三年无改于父之道,可谓孝矣。

【释文】孔子说:“考察父亲还活在世上的儿子,要以志向来考评他。父亲亡故之后,则应用以行为来考评儿子。儿子连续三年没有改变父亲生前指引的道路,才可称这人有孝心。”

●孝,是孔子政治理论的原依据,但他这个依据并不是简单的在照搬,所以人们很难看穿孔子在设置上的机关巧妙。首先:人们天然似对“孝”字有强烈压抑敬畏感。这正是孔子想要的,他在借势于孝的家庭伦理心理压力。

孝,单单及于家政,固无不好,反哺之情乃人伦天理,然而引家政入于政治,政治混入家政,此心就是公私不分地在乱套。家政入于政治目的,在于心理压力的借势。因为政治上难有家庭般父子情感的压力关系,而调用父子的家庭心理压力,来接济君臣政治利益关系,这难道不是一个很大胆的设计?

然而孔子这个设计虽大胆,但决并非出于政治理性。国家政治与家政之间,虽都有着权威的恐惧心态存在,可是它们却属于不同的层面。家庭可以用完全取缔反抗的方式,成立亲情“家长制”;而社会政治引进亲情,取缔了阶级利益间的反抗,家长制则会引发奴役弱者的社会现象。

因为“家长制政治”的权力实施者并非亲属,亲属在家庭中生命镇压不会出现,而家长制政治,则常以生命镇压的威胁方式,来奴役非亲属的弱者们。

所以,家庭里的家长制,并非政治界的家长制,君臣关系也非父子关系,两者不可往一处赶。孔子设计之巧妙,并不是只单纯以“生”的家长制,来托出一个“杀”的家长制——孔子更以这“生”的内部理论,要求家庭的家长们,对儿子做行为限制。准确地说:是政治行为的限制。这种在家庭中引入政治的方式,无疑是在“生”的机制中,安上了“杀”的伏笔,这才是孔子热衷于讲谈家庭人事关系的内因。

一家之国

这里,孔子以家庭“考察政治人格”的方式,设立了“志”和“行”的两条标准,来做“孝”的依据。孔子要求做儿子的,父亲活着时看其志向,死后看其行为,都得用三年为考察期。看他是否依了父辈指的路走,三年“志”和“行”不变,才是尽孝合格了。

孔子以父亲生与死的状况不同,来分别考察儿子是该用“志”,还是“行”。估计孔子拉出父亲的生死来为之定调,不但是暗示着父亲在家中担有政府的政治指导责任,而且还同时对儿子们安置了“生父在,不行动”的政治限制。

父在,何以儿子就行动不得进入政治?也许孔子为了让周朝旧贵族的政治秩序论资排辈的进行下去,也为了让政界参与人员的总数额和人员成分有所控,故用“孝”进行了限制。所以孔子讲的孝,是政治化家庭的典型,而非自然家庭的内容。可是善良的人们,却常常看不出这点的险恶——甘愿在“生”的家中引入“杀”境。

中国旧家庭里,孝已被改造成一种政治化家庭的要素,孝的日常提法具有政治意义。所以孝与不孝,决定了儿子的政治生命。中国旧家庭的家长们,看到了用政治来治家的便利,而社会政治也正在利用着家庭人伦,限制百姓子孙的政见。

别把孔子的“孝”视为天然人伦,实质在孔子“孝”的皮层下,包裹着一颗异化人伦的政治毒瘤。底层类似奴隶的家庭将永远没有参政权,因为奴隶父亲所讲的孝道,是不违背奴隶主意志的,而奴隶儿子的尽孝将会是永不违背奴隶父亲的指导!

这就是孝的本质目的——血缘政治世袭制。奴隶主因“孝”而永远奴役他人,奴隶将因“孝”而永远要接受奴役!这还是那天理人伦吗?

孔子远离人伦的“孝”是一条守旧的政治绳索,它向束缚政治格局和阶级利益的发展转化。天理人伦的孝，是人类亲情中无关阶级政治的反哺之善，它不会限制后辈孝的表达方式，更不会以己见强制儿孙的未来生存道路方向。

家庭政权

我们支持天理人伦的"原孝"，反对孔子家庭政治化的反人伦"孝道"。天理人伦的孝，是源于人类良知，是情理现实交互的家庭产物。而孔子的"孝道"，以政治倾向去与父母之情挂钩，用情扰理，制造了一个似乎推溯远祖的伦理谎言。但定心想去：又有谁的祖上、曾祖上，不是从底层百姓走来？保不准，孔子教的孝父是在行着叛祖之事！

我们要以明思辨的理性之光，照射出人伦之"原孝"的真实色彩以及孔子两千年前抹在上面的政治灰暗。

7. "和"——儒家妥协术

《论语·学而篇》

【原文】有子曰：礼之用，和为贵。先王之道斯为美。小大由之，有所不行。知和而和，不以礼节之，亦不可行也。

【释文】有子说："礼的可贵之处在于'和'。周朝王道之所以优雅，大小之事都通过它，来决定什么事可做不可做。知道和的意义，而做和的行为，不用礼来把握，和很难在行为上做成'和'。"

●孔儒提出一个"和"字，作为和的手段，拈出一个"礼"字。礼与和的关系在孔儒心里，就是目的与手段的关系。

我曾说过孔儒学说是以公共关系学取代国家政治的伪学，这里我们看到了孔子的原话，这个"礼"与"和"就是公共关系学的内容。它混淆了国家政治战略中的"和"，将公共关系与国家政治战略的两个不同内涵的"和"字，做了概念上的偷梁换柱。

在这里，我们只谈及《论语》中的邪和，公共关系中原有的和是建立在公众层面上的群众内部关系，群众内部人与人的正常矛盾中，以社会环境的共同生活空间的妥协态势即“和”。这原是友邻情谊上的善良，而孔子把它引入到国与国、敌与友、对与错之间的政治策略中，以国家政治的面目出现。

常识告知我们：现代的国与国间，是国家利益间的区别关系，敌与友是生死间的军事对立关系，对与错是实事求是的事实关系。而用“和”来糊弄事，则是无原则的给人做面子的态度。做面子是一种妥协方式，是只能用在亲属和邻友间的“投情”。

“做面子”的转语，就是制造出外表的好看，内里如何则另外谈。所以，拿民俗的“和”，做了国家内外政治的互动策略，这不是“投情”，而是“投降”。

礼曾经是周朝分封制度下兄弟间法定的投情手法，而春秋战国的孔子时代，“礼崩乐坏”下早已昭示了分封制度的瓦解，战争中的各国已不再是友亲兄弟关系，而是对立。

礼的“投情”在孔子出生前就已无法在诸侯政治中使用了，孔子在四处宣扬的“和”，实是一种情感的投降。战国时代比分封时代更具有利益性的地区私有化，这是社会走出奴隶制度跨向封建制度的开始。而最大奴隶主的亲属分封权利被各地利益所剥夺，地区利益在各地的出现，让奴隶社会转化为封建社会。

礼崩乐坏的现状意味着国与国的投情即等同投降。而此时的孔子，却将这种业已不存的政治亲情关系，强行推销给利益独立的各战国地主们。

我们现代的国际政治，即如同战国关系，它是利益相对独立的国际关系。它的上面并无一个“天子大帝”在为各国做分封，所有的国家都是以自然历史的独立。非血缘政治原则已通过国家制度和法律得以实行，那种以亲情“人治”来治国、以投情“和礼”来搞国际外交，是违背了本国现行制度和法律。除非你是想推翻现政，而重返奴隶制度，此刻也已缺少了具有分封权的最大奴隶主，这个地球根本没有唯一的世界裁断者。

两种“和”

“和”,在人民内部矛盾中恰当使用,尚可以做些许的佳处。而在国家利益的大是大非之中胡乱地用“和”,则是在用主观感情出卖国家利益与全体人民的生命生存！此乃大恶。

所以“礼”只是对待亲友的民俗交际工具,“和”是爱面子的妥协术,它们不适用于国法、战争和国际外交中作行动方针。

8. 方肉上的信义

《论语·学而篇》

【原文】有子曰:信近于义,言可复也。恭近于礼,远耻辱也。因不失其亲,亦可宗也。

【释文】有子说:“信,与‘义’接近,信是言语中不断的行‘义’。恭,与礼接近,具有远离耻辱的共性,它们理论上有亲系之因,所以有所依属。”

●“有子”,后人常以孔子学生——有若,理解作“有子”,但明显有违师徒间的称谓礼仪,故不妨用“有一位君子××”来解它。总之,这“有子”不论是谁,他都是在讲解孔子的礼教,那是没错的。我们只当什么也没发生过(要说发生了什么,也只能是发生内讧,编者背着什么人在哄抬有若了),权且只当这是孔子或孔子的代言人正在发言,我们只分析言论。

孔子这里的“信”是指要讲信用、信任,信用是人际关系中正常交往结成的默契。“义”是指合宜道德的言行。

这段话原意只是说“言语中行义则有信”,但他用了“先列举,后合议”的方法做出表述。因为“言可复”是对“信近于义”这句话的修饰,而信与义中都有“言”的相似内容,所以此处重点并非突出“言”,却是着重于隐于信而显于义中的“道德”。

道德二字,是孔子对信与义做出直接关联关系的核心物,只是他这里并没有直说,“可复”的意图无非是“不断地行义”,即要去执行“道德的行为”。其实,“信近于义”所谓的“近”,只是因道德二字。

给予转语:行义的信用中必有道德。这是比较理性的逻辑,但是“道德”的内容,在这里仍只能是停在“义”本身,而没有更深地去揭示。总之,“义”是孔子要推荐给学生们的,其中含有孔子的道德概念所在。

其后又续而发表了言论——“恭近于礼,远耻辱也”。这段议论,就没有前面言论客观了。恭,敬意,恭敬与礼很相近,用恭引出了礼,孔儒认为有了礼就可逃开了耻辱。其实这个观点是很不现实的,耻辱的根本原因在于处置利益的不当,利益被剥夺故而人有耻辱,而礼的作用是给自我的强硬行为以节制,用孔子的话说也就是要用近似“恭敬”的行为来处理事务。所以,有礼——远耻辱,行恭敬——远耻辱。

难道真的对行辱者表达了恭敬礼,就逃得了因利益处置不当而造成的耻辱吗?不!这完全是一个自欺欺人爱面皮的懦夫心态。虽然自己利益处置不当不能全怪行辱者,但对行辱者这个先已剥夺自己利益的对方,怎可以向对方恭礼来快速否认耻辱呢?

耻辱

耻辱本身就是对某一事件划上的句号。恭礼并不一定能对所有事件做出有效的获利处置,比如在军事斗争、比如工程设计、农业耕种……当你正想着百般做出恭礼时,有利于已的发展机会早已消失,最终反而因恭礼而招辱!

所以恭礼不是远避一切耻辱的良策,为了事先远耻辱的结局,而用恭礼处处想着只与人打平手,这更是一种愚痴!它只会无止境的消磨掉光阴精力与机遇,光阴与精力的浪费难道不是一种利益损失?损失即耻辱。

礼只是民俗中人际交往中“保护面子”的社交伎俩,双方在社交中因为当场耻辱下不了台,为保全自己的面子放弃实利争斗,行以恭礼只是一种手段。

孔儒把“信近于义”归纳为“它们有理论上的亲系之因,所以有所依属”我不反对,因为孔子的某种道德观,可以为“信近于义”做理论依属。但是,“恭近于礼,远耻辱也”，则因并不具备一切事件中普遍的“远耻辱”本质，而没有孔子所谓的“可宗”性。

我们读书人常犯这样的毛病：看完一句完整的话中前半句是正确的，就想当然地默认后半句也是正确的了。结果造成扛着错误的理论，就这样的一辈子照着做错了下去。如果我们仔细地读通下半句，就会知道“远耻辱”与“言可复”，它们根本就是不可以并排到一起做对立面议论的，耻辱是形而下的实利内涵，道德则是形而上的主观价值设定。用形而上的主观方式若能处理形而下的耻辱实利，岂不欲让人打了嘴巴子却反说“你打了我，即等于我打了你”吗？

孔儒想当然地认为“道德”与“耻辱”乃对立面上的一对概念，这是非常错误的。现实中，道德只是主观价值的产物，而耻辱是客观价值的产物。而且道德的主观，常为客观的耻辱做出实利损失的判断参考，所以它们不是对立的，而是互为因果的一对。生活中的人们也因常有实利耻辱，才会建立起相应的道德观。

鸦片战争

由于孔儒虚拟出与道德对向的这个“耻辱”，所以这耻辱感，大有被主观化的可能。他可能常会为一个非现实道德观的主观价值态度，而冒出一股奇怪的耻辱感。我们认为，这种耻辱感已是一个异端了的精神活动，有不可理喻处。这样看来，孔子生活中的点滴里所表现出的怪癖，就有依据了：孔子不吃刀子没切方正的肉块……这不正是他在视之为一种耻辱吗！而盘中的肉块切方正与否，与食物实质并无关系却会招致孔子的不满。

行以恭敬礼，也要与实利相匹配，不然不太方正的食物也会引发饭桌上的一场不愉悦，这就太拿腔拿调了。这不，连孔子面对那个不方正肉块的耻辱，都没有用上恭敬加以对待，还说什么“礼以恭敬可远离耻辱”呢？可见他理论“可宗”性也是很差的，生活上自己都不那么做。

佛教也讲礼，讲佛教的礼节。比如对佛行大礼，它不是针对什么耻辱事件的手法，而是向佛教的敬意。对于个人耻辱，比如做错了事，佛教里常用自我忏悔法处置。耻辱就是耻辱，耻辱不可除，但用忏悔可以去灭罪业。因为耻辱是过往事件的性质，而罪是将会发生耻辱的未来业力。

在佛教，敬礼与忏悔是两个内容，它们一般是先礼佛，后忏悔，表明以佛陀的教导为道德准则，常忏悔自身的业障，以佛理佛行为信义，忍辱精进的修行。这是极便于执行的完备教育程序，远比借社交手段搞政治教育的孔儒学说纯粹得多。

9. 如鼠战兢的儒职

《论语·学而篇》

【原文】子曰：君子食无求饱，居无求安。敏于事而慎于言，就有道而正焉。可谓好学也已。

【释文】孔子说："做一名君子，吃饭不求饱、居住也不求安顿。做事要机敏，出言要慎重，依从有道德的人来端正自身，这也就是一位好学之人了。"

●孔子在这里所显示的是这样一种叫"君子"的人。什么人才吃饭在饱不饱中？又有那类人居住于安或不安中？忙碌于机构事务中的人，且是随时把个人住所，与机构变动挂钩的那种人，古代叫"随侍者"。

古代的宫廷随侍人员完全没有自己的生活时空，不可以随便回家。随侍者分为文职和武职以及杂务，孔子这段文句中，没有说究竟是三种中的那类，总之这句是对宫廷随侍人员说的。

随侍于官方机构的人，又称役人。古代役人的宫廷吃与住，是不能依自己的喜好来自我安排的，这也是很多人不愿随侍为职的原因——食无饱居无安，给君王做差奴是不容易的，故此也有人宁愿做山乡自由自在的"野人"。但孔子很赞赏这个不自由的差奴工作，他把一名合格的役人也称之为"君子"。

做君子，就是指做一名君王手下的合格子弟。周代的"君子"称谓，并非是现代汉语理解这样，不是具有道德者的专有名称。君子被注上“道德”的后缀，最早源自孔子，在周代宫廷的君王，显然只是专指周天子、各地诸侯王这些大小奴隶主。

君王的子弟

千万别看到“君子食无求……”这句话，就误以为君子是专注廉洁的典范，在《论语·乡党篇》中，罗列了一大堆有关孔子酒肉饮食和裘皮服饰的讲究。

孔子对于“君王”的敬畏，足以从做个“君”的“子”——君王的侍从弟子的严厉要求上体现出来。周代，君王的侍从弟子并不是普通奴隶，而是王族低阶亲戚内选出的家臣差官，故而又称“子”——子弟，是比普通奴隶阶位要高一级的家臣，所以，家臣是贵族的一分子，与奴隶是不一样的。工奴、农奴、艺奴这类的下等人，在孔子文献里专称为“小人”，而家臣贵族这类服务于宫廷机构的人是“大人”，“大人”中为君王服务的优秀差役，在周代有“君子”的美誉。

君子的美誉，孔子将其归属于贵族内最优秀的弟子，为什么君子才有道德？因为从食、居、事、言四个方面上，它完全符合“君”对“子”的职业要求。所以孔子讲的“君子”，并不是可通用于工农阶层的全民道德标准，而是一个与“王权”、“王亲”、“侍从”有关的周代宫廷专用职业道德。

为什么我认定了这“君子”称谓是与工农阶层无关呢？看了孔子说“敏于事而慎于言”就知道这个君子阶层，是个少说话多干事的官宦服务阶层。并且大伙看仔细了：这君子的称号，并不是现在俗解的“称谓＋虚词”，“子”不是虚词，“子”实质是主语，“君”是用来定义“子”的——子是君属下的人员，故称“君子”。用现代语说孔子所下的定义，君子，就是合格的君下弟子。而孔子教育内容的“六艺”——礼、乐、射、御、书、数，包含的正是宫廷侍从服务者应具技能的全部。

而当佛子的人，各阶层都可以，没有做“君子”这样的职业追求和约束，工农这样的职业“小人”中也有佛子。因为佛子是佛教哲理的学生，而君子只是儒职教育的学员。

“就有道而正焉”是孔子对这儒职提出的学习要求，道——道德，孔子这里讲的道德，不同于现代概念的社会道德，而是做儒职的职业道德。儒生→儒职，这个过程是有职业教育的，所以有专用的道德约束，“正”是指学会正确的职道，成就个人的儒业。

【原文】子贡曰：“贫而无谄，富而无骄。何如？”子曰：“可也。未若贫而乐，富而好礼者也。”子贡曰：“诗云：如切如磋，如琢如磨。其斯之谓与？”子曰：“赐也，始可与言诗已矣。告诸往而知来者。”

【释文】子贡问：“贫困而不谄谀，富贵而不骄奢，这样做君子如何？”孔子说：“这样也可以啊！但还不及贫困而快乐，富贵而好礼。”子贡问：“诗中说——‘如切如磋，如琢如磨’它就是针对这而说的？”孔子说：“尽在此了啊！这么着才可以开始与你论诗了呐，应把这句诗的意义告诉学习过它的人，让他们也都知道终极的结果！”

●从孔子不满意子贡对做君子的曲解上，看到孔子真实用意。子贡的“无谄”“无骄”，两个都是有对立面的做人态度，这对立面是以关注“恶”而提出的“自警”。但孔子纠正子贡的自警防恶心态，要求不关注于“自恶”，而是在注重“自善”，这是一种“自得”。从“自警”到“自得”，孔子认为这是一种内心的进步。所以，孔子提议做一名君子，要“贫而乐，富而好礼”。说实在，侍从官宦总是财富不敌主子的，但他的财富也许与同僚可以一比。孔子深知：一切只在宫廷内，官员们贫富和谐共处，才是儒生的唯一生存空间。

务农野人

子贡这个人很聪颖，一听孔子上面的话，立即用一句含有玉器工序的古诗，总结出了孔子对“贫”和“富”的教学态度。“切”是玉器最初步的加工，即用金刚砂和金属片来切割玉石，把石皮去掉；“磋”是用金刚砂把切好的玉石放在平板上粗磨出大形，切磋是玉器加工的第一步粗坯工艺。第二步工艺：“琢”是用精细的工具，在玉石粗坯上进行雕刻；“磨”是把雕刻好的玉器，用兽皮和细腻金刚砂做精细的抛光。

孔子一听子贡引用了“切、磋、琢、磨”四步工艺，来总结他的教学，于是十分高兴，说：“看来你是真的懂得诗了”。虽然字面上是赞赏子贡对诗法的理解水平，但实质是孔子在赞扬子贡对他在“贫富”问题上的理解。对应于制玉工序，孔子把“不谄、不骄”转变为“乐、好礼”，如同制玉工序的从粗到精的工序。以此表明贫富问题上，君子从“自警”转到“自得”，是个玉坯到成品的过程。所以孔子鼓励子贡，要他去把这个理解传播给大家。

玉器琢磨

无谄可达自乐，无骄可近好礼。孔子虽然在这里贫富问题上的人事观点并无大错，但是要做到这自乐与好礼，恐怕是落入主观理想主义概念化的窠臼里了。要知人事间的“贫富”，不单是钱物上的多寡，还包括了“学识”“履历”上的贫富。所以人在社会上，谄与骄也自有了它的用处，孔子也会谄于某事之中；乐与礼也不是全能用的，孔子不乐不礼的事例也很多。

比如在学识的贫富上，孔子主张过“三人行必有我师”，这也是近于媚谄友人的一类。并且，孔子在教儿子鲤时所讲的礼中，就有从服饰打扮上取媚老师的思想。孔子对于社会阶层中的下层工农，思想中包含了极明显的贵族气息，比如他把工农贫贱的技术工作视为君子所不应做，这就是一种典型的“骄”。我们并没有看到孔子在学识上尚有的贫困中，去主张“乐”，也没有看到富贵孔子对贫贱工农的工作拜出好礼。对君子与工农做礼上的区别，也是谄媚于贵族的表现。

纵观上面的分析，孔子的君子之道，在孔子上面原话原意里，只算是为贵族服务的儒职职业道德规范，而非全民道德条款。何况现在已没有奴隶主，又哪来个“君”？你努力去做这个“子”，恐怕也是成不了“君子”的。所以凡是学深吃透孔子原典的人，总还想着做“君子”，必然骨子里潜藏着一个服务奴隶主的旧贵族之心，与服务人民的现代社会格格不入。

【原文】子曰：不患人之不己知，患不知人也。

【释文】孔子说:“做人不用担忧别人不了解自己,不能了解别人,才是做人真正的忧患!”

●这句话,很适合用来批评后世的儒生们,儒生总是喜欢在一切时机里,推销他们孔祖师的“道”。把儒的职业道德安插入各行各业中捣糨糊,以为是在弘扬儒学。其实他们忘了孔子的君子道德中,是并不包括宫廷之外职业的。

欲将孔儒道德强加于全民,是孔子都不能为之事,他早把工农弃置于君子之外了。所以试图把孔儒道德代做全民道德的标准,是无理的行为,不但有违道德整体范畴的客观现实,违背了君子的原意,也是最大的无礼。

在未来的世界里,要做合格的儒生,只能是先去找寻一位奴役自己的奴隶主,做自己的服务对象,这才是君子。而不是匆匆忙忙地向全民来弘扬儒学,搞什么“人知”!

在佛教里,不但要求佛弟子“知人”——了解社会行为,还要“知心”,了解众生的心。所以它主张把修行方式分出各法门的不同,以对应各阶层的人民。佛教里有修行级别不同,要求也不同有区分,严谨的僧侣道德——僧律,并不会向民众做推广。因为佛教的僧侣道德,是服务民众时的内部纪律。佛僧要推广的是佛教的思想解脱工作,而不是如同孔儒道德的儒职这样把自己的职守规矩,强加给不相关的社会人群。

10. 水果刀的万能猜想

《论语·为政》

【原文】子曰:为政以德,譬如北辰,居其所,而众星共之。

【释文】孔子说:“拿道德来搞政治,好比是北极星,它在天上,其他星星都环绕着它。”

●孔子所提到的道德，并不是当时的全民道德，而是儒职之道的“君王弟子之德”。

渺远的星辰

君王弟子之德，是孔子给奴隶主君王政权的政治准则，所以孔子以“北辰星”来形容这个政治准则。北辰，又称北极星，古人在星际天象中，把这一颗大而明亮的星体，视为众星的首领。“共之”的共字，是“拱”字的通假，拱卫的意思。

孔子把社会政治称作“众星”，他的君子道德就是“北辰星”，所以孔子提出的是一种“政治道德”——奴隶主政权利益下的政治道德。有人以为孔子的政治道德，真的可以引为百业所用，殊不知儒业也只是百业之一，它的道德作为百业之道中的一种职德，是无法替代其他职德的，全民政治道德以儒职道德为中心，显然无法贯彻到百业民众中。

有个比喻：刀之“道”，有切削之“德”。水果刀的使用为“刀道”中的一种，它的切削之德，与手术刀之道的切削之德，有很大区别。若用水果刀比喻儒道，手术刀代表其他之道。那么，儒道就不可能同时拥有其他众道的手术刀之德。要众刀拱卫它儒职“水果刀”的道德干什么？这完全是孔子他主观化的片面政治设计而已，没有百业社会实施的现实可能性。因为孔子违犯了各职业道德中，其内涵的不共性特征！

【原文】子曰：诗三百篇，一言以蔽之，曰：“思无邪。”

[释文]孔子说：“三百篇的《诗经》，用上一句话来概括它，就是‘思绪没有邪恶’。”

●孔子把民间收集的诗歌，删成了只有三百篇的《诗经》。他删节的标准是从“思无邪”入手的。所以孔子当然很得意的用“一言以蔽之”来涵盖《诗经》，可见孔子又在实践着他“君子的道德”。这种删改，从现代文献学看：孔子是在以一己之意，客观上消灭了古代文化多角度的丰富性，只留下一些以他个人道德观为价值的东西。从文献价值上说，孔子对古代文化造

编辑诗经

成了破坏。

孔子是以“君子道德”这种儒职价值观，来评估民间诗歌。而民间诗歌涵盖了一切社会领域民众的心志，其中不乏一些与儒职价值观相左的意志。这些诗歌虽不合适于儒职道德，但它们也有自身客观存在的文化价值。可是《诗经》被孔子删得只剩三百篇了，很多有其自身价值的文献被破坏了！这就是古代“屁股决定脑袋”制造出的政治式文化：邪与不邪，若是由儒职教师说了算，我们永远也读不着他们所不认可的民间诗文。

【原文】子曰：导之以政，齐之以德，民免而无耻。导之以德，齐之以礼，有耻且格。

【释文】孔子说：“用政策引导民众，用道德来统一百姓，民众就可以免得耻辱。用道德引导百姓，用礼仪统一民众，百姓会有耻辱并且有所讲究。”

●孔子强调用“儒职道德”来统辖百姓思想的坚定决心，一如上面孔子删节民间诗歌一样的无比坚决。诗言志，孔子直接删了它们，就是个“齐之以德”的动作，说是这样才可以“民免而无耻”了。但是丰富的诗文古代文献，消逝在这种片面道德强制之下。

孔子这里讲的“耻”，实是现实价值观的儒职化定位，一个以政治价值为荣耻的导向，而非百业民众利益的荣耻。在周代，显然代表的是奴隶社会制度中奴隶主的价值观。

礼与非礼，从孔子言论上可以看出：礼仪服从于政治，奴隶主政治有奴役奴隶的主张，所以礼也相应地在遵循这个政治主张，成为支持奴役人民的辅助工具。奴役合法化在行礼中的表达，自然是奴者应向主子行以大礼，主子不得向奴者行大礼，否则就是非礼。所以人群之内，有权者上无所礼，下受大礼；无权者上下左右都有不同的礼。显然这礼的提出，就暗中贯穿着浓烈的“特权”二字。特权是儒礼不可逾越的运行标准，奴隶主是孔子时代的特权者，所以“礼”的提出，在“平等礼”的外表下约定了“不平等礼”的合法性核心。

向贵族行周礼

那些只会在场面上装模作样礼敬朋友的，只懂孔子的礼仪交际术而已，是个重权又怕权的势利眼。所以当面向相当势力的人做礼，一旦到了人背后、面对泥木塑像，便露出真相来了。

“为政以德”“导之以礼”，只是孔子用儒职管理交际场面的技术，连做国家政治都不入流，何况除此之外现实还另有“佛礼”、“军礼”等等不同于儒的礼，以工作性质区别特征的众多各业礼。世界之大，礼各不同，广纳众礼者，可以为政。而用某礼妄加取代众礼，又偏某礼之德，去代替全局政治，这无疑如同儒礼取代佛礼，其所产生的佛教混乱一样，社会政治也必为儒礼所乱。

合理的政治必如同众星之星云，永远拱卫着人民的利益，它视人民为北辰星，以人民的心志喜怒为思无邪，这才是真正全德之天下礼！

11. 恶业的天命

《论语·为政篇》

【原文】子曰：吾十有五而志于学，三十而立，四十而不惑，五十而知天命，六十而耳顺，七十而从心所欲不逾矩。

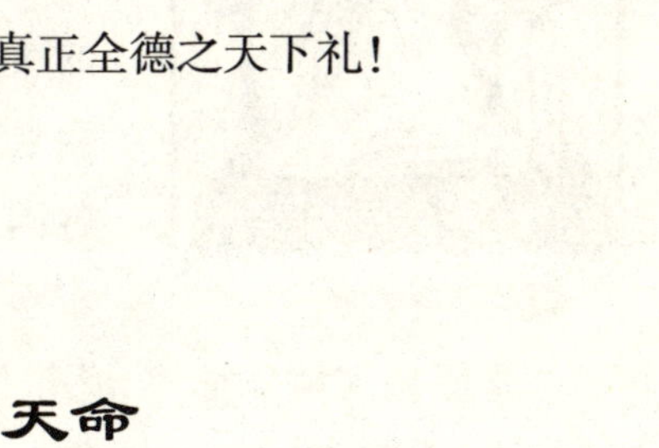

返乡求情

【释文】孔子说：“我十五岁开始立志于学问，三十岁时事业立有所成，四十岁为人能不被惑，五十岁已知道自我的天命，六十岁听到什么都不会再动摇内心了，七十岁我能从心所欲又能不跨越规矩的底线。”

●孔子似乎颇自负于他的人生，他从十五岁一直这么讲到了七十岁，好似只在侃侃列述个人的经历，却通过此而暗示他已是有着非常阅历的耄耋老人了。何以能成为有丰富阅历的老人？孔子所述“六步曲”的用意，并非在向学生们展露“而立”、“不惑”等等步骤，而是意图用这些诸多人生收获，来向鲁国人揭示他返乡的重要性和必要性！

神授天命

十五岁才开始立志于学业，孔子的学习生涯，可比现代学生晚了好几年。不过他终于在三十岁之时，经过十五年的奋斗，还是有了成就——成了专业老师。至于他四十岁的不惑，我看只是立于所习学问上的不惑，有人认为孔子能在一切世事上都不会疑惑了，这是误解。比如他一辈子推广自己的思想，在周游列国所出现的屡战屡败，孔子便不可能不惑，不然孔子也不会老是在周游列国了。无非是他看不清自己被各国排斥的原因，所以才这样的反复重履旧轧于不知所终。

这是原句文法的原则，孔子话中原意并没有一切都不惑的意思。文法上，这句乃是承袭了上句中关于“立志于学”的前言，所引发的有关“学业内收获”的句子，所以并不是讲“一切世事”的“不惑”。有些具备佛学概念的人，一看这个“惑”字与佛经名相近似，就想当然地孔子达到了某个佛教高级的修行级别了。其实孔子一生都没接触到佛法，他达到“不惑”的，也只是其十五年所学的那些内容，与佛法所讲的“无无明”等佛教名相的范畴完全两码事。

孔子说他五十岁能“知天命”，天命是什么？天命是孔子所谓的上天赋予个人的能力与空间，这与下面的“耳顺”有关，是孔子耳顺的内因。知天命是孔子学业“不惑”后的再次结果——继之以当官为生存的空间和才能，孔子自认就当这样去走尽自己生命的全程！所以这个所谓的天命，实是一条孔子自认的人生不归路。说那是天命，不过是对自己以往历程，所产生的必然使命加以自我肯定的一种托词。

孔子进入五十岁后，从书生当上了市长（鲁国中都宰）。所以，他七十岁自夸的那个五十岁的“天命”，就是指当市长之类的天赋之命。市长孔子，因为派重兵毁灭三所新兴的都城而立功，又当上了工程部长（鲁国司空）、司法部长（鲁国司寇），并抓出十年前的旧对手少正卯来杀了……看他五十岁里所忙的这些事，都是些有关于当官与镇压的事情。所以细观孔子天命的“兴隆”，无非是造了些杀害学术对手和毁坏新城市的恶业，但孔子伪托于天赋他的权力，用“天命”词一划而过，逃掉当官杀人之后良心长期的谴责。

孔子的冬天

有些崇儒的人现在否认孔子杀过少正卯，说古文中记载的“诛少正卯”中的“诛”字，是批斗而已，理由是这“诛”字乃是言字边旁。我曾考证过，言字边旁在左的“言朱”，是晚至秦代的李斯发明的大篆体上才出现；周代的“诛”字，还是个边旁在右的古籀体。出土文物显示，它的边旁乃是刑杖意的“卜”，和刀刑的“戈”两种边旁，通意于后来的满门抄斩——诛灭九族。所以诛少正卯，在秦前必是指刑杀少正卯，这个没法否认。

孔子周游列国搞政治四处碰壁，于六十八岁后回到了自己的故乡鲁国招徒讲学。自认七十岁“从心所欲不逾矩”，实是他表白了这几年的讲学生涯的生活目标。“从心所欲”是孔子教学要发挥出经验，“不逾矩”是他拍胸脯担保自己在鲁国的一切活动并不会犯规。用现代话说：孔子是在吹嘘他有充分的教学经验，并可以像他二十年前一样地继续为鲁国服务，但不会再触犯鲁人的规矩了。孔子五十岁在鲁国当官时，因为代表着奴隶主的利益，站在新兴地主势力的对立面上，抵触了鲁国新型生产力的发展，不久，他便不得不辞官离开鲁国。现在，孔子年老体弱已不能周游列国了，要落叶归根返回自己故乡，但他不怕鲁国人翻他老账吗？说不怕是假的。这个“不逾矩”，就是发了个口头的保证书，因为这位极可怜的老人，实在太需要有个落脚的地方。

可以肯定：以上表述里从十五岁到七十岁的原话，是孔子七十岁所说。孔子寿至七十二岁谢世，所以这是孔子将要去世前夕，对人生的一次自我总结，这也是他向地方官的最后一次请求。孔子无疑在表白自己学识很丰富、经验又老到、天赋极强、聪慧规矩。而且人老了，更不会再伤害人……以示鲁国应对他不计前嫌，容留他回乡办学。当然，我们也注意到了：孔子把五十岁时在鲁国干的那些罪过，推说杀人毁城只是“天命”使然，可见他回乡并不打算向鲁国人认错。

所以孔子的一大通话，并不是人们常从字面上所认为的在宣扬如何做圣人，他只是以一名得罪了鲁国人的逃职老官员，为了能活着落叶归根，在向鲁国求情。也许孔子认为自己做一名返乡老人，当受之以礼——老人想返归故乡，鲁国乡亲们总应该对他行点孝吧！

被准许返乡

佛教理论认为：为善为恶，并不如孔子所谓是有天命的所赋，因为没有什么“天意”可以完全支配人的行为，人行为之业的善与恶，决定在于本人的所为。孔子这种把个人恶业的责任推诿给“天命”的做法，是十分无理的诡辩。其一，影射自己曾经拥有类于“天子”的“天命”权力，又把百姓对自己的指责全部推脱给了天。他用“天命”暗示过往所发生的一切不良后果，非出于他的持政原意而是天意。所以，“天命论”是荒诞的推责，孔子五十岁之所以做下了这么多荒谬的事迹，与他自以为已“知天命”不无关系。杀人毁城的五十岁举止，是所谓“知天命”下的疯狂自负。

佛教言善，以五戒为根本。五戒中“戒杀”为第一。孔子借学术政见的不同，不力主争辩而日后横执杀生，是佛教所不齿，孔子捉杀十年前的旧对手，实并不是天的旨意，而是他心怀十年旧恨的寻仇报复，是出于孔子其仇心的反复皴染。

归乡思切的孔子，为达到落叶归根返乡目的，让鲁国百姓原谅他的所为，用“天命”来轻松逃避指责，这是一种“偷”：是盗天命为己责的行为。盗戒是五戒之第二，无理自辩就是在“盗理”，犯“盗戒”的人不能称为善圣之人。七十岁的老人，也一样会有犯错不改老顽固的，这个观点，与对老人不尊敬并无关系。

人，真会有“天命”的恶业吗？

12. 叟老不“唯一”的企求

《论语·为政篇》

【原文】孟懿子问孝，子曰：“无违。”樊迟御，子告之曰：“孟孙问孝于我，我对曰：无违。”樊迟曰：“何谓也？”子曰：“生，事之以礼；死，葬之以礼，祭之以礼。”

【释文】孟懿子向孔子求问孝的内容，孔子对他说：“不许违背了。”樊迟在为孔子驾驭马车时，孔子告诉樊迟：“孟懿子向我求教孝的学问，我只对他说了句‘不许违背’。”樊迟问：“您这句是什么意思？”孔子说：“长辈还生在时，就应以周礼对待他们。长辈逝世时，要以周礼下葬他们，还要以周礼祭祀他们。”

●不违于孝，这于老年孔子是最有切身体会的，此生暮年归国，求国人给予礼遇，他更想葬在鲁国，要求鲁人礼祭他……孔子年轻时对鲁国做下的那些恶行，是不是周礼所许可的我们不知，但鲁地百姓对孔子的亲手毁城，还没有忘了这是一定的！老年返乡要获礼遇，估计是很难的了。但是孔子没有放弃，早年他数十年流浪列国的那种奋斗，对于现在都不重要了，他现在只要一小块，哪怕一小小块不久将至的落葬之地。现在强调“孝”，是他唯一可逃责归乡的一招了

孟孙，又叫孟懿子。这个人可不是别人！孟孙与季孙、叔孙三家，是鲁国的新兴政治势力，他孟孙正是孔子五十岁当“中都宰”时，发兵堕毁城池的三家新兴地主之一。季孙和叔孙两家的郈都与费都两个新城，被孔子毁灭了，而孟孙的成都，抵抗顽强城池坚固，孔子带着鲁兵围剿了几个月都没有攻下来。二十年后的现在，孟家已是鲁国最大的政治势力了。

显然，这是孔子在归鲁国时访问孟家时说的一番话，孔子在向孟孙求

饶。如今，开过战的双方——曾经是官的孔子，与曾被称匪的孟孙，坐在一张铺上，在借“孝”讲和。

【原文】孟武伯问孝。子曰：“父母，唯其疾之忧。”

【释文】孟武伯问孝，孔子对他说：“做父母的最大忧患是年老疾病。”

求孝

●真可谓“人之将死，其言也善”了：老年孔子这时似已放弃了与人的政治争斗，他开始讲“唯其疾之忧”了！难道老人们就无国忧与民忧了？孔子已放弃掉了年轻时的国忧民忧，而只“唯其疾”了。然而，要求乡亲对他行孝，就真可逃得掉因果了吗？难道那些被堕毁城池中的鲁国老人们、少正卯的父母们就没有疾忧吗？城毁了，儿子被杀了，他们也曾需要孝养他们的城池和子女啊！孟武伯是成都孟家的老人么？孔子向他将心比心讲开了老年疾患的痛苦，似乎是在用“启发式”手段诱导孟家来同情他。

不过，“唯其疾之忧”只是个孔子的缓兵之计，他要的绝不是药品食宿和一小块葬地这么简单。

【原文】子游问孝。子曰：“今之孝者，是谓能养，至于犬马，皆能有养，不敬，何以别乎？”

【释文】子游问孝，孔子对他说：“今天这些所谓的行孝，最多只是算有能力养活长辈，那些饲养狗马的，也都是在做着养活的事儿。没有对长辈一点尊敬，这与把父母当牲畜养还有什么区别吗？”

●此时，孟孙家中的一访，孟孙向孔子问孝后听了“唯其疾之忧”，就给了他受孝的条件，孔子获得鲁国人的宽容而准许归乡。再想求得鲁国百姓向归乡老人拿出一点点尊敬——这孔子果然不简单。孔子图谋在已具立足之地的土地上，要更好的改善自我的政治地位。他这里是借学生子游的问孝，讲出了自己心中的不满。他并不希望鲁国人只给他以食药住留，他更要尊贵的政治地位。以老人不是牲畜来要求这个“敬”好像也理由很充足的，孔子认为饲养个牲畜也都会供有食物药品，但这不是父母所要的唯一，对父母更要给予“敬”的地位。这不，他把自己幻成似孟孙的父母了。

更求有“敬”，与他前面的“父母唯有疾忧”，同是发自于一位老人口中，是十分矛盾的事：当还没获得安疾之地时，他讲了“唯有疾忧”，当有了安顿之地后，又要尊贵地位……这不是什么智慧，而是一种聪明。其实，鲁国百姓也并没有污辱他这个返乡老人，也许只给了他一个普通百姓老人的社会地位而已，难道鲁国老人们真的都在过着犬马一样的非人生活？

显然，孟孙并没有授予归乡孔子重要的政治权力。讲自己像收养牲畜一样的被对待了，孔子在向弟子们发牢骚话。这句原话，出自孔子访孟家求饶出来不久。反映出孔子以孝为计，又进而求获尊贵，目的没有达到后的不爽心情。

【原文】子夏问孝。子曰：“色难有事，弟子服其劳，有酒食，先生馔，曾是以为孝乎？”

【释文】子夏问孝于孔子，孔子回答他：“老师有麻烦的事情时，做弟子应甘愿在前服侍。做弟子的有酒宴食品时，总让老师先品尝，你们是不是都拿此事做行孝一样来对待了啊？”

●有酒宴食品时，总让老师先品尝——可见孔子真的是拿自己当做“学生父母”一样地看待了，这与身老威重的心态有关。孔子家中自己也有子孙，要学生对老师行孝，这是不是有点过头了！看来，孔子在把父母特权化，更把老师的职权也父母化，进而又更特权化了。我们只能认为：之前讲的父母之孝，不过是孔子为“老师之孝”做下的一个套而已，无非是向人表白做老师的也要享用孝的敬意，从物质上到地位上来占有学生孝父母的一切，也包括在回到了鲁国的故乡后。

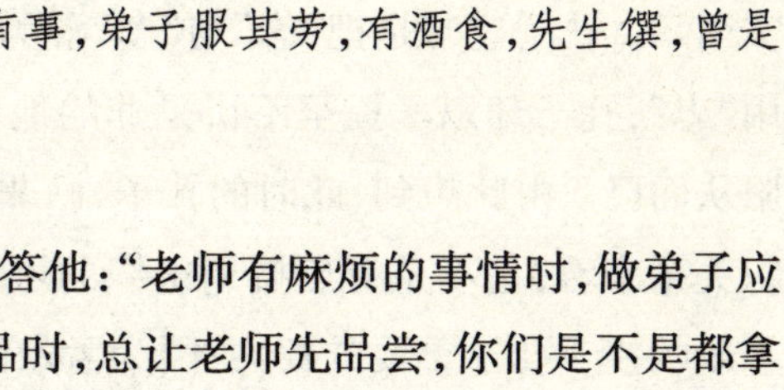
咒骂季氏

子夏是随侍孔子的学生，孔子这时也老了，想归乡又遇到麻烦，他是怕子夏都想离他而去啊！不过，如此“有酒食先生馔”的要求，他是不是越老越小孩子气似的了？

孔子既是正在加紧对学生头脑束缚，也是暗地里表示着对孟孙家的不满。

【原文】子曰：吾与回言——终日不违如愚，退而省其私，亦足以发。回也不愚。

【释文】孔子说：“我对颜回说——‘终日你都不得违背孝道，做一个类似愚钝的人，退场后要常反省自己还有没有私心，能这样做也就是行动于孝道了。’其实，颜回他这个人并不愚钝。”

●孔子要求学生们对老师行孝，孝到什么程度？言中之意，要到“如愚”的程度。把一个不太愚钝的人，教到了如愚的地步，这种对老师行的孝道，能好到什么地方？不得对他这老师有一丁点的私心——这才是孔子讲孝的真实用意。孔子这时是把“忠”与“孝”混为一谈，对老师并不适宜用“孝”而只应用“忠”，孔子却以孝提至不讲是非的地步，无非是要学生对自己做到愚忠的服从而已。由此想到，此时的孔子，已非是在单纯的办民学启民智，用现代组织关系来看，是不是有点搞黑组织的可疑呢？鲁国乡亲的孟孙家，并没有如愚般的授予孔子重要的权力，因为孟家没必要忠于他。

此言是孔子向子夏、子游所说，这时他们的老同学颜回已病死多年，孔子是拿颜回做学习的榜样，向学生们说教。总之，在老师遇到归途麻烦时，学生们是会私心萌发逃离而去的，且会视那些不离老师的人为愚忠。而孔子在宣扬要如愚：愚忠就是无私。这句是孔子用计要挟孟孙不成，转而又要挟起自己的学生们，但用的都是一个“孝”。

有人把“吾与回言——终日不违如愚”，错句读成了“吾与回言终日，不违如愚”。其实误解的原因是没有从历史背景来读《论语》，没有深入的多角度思考文句的前因后果。用佛理讲，即还没有入“空”，为什么？错句是一个单纯的直述句，是一个没有前后事件关联的文式。而“吾与回言——终日不违如愚”句，你就可以看出孔子对孟孙讲过的“不违”，原来也在颜回这里讲过。所以，这句是孔子借颜回的“不愚”，在向学生表白：他十二分鄙夷孟孙不当场授予他尊贵的那种愚笨。

【原文】子曰：视其所以，观其所由，察其所安，人焉叟哉！人焉叟哉！

【释文】孔子说："审视一个人所做过的事，观测他做那些事的起因，察看这些事所达到的安定，人怎么可以说老了就废掉了呢！怎么可说人老了就是废人了呢！"

●无疑，这是孔子在为他回乡所得不良待遇，所暴发的一次强烈报怨。鲁国的人们竟把他当废人来看了，都在说他是老而无用。孔子话中这些"视、观、察"的一堆罗列，无非是提醒人们正视他曾经在鲁国有过的丰富人生经验和政治履历，话中语气里，他对鲁人脸上普遍的嘲讽态度，显出十分的恐慌。是啊！鲁国人怎么可能原谅他过去做过的，那些杀同行毁新城的坏事呢！总之，孔子正在愤怒于曾是迫害对象的老乡孟孙家，对他的冷淡态度。

在佛教理论里，因果是不能混淆的，桃因结桃果，李果出李因。一旦拿桃果去论李果，如同孔子拿了学生的孝父来要求学生孝自己，这是刻意在混淆不同因果事件的内在关系。孝与忠有区别，忠是社会人之间的服务，孝是老少之间的赡养。把师生之间的教学关系，视同家庭老少的赡养关系来要求人，从合同上明显流露出霸王条款的色彩，孔子是玩弄了一个偷换主题的狡猾把戏。在佛理中，这叫"拨弄因果"的罪，因为他在两次用"孝"糊弄逻辑，提出非理的非分要求。

撇开孔子逻辑拨弄的把戏，在落叶归根求乞归乡的背景下，孔子向鲁国的乡亲和学生们提些生活要求，无可非议。但是鲁人不想再重用这位七十岁的守旧老人，也是没什么可以责怪的。孔子连发两句"人焉叟哉"，似乎也太不理解社会了。老人孔子，"唯其疾之忧"之外，又多出个"唯其叟之忧"么？

13. 虚空中的豆子

《论语·为政篇》

【原文】子曰:温故而知新,可以为师矣。

【释文】孔子说:“一个人能从回想过去的知识中,去把握眼前的事物,这人已可以做老师了。”

●这句话是很正确的。提供知识,是为把握现实事物而提供的参考物,老师的社会功能就是针对了现实事物的目标,为人们教授参考物。温故知新,这句话是被后人多有误读的一句,大多是理解成“温习过去的知识,产生更深刻的感想”。但这种反复思考而没有现实行动的方式,却是孔子本人明确反对的,他反对的原文下面几段后将会讲到。

“温故”是指对个人经验与书本知识的回忆,“知新”是指认识现实中的新事物。故与新,并非全是讲知识。“故”因为内涵从属了“温”,而一定是指知识或经验。“新”的所指,因“知”的内涵而必然只是指新鲜的事物。所以“知新”,不可以随便做“新知”来解读。一正一倒,就把孔子的教育理论搞错了,而且这是孔子蛮正确的观点之一啊!

现代成语中的“温故知新”,与孔子的“温故而知新”不是一回事。成语中的语境是归于学生态的,而孔子句中的语境属于老师状态。既然全文是明确讲做老师的条件,所以就不可以再用现代成语来理解了。孔子对学与习之间的专业教育,是有很深研究的。这里讲到的是做一名老师,必须要具备“知识为现实服务”的实用主义教学态度。因而,我们现代学儒者每天在书中努力做的“温故知新”,乃是走上了反孔子教学理论之途。

【原文】子曰:君子不器。

【释文】做君子不应像容器的样子。

●此是针对上文"温故而知新"所做的比喻句，当然，"君子"一词，这里是被特定在做一名合格的儒职教师上，"器"是容器。孔子拿这个比喻，来否定那些像"容器"一样的老师。

什么是像"容器"一样的老师？那些肚中装入了许多像豆子一样知识，还没经过现实检验，又原样倒出教给了学生，这种老师就是容器式的教师。孔子很反感这种不负责任的教学方式，它会曲解了概念知识背后的现实。这不，"温故知新"的现代成语式儒学，正好就是极不负责的典型容器式教育。

器

当然，孔子口说是容易，但要自己也都做到就不这么易了。他倒腾了旧式制度礼教的"温故"后，也没有做到"知新"——知晓新事物的新时代意义。比如他在政治上的主观幼稚，使他在鲁国的官职做得并不太好，几乎酷吏般的打打杀杀一通后就快速下台了。孔子的当官，从结局的流亡他国，和短短数百天就被迫辞官的历程看，他从政是极不成功的，但他没改正，还去拿它教了人。虽然他不是在倒腾别人的"好豆子"，但也是在反复倒腾自己不实际的"坏豆子"，只做了一个"容器式的老师"。

【原文】子贡问君子。子曰："先行其言而后从之。"

【释文】子贡问如何做君子，孔子答："你先得从言词上做起，然后在行动上跟从你的言词。"

●这句也是解释"温故而知新"的。"先行其言"就是对知识概念进行表达引用，"而后从之"是行动中对知识概念的实践检验。因为"从"是实践行为下的概念附和，所以它并不是瓶中倒豆容器式的，而是事物检验中的行动。

【原文】子曰:君子周而不比,小人比而不周。

【释文】孔子说:“君子要环顾利益,而不应只是对立比斗。小人只做对立比斗,但不会环顾利益。”

●这是从“温故而知新”,所引申出的运用方式传授。“周”从字面上看,这里是“环顾”和周详,是一种对现实利益的反顾之心。“比”是比对,是对立双方的概念化筹量。将知识倒来倒去的概念化灌输和复习,只能产生概念之间的比对。它是忘失现实利益后的一种纯抽象性的比斗游戏,显然这种抽象学习是毫无实用效益的。

“周而不比”也是孔子自身的弱项,他在对各列国政治现状上的目光,是在用“比”,而且是以强烈的“比”来议论列国政治。孔子常是以周朝礼仪来比对各国政务,他从不做“周”。所以在看法上讲孔子偏激主观,就是因为孔子政见有明显不周,起码是他只会护卫奴隶主利益,没有周顾到新兴自由民们的利益。如何才能周顾到别人的利益呢?要善于深入到别人的角度来学习做事周全,不能只是主观思考己方利益。

【原文】子曰:学而不思则罔,思而不学则殆。

【释文】孔子说:“只学习而不思索,则做事还是罔然。只是思考而不学习,做事则会充满危险。”

●前半段是再次解释不会温故而知新的危害。“学而不思”是容器式学者的状况,“思而不学”是“比而不周”者的内在行为方式。两者都只会脱离了现实玩弄概念,一旦做起真事,不是“罔”就是“殆”。罔,即懵懂弄不清;殆,危险。

【原文】子曰:攻乎异端,斯害也已。

【释文】孔子说:“巩固了有差距的那一头,它的危害就可以中止。”

●攻,是“巩”的假借,巩固。“异”字是指“不同”、“有差距”之意。此句讲道:只有修正学习态度,把上述玩弄抽象脱离现实的毛病改正了,才能中止

“罔”与“殆”的危害。

当然，孔子若在生前的某一时刻，对自己的政见缺点做到“攻乎异端”了，也就不会游荡列国一事无成啦。孔子无法实施自己的政见，是因为不会修正其有着差距的那端，所以难有“斯害也已”的效果。

【原文】子曰：由，诲汝知之乎！知之为知之，不知为不知，是知也。

【释文】孔子说：“子由，我所教诲的，你已懂得了么？真的知道了才说知道了，不知道的就直说不知道，这样做才是懂了我的教诲。”

●子由，是孔子的学生，孔子这句“知之为知之，不知为不知”，是总结前几句教育精神的一个概括。这里的“知”，与“知新”的知，是统一的。所以这“知”字，是指实践后的“真知”，而非抽象概念化的主观心知。

许多人会把自己的脑子估计得过头，把自认为有理的东西推销给人，这样是很少不会出“殆”的。孔子原是一名私塾老师，教育是他的专业，他无疑此处是“知之”的。但私塾教育者又来搞政治，心量的大小就不可能在一个等级的。他若真要对政治也“知之”，还得向从政执政者去虚心学习，细心的实践完成，并总结出新经验。

孔子五十岁当官的经验是十分失败的，几乎是离国流亡的逃官而走。为什么？对于鲁国政治现实，孔子是“当知不知之”了。所以会有长期流亡他国的结局，更让孔子个人安全都十分的“殆”。他人成熟政治经验都没学到手，只是用个人主观思考出来的东西乱搞下去，政绩很难不会早衰。所以我看“知之为知之，不知为不知”此句，对学生子由有很大的教育意义，对老师孔子，也同样有“攻乎”的自我教诲作用。上手做工作，总用对立的心态，拿纯主观的虚妄东西去要求现实，这种参与意识就很不健康。因为在参与之前，连“温故而知新”都没有做完，只会口若悬河的“倒腾豆子”，这种政治危害还不大么！孔儒政治的旧式礼教，就是孔子一辈子里倒腾来倒腾去的霉豆子。孔子心小如针眼，只认奴隶主旧制度好，对新制度没有让出可接受的空间。

心如虚空

孔子在教育学上是个明白人，但在政治上却是个糊涂者，他还没有做到举一反三的去实践生活。怎样达到“周”，孔子更没有成功把他的霉豆子生出豆苗来。六祖慧能禅师说过：“若见一切人，恶之与善，不取不舍，亦不染著，心如虚空，名之为大”，这就是可入于“周”的般若波罗蜜法。

般若波罗蜜是梵语，译为“智慧达彼岸”，这个佛法是大乘法，所以是讲如何亲自参与到事物之中的大智慧，参与事件是要有良好胸怀的，那种专以主观思考乱提意见的方式，并不是实践参与的正确姿态，只是在对着他人乱倒“豆子”而已，所以要做到“心如虚空”的“周”了，才是智慧的参与者，而不是像孔子这样游历列国，四处以“比”去拿旧式礼教干涉别人的政治现状，一旦有人做的与己相左了，就发出不和的嚣叫。

容器与虚空都可以空间为论，但区别之处在于，虚空从来就没有边缘。

14. “干禄术”

《论语·为政篇》

【原文】子张学干禄。子曰：“多闻阙疑，慎言其余，则寡尤。多见阙殆，慎行其余，则寡悔。言寡尤，行寡悔，禄在其中矣。

【释文】子张在学如何求取福报，孔子说：“多听闻而少怀疑，慎于言想要语不乱说话，这会少掉许多过错事。多观摩而少懒惰，慎于行动不乱触碰，则做人会少掉许多悔恨事。事上少过错少悔恨，福报就出自这里了。”

●禄，是指福气。干禄，即人为营造福气的技术，这里意指在事务里求取福报。古人与今人一样，希望在参与社会活动中，收获实在的好处。而基于极力服务官僚的价值所在，孔儒弟子所做的干禄，不会是讲务工或务农的获利，而是讲当官中如何干禄，用现代的话说，就是如何在官场上捞点好处。“阙疑”的阙，是要你少疑。阙，是少的意思。

孔子分别在“信息”和“介入”两方面，对“干禄”做提示，这完全是宫廷中做事人的谋生技能。在信息上，孔子要求干禄者多聆听少提疑问，多提疑问的人会显出笨相，被人看不起，而细心聆听则能把握到事务的利益脉络。所以，“多闻阙疑”是一种不动声色而下手的手段。

厚禄

在事件介入上，孔子要求干禄者——“慎言其余”，“余”是指不相关那部分，干禄者不应乱说话，不做无关的表态，这样才会“寡尤”。“寡”即少意。“尤”是罪过、过错意。“寡尤”，就是“少过错”。多听而少问疑、慎言语，是减少自己公务中出过错的手段，人要在公务中捞到自己想要的利益，不露声色不出差错是集聚个人福气的要义。

“多见阙殆”是讲营造干禄之人，总得时时把眼睛瞪圆了，少出一些无法挽回的遗憾。人勤快少懒惰，孔子认为懒惰是招不来福气的。这营造个人福气的技术，无非是在少做过错事、少出遗憾事上做足工夫，这就是一名宫廷谋差者可做成的干禄。

孔子说听话乖巧勤快少废话，即是“干禄术”的技术主题。看来孔子除了教授六艺，还教了混官场的“干禄术”，这官场上捞好处的专门手段，《论语》可能是在史上记载最早的了。

【原文】哀公问曰：“何为则民服？”孔子对曰：“举直错诸枉，则民服；举枉错诸直，则民不服。”

【释文】鲁哀公问：“如何做，百姓们才会服从？”孔子对答道：“执掌正直，改正一切枉行，则百姓服帖，执掌枉行错失正直，则百姓不服。”

●鲁哀公对于百姓们服从自己没有信心把握，就问孔子。孔子从正直与枉行两个层面，讲执政与服从的关系。

话虽这么说，但现实中的正直与枉行，也当要以公众的民心所向为所依，而不是某种道德的概念可以高开定性。那种以儒德的直枉为民心直枉的主观方式，却是非民心的。事背民心，民何以服？所以孔子在做鲁国大官的过程中，虽自以为在“举直错诸枉”，却因毁城杀人而为鲁国民心所弃，最后逃官离国几十年。在鲁哀公的地位上看民众服不服事，官员的枉直不一定就代表了民众的枉直，所以孔子所做的解说，是模糊而无实质效能的套话，看似正确而并无实效。用佛教的观点，这类套话是落在了概念端，并没有深入现实看枉直。

立场不同枉直有别，为民执政，则以民心公认的正直做正直。若以官本位立场说正直，难有民心的公认，也不易获民服。所以，孔子以抽象概念做执政的主张，与民众公认的民心做执政，在理念上是反相的：一个是先入为主脱离现实的抽象罪错概念设定，另一个是为民众现实的民生服务，以抽象罪错设定民众的执政难获得民服，而以民生服务的执政则必得民服。

【原文】季康子问：“使民敬忠以劝，如之何？”子曰：“临之以庄则敬，孝慈则忠，举善而教不能则劝。”

【释文】季康子问：“我要劝导民众敬忠，这样做可以么？”孔子说：“你以庄重的形象出现，民众会起敬。你做人孝慈了，民众则会有忠。亲自拿出善行也无法教育，才要用上劝导。”

●“敬”是一种心态上的精神重视，“忠”是行为上的遵从。“临”，古字从“目”，即观看之意，所以“临之以庄”是指用庄重的形象做出给人看。孔子认为打扮得形象庄重，会引人起敬。但孔子不知“敬”的精神活动并不止来源于对方的庄重形象，“敬”更是对过往因果作感恩的心态，也可以是对所发重愿的佩服。所以除了敬可出自观看形象的直观心理，也出自因果利益深思后的感动。孔子只认直观心理是“敬”的动因，他忘了深思利益后的感动，才是“敬”的真正主体意义。那个直观心理下的“敬”，与深思心理下的“敬”是有天壤之别，孔子提倡的营造直观之敬，显得浅薄之至。这种营造“敬”意的孔儒手段，有形象作秀的表演成分。

叫孝慈的吊桥

孔子又认为"孝慈"是引发"忠"的内因,忠是孝慈结出的果。但常识告诉我们:孝慈是家庭长幼间的良知,与政权下的忠诚根本不是一回事。因为他也不能保证在家孝慈的那些人,是不是百分之百的于政权会忠诚。孝慈与忠诚,并没有必然的因果关系。历史上的许多大奸臣,如严嵩蔡京等人也都是儒家大孝子。

孔子的错误在于把人的忠奸归档为孝慈与否,他不知忠奸的发生,是随主子自身领导监督能力的不同而转化。单从要求孝慈去追求尽忠,是无意义的。季康子提问的两个问题,孔子都错答了。我站在孔子的立场进行理解:这是因为孔子生活在与君主不一样的空间里,他只能用阶下人士的生活眼光为季康子做政治设计。孔子他生活在造作外表足以引发尊敬的环境里,所以完全不解引发公众利益的真切感动,对产生政治敬意的重要。总之,孔子提供了两个很外行的荐言。

官场上的纳福"干禄术",与辨别忠奸的"孝慈观"一样,都是立足于自私官吏立场上的机巧手段,无非是从精神和技术上确立为私谋官的合法性——只要是在官场上排演出了"孝慈"关系,行贿受贿就赋予了它的社会敬意!对于不敢这样做的人,孔子还提出用"孝慈观"的"善行"来教示这样尽忠,实在教不了的人,才用规劝去实施官场的去留。由此,"孝慈观"几乎成了官场里全员推行干禄术的灵丹妙药了。可以想见,凡是不愿这样忠孝的人,在孔子话语里是绝对不能当官留任的。

佛教理论里说:"情"是众生坠落的根源。这里,我们看到了孔子思潮主导下的官场大腐败的程序,其中包含了那浓浓的"情"意!在腐败因果未熟蒂之前,一切都是这么的软玉温香:福禄在官场上天天增厚、"孝敬"天天在敬献中壮大!一旦官场随着坐败的政权而倒塌,所谓的树倒猢狲散,这才知"情"是何物!

15. 跑马的"谄媚"之车

《论语·为政篇》

【原文】或谓孔子曰:"子奚不为政?"子曰:"书云:孝乎!惟孝友于兄弟,施于有政。是亦为政。奚其为为政!"

【释文】也有人问孔子:"你为什么不去从政?"孔子回答道:"书上说,真正的孝也要孝及朋友和兄弟,并将孝道推广于政治环境里,这也是一种从政嘛,哪里一定就要以去从政当做从政的事。"

●孔子这段话,赤裸裸地把"孝"的父子血缘生物关系,付诸朋友兄弟关系中,并推广到政治界里。让我们想到了现代官场上的老调,行贿就叫——"孝敬"!这种权力下的特权腐败格局,出自孔子的最早提倡,这里就是一个证据。孔子以一名私塾老师借孝收学生"条修肉"的心安理得,转而又把它推广到政界行为规范中。但他不知老师在私塾里收受肉块只是他在收报酬,这不是犯罪。可是政界一旦也从上到下模仿孔子收"条修肉",那么每一位官员都会视下级对上级的行贿,是受之心安理得的"孝敬",这就成了政治腐败,是对社会的犯罪。

特种的政治

可见孔子以主观妄想来引导政治界,结果产生的将是一个以全体受贿当做官员合理报酬的腐败政权。执政报酬来自内部下级的行贿,是孝"施于有政"的必然恶果。所以这人问孔子"奚不为政",原是明知故问对孔子的一个嘲弄。每一个功能还算健康的政权机构,都不会采纳孔子的政治主张，更不会让孔子这样有受贿行贿“孝敬”恶习可能的人，进入政权机构中搅乱了政治的清廉。孔子不被列国侯王们所重用，是必然的。

孔子强辩说自己在鼓吹“政治孝行论”就是一种从政的表现，所以不从政也就是从政了。其实这是一种无理诡辩：鼓吹某种理念最多是个辅佐行为，它是教育宣传范畴的，也可能就是做了个反现政行为。从政人员不做反现政行为，是基本的职业道德规范，但孔子他是个可以鼓吹异政的非从政人员，在做异端宣传也未可知。他自以为的“是以为政”，只不过是一个无奈的自嘲与诡辩而已。

【原文】子曰：人而无信，不知其可也。大车无輗，小车无軏，其何以行之哉！

【释文】孔子说：“做人不守信，就难以把握他。驾驶大马车无扶手、小马车没坐凳，这还怎么行驶呢？”

官场孝敬

●这不是用以掩护上面言行的虚伪成分，很难解释孔子在这里为什么会突然冒出这一句来。人的确要守信，但诡辩的东西是没有信用的，传播如何吸福的“干禄术”、提倡政治秀表演、拿孝道做忠奸的标准来看人、要政界下行上孝走腐败路，这些都是社会不可以采信的。孔子的以上言教之嘴，就似一驾没有“輗”和“軏”四处乱跑的马车。

【原文】子张问：“十世可知也？”子曰：“殷因与夏礼，所损益，可知也。周因于殷礼，所损益，可知也。其或继周者，虽百世，可知也。”

【释文】子张问孔子：“十世朝代你也可以知道吗？”孔子说：“殷朝源于夏朝，从礼的变动上可以知道。周朝源于殷朝，从礼的变动上也可以知道。如有接替周朝的朝代，虽然传代了百世，也是可以知道的。”

●孔子是聪明的，他深知道礼的变化实质就是朝代的变化、社会制度的改变。殷朝灭夏朝，周朝灭殷朝，其间礼也相应数次的更迭变动了。孔子时代

奴隶主的青铜钺斧

是奴隶制社会的晚期，孔子强烈不许这个制度下的礼教被改变，他恢复周礼的政治目的，是为了维护这制度的精神利益。我们有理由确信，孔子深知周礼的奴隶制属性，周礼有着血缘关系下贵族特权的特别结构，它是维系奴隶制社会人与人关系的精神主体，在这个周礼关系下，奴隶人格和人身自由被极自然的否定，奴隶主的特权被升华定格。

反过来我们想想：在现今科学昌明社会进步的时代，推行这种制造了奴隶主和奴隶关系的周礼到人群中，会有什么结果呢？若不是鼓吹儒学周礼的人有梦想重建起奴隶制度，岂不是更期望在人人平等的时代里搞出一点奴役他人的事件？

【原文】子曰：非其鬼而祭之，谄也。见义不为，无勇也。

【释文】孔子说："不是了解的亡故之人，你却去祭祀他，是谄媚。见到正义的事而不去做，是没勇气。"

●孔子当然懂得，不是同一制度中的先人，是不可以去祭祀的。如果用自己了解的礼祭祀了异类制度的先人，就是礼上背叛了自己的社会制度。孔子把礼的背叛称为"谄媚"，为什么指为"谄媚"？因为礼的内容是用肢体动作来表达个人的政治是非观，你一旦用了你的礼向异礼的对方表达了好感，就如同用自己的语言去谄媚了他人的好处，即是一种精神上的投降。所以孔子极其反对精神上的变节，他认为一个人学了周礼，是不可以用来胡乱谄媚异类的。

文化大酱缸

鬼，在这里是指故亡人，古字的"鬼"是一个大头骨架的样子，意即死亡的人。这里孔子用死人骨架的鬼来形容处在异端空间的人，所以明里孔子是说"鬼"，实质是说人。当然啦，你是隶属奴隶制度的人，却去拜封建制度或氏族制度者的祖宗，好像这也是太没骨气，孔子说的“见义不为，无勇也”，是指不拜异端是“大义”，连这个重要的“义”也不能做，是儒者没有勇气的表现。如果当时有现代的社会制度，孔子也不会支持用周礼去拜祭的。这里孔子的话又让我想到，如今的儒学热忱者们大嚷：要在我们的社会制度里复活孔子的周礼，这岂不是严重背叛孔子的古训?!

16. 桃子上的孔洞

《论语·八佾篇》

【原文】孔子谓季氏：“八佾舞于庭，是可忍也，孰不可忍也！”

【释文】孔子对季氏说：“在家庭上演八佾舞，如果这都可以忍受，还有什么不能忍受啊！”

●八佾舞是一种宫廷舞蹈。在古代周礼里，预设了用舞蹈人数来区别奴隶主贵族的等级差别，共有五个等级。“佾”是古代乐舞的行列，一行八人叫一佾。八佾之舞是最高的天子等级，即八乘八的六十四人方队的共舞。

这里的“季氏”，是鲁国三家新兴地主之一，名叫季孙。季孙家中竟在上演级别最高的宫廷舞蹈！孔子听了这件事后，很不高兴地说这是季氏十分不好的举动。孔子说：若此事“可忍”的话，那天下就没有“忍”这个字了。

孔子不高兴的，是因为季氏家并不是天子身份，却用上了天子用的舞蹈人数，是犯上。舞蹈人数的功能在于助兴，舞蹈人数多少，与场地的大小有关，场地空旷人数少了就没了气氛。现在百姓舞蹈多是百人万人的共舞场面，高级一点的戏院场所人数就少很多，最高级的那就是单间看单人的独舞。舞蹈人数的艺术效果，

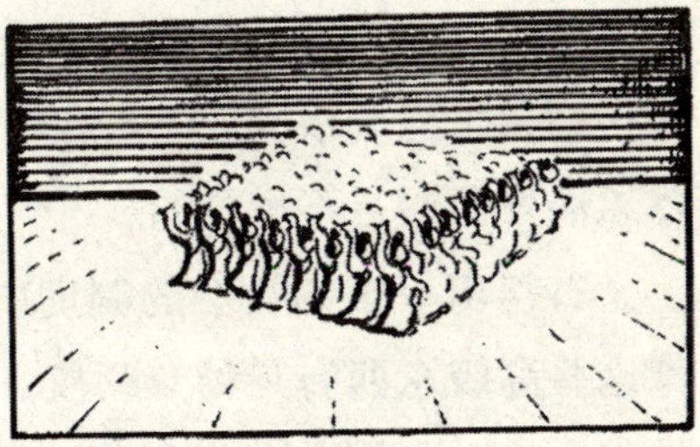

八佾舞

不会因为观众是天子还是百姓而变化，是要看场所的氛围需要。所以，周礼中的舞蹈艺术尺寸的大小，与观众政治身份挂钩，是十分幼稚的艺术观。孔子如此在意附和舞蹈人数与观众的关系，若不谈孔子在维护奴隶制艺术占有权上的问题，但也反映了他艺术修养的浅薄和不可理喻。

【原文】三家者以雍彻。子曰："相维辟公，天子穆穆奚取于三家之堂！"

【释文】三家人奏着《雍》撤出供品。孔子说："他们相互也都是君王的诸侯啊，天子庄严的祖庙怎可能取于这三家的庙堂里！"

●这里所谓的"三家"，是指鲁国三个最大的新兴势力，他们是孟孙、叔孙、季孙三家大地主。孔子此言所处的背景是在五十岁之间，当时三家鲁国地主的势力正步入兴盛之中，由于新兴势力助以先进的社会生产关系在快速壮大，他们已渐趋脱离落后的奴隶制文化，一切旧文明的政治礼乐，变为了他们随用随弃的娱乐工具。

雍曲中的家祭

《雍》是一种周代朝廷最高政权祭祖场所里，用于撤出供品时奏的特别乐曲。据说，有一种专门的鼓状乐器被用来演奏《雍》。"彻"是"撤"的古文通假。鲁国境内正传说孟孙、叔孙、季孙三家大地主们，是在家庙里奏着天子才能享用的乐曲祭家祖。

孔子十分反感这三家人家的做派，讲他们都是"相维辟公"的人了，还在破坏礼乐制度。意即天子手下的诸侯王怎么也在犯上。"相维"——相互都是。"辟公"二字是很难看懂的，"辟"在古代实指"周天子"，"公"是指"公侯"，上古时代的公侯都是来自于天子的亲戚担当。在先秦的孔子时期，"公"这里特指诸侯王这一级的人士。孔子认为：三家拿天子庙里天子享用的礼乐在诸侯家庙里演奏是不道德的。

看得出奴隶制社会的制度中，连乐曲、食器样式都是不可以共享的，好像这些高级东西有某种专利权。这制度霸道地剥夺了劳动者实际产品的精神归属权。在奴隶主所谓的礼乐制度里，对于自家的远亲都如此的无理，更何况对那些贱民奴隶了。

一旦有人享用了超出级别的精神产品，就有卫道士们跳出来骂人，说来说去，无非是指责他们享用了不属于他们的专利权产品，是犯法了。鲁国三家新兴地主们扔掉了旧的剥削制度，转向相对人道一点的佣佃劳动关系，人与人的不平等关系减弱，在精神产品的享用上面，也突出了相对可共享的平等性。

因此这些放弃了奴隶主地位的地主们，在关注精神产品时，更注重享用它的实质——娱乐效果。在家庭生活的家庙活动里，也搞来一些最高档的乐曲来演奏，对他们来说只是一时的精神娱乐，但对奴隶主来说那是人们忘记了专利权归属。实际上，真正创造乐曲的专业乐工们，才是这些精神产品的真正主人，他们在哪里演奏、演奏什么是不是应该获得自由呢？奴隶的产品永远归属于奴隶主——这就是周朝礼乐制度在精神产品上的本质阐释！

可是孔子千方百计地宣扬这种文化制度，一旦有人偷听了音乐，就指责人家犯罪。这也只能说明，孔子认为谁违背了“奴隶的产品永远归属于奴隶主”这一条原则，谁就是罪犯。果然，在孔子当官做上了鲁国“中都宰”以后，他不念及“相维”鲁国老乡，立即毫不留情地带重兵攻打了这三家人家。

【原文】子曰：“人而不仁，如礼何！人而不仁，如乐何！”

【释文】孔子说：“做人不仁，那里会知礼啊！做人不仁，那里会懂乐啊！”

●孔子为什么要发兵让孟孙、叔孙、季孙三家新兴地主建造的新城毁灭，就是因为孔子从他们家里上演的舞蹈和音乐上，敏锐感触到了三家此时已不愿再做天子脚下的公侯，而是以自由平民新兴代表的身份在生活。他们的出现，将从精神到物质上会否定掉奴隶主的霸权，并将出现更多的自由民从而推翻了奴隶主的统治。“人而不仁”孔子这句话，是对三家的政治责难。

从奴隶到平民的转化，奴隶在思想上将从“人格生来平等”开始认识，而自由听乐、自由观舞，这一切的活动几乎是在演示与天子平等，旧式艺术的政治性被利用到了宣扬“人格生来平等”上去了。一旦奴隶们从中觉醒到他们与天子生来就平等地，岂不是对奴隶主的“不仁”么！所以，孔子说：自由的听乐观舞＝不仁。

孔子深知:这三家已放弃奴隶主地位的新兴地主们,早就不需要奴隶为他们服务了,而是拉拢了一群脱离了奴隶身份的自由民为他们打工,以佣佃方式组织生产。这种高效率的新生产方式,已为三家快速地集聚了财富,让他们成为鲁国的新式政治势力。“不再做奴隶”的呼声在传遍鲁国,这显然影响到了周边奴隶主势力继续存在。

回忆我曾在前篇讲到孔子老年返乡时,向孟家的那次痛苦求饶,正是源于因为他曾带兵打击了宣扬解放奴隶的鲁国三家。所谓因果不爽,是孔子为自己的人生挖下了一个大坑,自己又跳下去了,差点落得死无葬身之地!结果还是奴隶制败了,孔子死后不到二百年,奴隶主也皆消失得无影无踪,奴隶们解放了。

一般来说,桃子上生出了虫孔,这个桃子将不再会成为种子生出下一代的桃树来。

17. 玩射壶的特等赌徒

《论语·八佾篇》

【原文】林放问礼之本。子曰:“大哉问!礼,与其奢也,宁俭。丧,与其易也,宁戚。”

【释文】林放问什么是礼的本质,孔子说:“这个问题问得好!礼仪,与其奢华,不如做得俭朴,丧事与其被轻视,还不如加以认真哀思。”

●林放,是终生不仕隐居泰山的鲁国学者,据说是商代谋臣比干的后裔。比干曾因当官忠诚,而被商天子剖心杀害,所以林放家族潜逃入山,好学习而不喜出仕。林放这个人是隐士,他学识渊博但又放浪于松石云水间。林放了到孔子住处,问礼的本质是什么,孔子对他说:虽讲不奢而要俭,但丧礼当要戚。

其实，孔子所言前半句是在投林放的所好，林放本来就是个放浪于泰山的隐士，他是不会喜欢奢华的。但孔子从礼切入转而讲起了丧事，又讲若丧事不奢华而草草简易，就是没有悲哀心。孔子不直接说简化的丧事是错的，却讲悲戚心得有相当礼仪做表达。这明显是转了弯儿，还是在讲礼要极尽隆重才好。这个全句是用了个“转托法”，勾画出礼的本质：心情与奢华的对等关系。

为什么选用丧事来劝说林放呢？众所周知：五百年前其祖先比干被商纣王剖心而杀，乃是林家永远无法释怀的伤心事，从此比干后代隐姓埋名永不做官。林放家族数百年间从不出仕为官，正是为了守孝于祖先比干的这场大丧事呀！孔子一语中的，找到林放内心中的最薄弱处来下手。

我们会误判了孔子的思想么？不会。虽然他这句子的外表是讲“与其奢也，宁俭”，但实质却引用礼中之丧礼，解释了奢华表达的情感才浓厚——才“戚”。所以，他表面是讲俭礼，实是借着极度感情的丧事，又讲了礼在表达哀心中的不可轻视性。“与其易也”中的“易”字，古意是“轻视、忽略”。孔子这句子，其实是类似现代的“虽则……然而……”语。

孔子反对礼的奢华，是立足于礼“不犯上”而说。比如鲁国三家新兴地主享用了八佾舞，孔子就认为他们这是犯上的奢华罪行，他反对的是这种奢华。但孔子是不会反对奴隶主贵族合法化的奢华，虽然奴隶主不犯上的奢华行为在公开的伤天害理，但孔子也是大力支持的。

就用他这儿所说的丧事为例：孔子曾听说有个别贵族开始偷偷兴起用木材刻造木俑，以取代活杀奴隶为家里的亡者殉葬，他大骂发明这些冥器木俑的人。孔子认为贵族下葬时，不当场见血杀几个活人来殉葬是绝对非礼的，是不戚而“易”的行为。孔子认为杀人来做陪葬并不构成礼仪的奢华，只要不超过天子享用的级别就行。

雍曲案、八佾舞案、杀人殉葬案……从上面的例子可以看出：孔子从不反对伤天害理的奢华礼仪，只是反对从精神上似有“伤君王害主子”的那种奢华。所以我们并无误判孔子，孔子的确在与林放的对话中，运用了手腕儿，他在拉拢林放。

果然这心思粗犷的林放中计了。回到山中的隐士林放，就此长期住在泰山脚下为孔子做起鼓吹起来，成了泰山历史上的一道特别奇怪的人文风景。

【原文】子曰:“夷狄之有君,不如诸夏之无也。”

【释文】孔子说:“边疆的族群他们心中虽然也有君主,但还不如内地心里没有君王的人进步呢!”

●这是在赞赏回泰山执行特种任务的林放。“不如诸夏之无也”的“诸夏”二字,是古代对中原地区族群的称呼,夷狄则是指边疆游牧族群。“诸夏之无”的“无”字,也有版本印成了“亡”来解读。我认为这是近代人目昏写错的。“无”字古文是写作“無”,而“亡”与無的字形差别很大,根本不存在混淆的可能,而“亡”与简体字的“无”形态很近似,所以必是今人由无误看成了亡,原文应是写成“无”。

这句似是在赞扬泰山的隐士林放。隐士生活是白云泉石无君无主的文人自由派,林放读书聪颖却一辈子不求当官,是“诸夏”几代人都目中“无君”的那类人。孔子认为林放这类人要比夷狄人斯文懂礼,虽然夷狄人心中也有君,但不懂礼。而林放心中无君却知礼。

孔子明里是在贬夷狄赞诸夏,实质却是借了“知礼”而言知君。孔子暗示道:“知礼就是真正的知君了。”为什么孔子要把林放往“知君”上拉呢?无非是要收买林放。于是,这位隐士就主动跑回山中为君王卖命去了。

【原文】季氏旅于泰山。子谓冉有曰:“汝弗能救与?”对曰:“不能。”子曰:“呜呼!曾谓泰山,不若林放乎!”

【释文】季氏在泰山旅途中,孔子对学生冉有说:“你能去救他么?”冉有回答:“不能。”孔子叹息:“呜呼!我还以为他是什么泰山似的呢,竟还不如林放嘛!”

●此段故事有个原由:也许这冉有对林放看不起,而正当此时贵族季氏在泰山地区的旅途上,孔子就要冉有去泰山迎接,冉由推说去不成,路太远了,于是孔子嘲讽了学生冉有。现在有人理解成孔子要阻止季氏上泰山搞祭祀,其实那是错误的拟想。“旅”是行进、旅途中、游程中的意思,没有证据讲旅泰山必是搞祭祀,何况“救”之一字,也不是阻止的意思,所以不能往这个

泰山

方向靠。我们得按原文上下连贯的意思，从孔子赞叹隐士林放的角度来把握文句。

孔子玩了个把戏，借着叫学生去泰山地区活动，揭示了泰山地区的林放在他心中的地位很重要！冉有等学生虽然是孔子视为培养当官的对象，但在艰苦的地区他们都是靠不住的。孔子更看重林放深入乡野活动的能力，认为他才是泰山地区最可靠的人。试想：又有谁能像林放那样，可以在荒野艰苦的泰山山区为奴隶主无偿做实际工作呢？显然冉有这些弟子是做不到的。孔子用“曾谓泰山”来嘲笑冉由那是一座“靠不住的泰山”，一听要派他去泰山山区，竟在意志上自己就先塌倒了。泰山，自古以来，以千古稳固的可靠而天下闻名。由于其山状如女人腹部和乳房，一直被当做周天子与上天交流的原始母系崇拜“封禅”之地。所以孔子政治敏锐的认为这个地方，也得有他自己的人在活动。

【原文】子曰：“君子无所争。必也射乎！揖让而升，下而饮，其争也君子。”

【释文】孔子说：“做君王的子弟不必有争，就算真有争的必要，就用射壶来争吧。上台射壶前要互相揖让对方，下台后要共饮言欢，这样的争才是真君子。”

●这是承上，专讲两学生（暗指冉有与林放）有争执的话题。这个“射”不是“射弓箭”，而是“射壶”。壶射是古代文人玩的一种游戏，用来赌博劝酒的。这里孔子拿人与人间的争论争论，建议用赌的方式来判断是非。对方只要手持木质小箭投入远处的铜壶内，就算对方赢了。我以为：射壶用的壶，也可能就是指弓箭的箭壶，专门放存箭支的用具。这种箭壶，不用时是斜挂在墙上的，站于远处很难将箭投入壶中。

这个射壶技术，被孔子视为其传授学问的一个重点课目，因为它是所谓公平断是非的儒家专门技能。过去我们看到孔子传授的“六艺”中有“射”的一项，长期以来大多数人认为孔子还是个手臂能弯弓射箭的孔武人士，现在

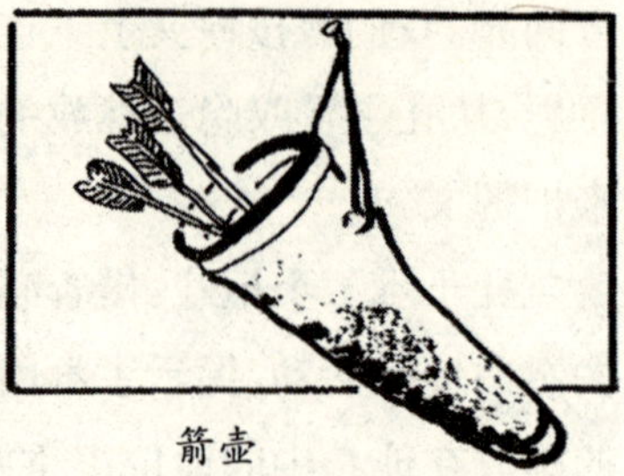
箭壶

从这个“射争”的事例上，才知道孔子讲的“射”字，原来只是指壶射赌博术，而非射弓武术！手无缚鸡之力的人也同样能玩赌具。

孔子讲：同学之间就不要争啦，要争的话也要有礼的用射壶来决断，这样才是君子。这是指责这位学生冉有在林放问题上的不服态度。对林放与冉有间的矛盾，孔子认为应该服从天命，那就用射壶的小木箭来中止争吵吧，看来孔子是十分喜欢在林放身上赌上一把的。

当然啦！射虽讲手法技术，但终究只是个赌博的手段，用这个方式来断是非，是十分愚蠢的。孔子是把林放当成个“政治木箭”，投向了泰山这个“大壶”里了，他赌的就是要实际控制着天子封禅必至的神圣之地！

——谁先投入这个“木箭”，谁就是政治赌博的大赢家？

赌博获利的最大特征，是在“和”的理论上借赌具去占有对方。“和”是孔子的理想之一，所以孔子运用赌具做日常判案的工具，有着哲学上的关联。相比于商纣王当年活剖比干之心，以红与黑赌言论是非，更具有迷惑性，社会危害也更大。

18. 灶王爷的老鼠餐

《论语·八佾篇》

【原文】子夏问曰：“‘巧笑倩兮，美目盼兮。’何谓也？”子曰：“绘事后素。”曰：“礼后乎？”子曰：“起予者商也，始可以言诗已矣。”

【释文】学生子夏求教诗学：“巧笑倩兮，美目盼兮，这是形容什么呢？”孔子回答说：“图画是先得下了笔墨，完后才能表达出纸上情怀的！”子夏又问：“礼必跟在这句诗的后面吗？”孔子说：“凡欲起兴赞扬，必先估量一下，这懂了才可以开始有资格论诗。”

●“素”这里是“真情”之意，其例有邹阳《狱中上梁王书》：“披心腹，见情素。”所以这个“素”是“愫”的古文通假。“绘事后愫”便好理解了：绘是指图画的工艺，“事”是动词，“做”的意思。“后”是“完成”的意思，合起来就是“作图的工艺完成了，画面才有情趣”。

“起予者商也”，这句很难理解。“商”是“估量”的意思，“予”是赞扬的古意。“起”是古代诗学中的一种艺术手法，又叫“起兴”。所以这句孔子是说：起兴对事物进行赞扬，是要先认真深思熟虑好的。

这里对话中用的句子就是很绕的文法结构：问以诗的内容——答以图画与诗共同的特点——问以礼与诗的异同——答以请先动脑筋思量。上面双方对话方式中，孔子没有直接回答，而是用另一个艺术形式来比喻。于是子夏问：一定是会出现在后面吗？孔子没好气地批评说：听时并没有动脑筋是不可以议论诗的。

所以看似是在讲学诗，实是在讲要动脑，以此孔子回击了子夏的问难。我们再从头读那个“巧笑倩兮，美目盼兮”：这是《诗经》中的一句，子夏正因为这句文中带有美色淫意而对老师提出问难，因为孔子曾说编辑《诗经》经过了他的删选，没有原来淫秽的东西了，但子夏还是在其中一句诗里找出了一条来。故而，孔子用“绘事后素”来指出：那两句是诗才开了个头，你怎么就不会读完了它，再去判断诗中“巧笑倩兮，美目盼兮”的用意呢？

说来说去，孔子总是不去触“巧笑倩兮，美目盼兮”两句的字面直意，而是强调了这里不管如何的情色，也都只是为后头正义的出现而设，所以就不算是淫秽。

【原文】子曰：“禘，自既灌而往者，吾不欲观之矣。”

【释文】孔子说：“祭祀诸侯王的祖先，都这样自动的鱼贯而入，我真不想看到种现象。”

●这里的禘字，据记载，禘是诸侯祭祀自家祖先的一种活动。这是孔子所看到的，周礼以外的另一种礼仪。

为什么说孔子反对各姓去祭祀自家的祖先呢？难道诸侯不是天子的远

亲、互相不都是血缘关系么？为血缘亲戚，但诸侯王分封到各地后，都以所得封地建立新姓，开始姓宋、姓赵、姓楚……以别于周天子宗室的“姬”姓。之所以诸侯王家不得再姓姬，是为了规清宗室与旁支的政治地位，只有宗室才能代表所有诸侯，诸侯旁支家永不可取代宗室占据天子地位。

孔子深知在周礼中，对家庙与天子庙有严格的区分，家庙并不是公堂之地。所以为了保持“公堂之地”绝对的政治功能，孔子反对组织家庙活动。如前篇提到的鲁三家在家庙里还跳起八佾舞、演奏了《雍》，就是在搞这个禘的祭祖活动。什么叫“家庙”？家庙是只视本家本姓的某位先人为初祖的祭奠场所，而天子庙又称“公庙”、“宗庙”、“太庙”，它是以现政权初创帝王为初祖的公共祭坛。由于公共祭坛的直接响应者，是初创帝王分在各地的后代远亲们——各诸侯王，所以一旦家庙活动重于了公庙，即会影响到宗室各代天子的政治尊严。

从这里可以看到，宗庙与家庙的区别，实际只是“天子分封制度”的一个象征，一旦宗庙变得不显重要了，这个现政权的宗室也就式微了。

【原文】或问谛之说。子曰：“不知也。知其说者之于天下也，其如示诸斯乎？”指其掌。

【释文】有人问有关禘祀之事的解释，孔子说：“不知道啊！你能让那个告诉你禘的人，去向天下的人解释清楚吗？”并用手指点着对方的掌心说。

●看来，孔子是完全不认可禘的礼仪地位，几乎是十分激动地指触着问者的手掌心在那样说话。这个要求“之于天下”的责难，是在转着弯儿骂发明祭祀家姓祖先的人是个大骗子，“其如示诸斯乎”是在怀疑这发明禘的人一定别有动机。也许，“禘”之礼真的是周朝末年的百姓们自己搞出来的东西，但它真实反映了人们家庭生活的精神需要，私下想去，自己的本姓初祖也有些纪念的必要。这被孔子怀疑为：有人在拿各自的本姓初祖，在与政权初祖比评功绩。

现在我们华人社会在每年清明节、中元节专门有祭祀本姓祖宗的行为，清明节还成为了国家法定的节日。在孔子当时不但认为这是极其非礼的，而且已达政治暴动的前奏这么严重了！孔子反对了两千多年，我们还是年年在祭自己家的祖宗,可见民心是不可违的。就连孔子的家族后代,也通通违背起了孔子的思想——至少从汉代开始,年年都把孔子作为"初祖"供奉,大搞祭孔的活动。在山东曲阜的孔庙和各地大大小小的文庙,都是他老人家的家庙啊!每年的祭孔礼仪,就是孔子时代曾最不高兴看到的禘礼。

禘祀的孔庙

【原文】祭如在,祭神如神在。子曰:"吾不与祭,如不祭。"

【释文】被祭祀的亡人如同就在现场,祭神如同神灵也在现场。孔子说:"我不去祭祀,即不愿祭奠他。"

●这句是孔子在强调他不愿去禘礼的家庙场所上供,他说在现场是一定会有鬼魂出现的,不去家庙祭拜就是为了不愿见到他们!孔子只愿见到天子家的祖先——姬发、姬诵、姬钊……根本就不想见到除姬姓以外的各姓祖宗们。

【原文】王孙贾问曰:"与其媚于奥,宁媚于灶也。何谓也?"子曰:"不然。获罪于天,无所祷也。"

【释文】卫国大夫王孙贾问:"与其去献殷勤于家神,不如献殷勤于灶神,这句话是什么意思?"孔子说:"不这样,天会罚罪于你,没有神可保佑你的"

●有人以这是卫大夫与孔子的对话,就认为此乃王孙贾在向孔子索贿。其实这与孔子在卫国求官无关,只是上面多句关于"祭神"话题的一个顺延内容。孔子是用祭"家神"来暗指禘祀,别人都去诸侯家庙里搞禘祀,他却表示看不起诸侯的"家神"。与其叫他去祭诸侯的家神,还不如去祭灶神,不然的话,就是他于天有罪了。

据《尔雅·释宫》及其注疏说,室中西南隅谓之奥。设在西南角的是家神——"奥",而灶房里的是灶神"灶"。朱熹曾注:"逆理则获罪于天矣,岂媚于奥灶所能祷而免乎?言但当顺理,非特不当媚灶,亦不可媚于奥也。"若非

灶神之位

朱熹是误读了文句把意思搞反了，即是他根本不支持孔子的观点。当然，从而也证明了儒家在禘祀百家姓上的反孔，已是很有历史的了，像朱熹这样的大儒，却也这样默默地做了。

现代江南农户的生活里，还保留着这个传统的遗存，他们把面条与杂菜一锅烩了，把这种食品叫“奥灶面”，大概就是一种家中供神的食品。

家神的“奥”与管餐饮的神“灶”有什么区别？奥神在屋中的地位最高，但没有什么价值体现。灶神地位极低不如奥，但很重要。因为灶神主饭食，一天也不能少了它。孔子以“灶神”暗指被人淡忘的宗庙，因为孔子认为是宗庙里的初祖封与了家庙初祖侯王的显贵地位，所以没有宗庙这个“灶”也就不会有家庙这个“奥”。没有“灶”的保佑，几天里你必会饿死。“奥”的生存也都成了问题，还有谁能保佑你呢？拜本姓家庙这不是在得罪天吗？这就没救了。

孔子的担心是多余的，百姓家庙的林立，自有它的社会经济背景。这说明建立家庙的人们，对于解放奴隶的认同，从心底里自尊人格也在上升，他们知道：人与人并没有什么天命在设置人的地位高低，百姓各有祖宗，也各有自尊的所在。天子姬姓的地位下跌，可能是孔子最最担忧的。用今天来看这个现象，如今最高政治领导的姓氏，没有为民众所特别祀祭，但也不会引发政权倒伏嘛，所以孔子努力压制家庙的用意是很奇怪的。这孔子无非是在强调：宗庙里被祭的人，是给了你们家道兴旺的旧主人，你家的祖先只是宗庙中人的旧仆人，仆人就是死了也永不能享用主人的高级待遇！

我们现代祭祀百姓自家的祖先，与古代一样，是在二月的清明节与八月的中元节。而古代社祭灶神的时间，也在二月与八月，孔子用奥和灶并举来否定“禘”即是出于这个缘由。我们中国当代风俗中的祭祖活动，用的正是孔子所强烈反对的家庙禘礼！因为我们并不会去公祭某领导人的祖宗。本姓祭祖是人类人格自尊的一种表达，否定掉百姓的平等人格意义，就算灶神独享了烟火，灶神所赐下的美味饮食，又哪个高级姓氏能享用到呢？我看也只能留给厨房黑暗里的老鼠们来享用了。

19. 吹进牛皮的箭

《论语·八佾篇》

【原文】子曰:“周监于二代。郁郁乎文哉,吾从周。”

【释文】孔子说:“周朝借鉴了夏商二代的优势,所以是多么的文明,我要跟从周朝。”

●这段话是孔子在表明为什么他总是以周礼来看待一切，因为他认为周朝文化是夏商文化的升华,是极文明的所在,故而他一辈子只以周礼为依靠。孔子认为周朝综合了前朝夏商二代的优势,是时代的先进文明。此话若是在四百年前的东周说出,也许是完全正确的。但是孔子在周朝末年的奴隶制结束期里说的这个话,就属无知了。商朝末年继之的周文化虽是先进于夏商文明,依而推之,周朝末年继来的时代也将更为文明。而孔子只认周文化是唯一最先进的文明。此时,距离奴隶制度的终结日,也只有短短的百年时间了。

周朝虽然以农业生产组织了奴隶劳作单位，为社会生产提供了团体性质的劳务,让大规模化生产的出现,搭建了生产关系平台。但是奴隶主剥夺奴隶们人身自由和财产的非人性制度,也并非是提高生产力的良方。为了对付奴隶和下属人员的怠工,他们设定下人与人的礼法规范,从而为奴隶主的奴役特权安下和谐的规则。春秋时代,常有奴隶主因为礼教不力而奴隶怠工逃跑,导致奴隶主破产频频发生,孔子的父辈就是邹国的破产奴隶主。

孔子随家搬迁到了鲁国时,已失去了高阶贵族身份。他看到鲁国的一些奴隶主们在主动放弃奴役奴隶们,而转用出租土地的方式,以地主身份让获得自由身的人来种地,由此产生了新兴的生产方式——租种与缴租。鲁国地主的新式生产方式为他们的家财带来了数倍于奴隶主庄园的实力，孔子亲眼看见了地主们财富快速集聚。一时间,大有全社会就要改换天地的前奏。可是孔子看不到新兴文明的进步性,依旧抱着奴隶制旧的文明不放,“吾从周”——他根本不知道各朝各代文明进步的枢机,在于生产关系的不同,精神文化与物质财富的分配关系密切相关。

孔子认真地解释:我孔子这样多问,也是周礼的必备程序。难道真的周礼里,有可在太庙再三卜问的程序吗?要看清这个问题不要忙着信从孔子的解释,应该去读一下周朝法典《周易》,周易所列出的规范中,有对卜问行为的标准要求。《周易·蒙》:“初筮,告。再三,渎。渎则不告。”可见,孔子的话不可信,周朝法典也认为孔子这样的做再三筮卜,是一种非礼的渎神行为。

【原文】子曰:“射不主皮,为力不同,科古之道也。”

【释文】孔子说:“射箭不用专注于去射皮,因为用的力量不同,这也同样适用于课卜所用的道。”

●这句话被人句逗成了“为力不同科,古之道也”,我认为是不对的。以“古之道”,只能做“射不主皮是古之道”来理解,丝毫无哲理功能。孔子身为一名有丰富教育经验的老师,完全没有必要这样说弓箭的功能。但若是以“射不主皮,为力不同”做喻,“科古之道也”为喻后的所证,这便是一个完整的哲言,具有用浅显比喻引出深刻主题的功能。我相信孔子是在讲解“科古”的特点,“科”是考据之意。

这句话是讲“科古”的,什么是科古?其实就是孔子在太庙里问卜所用的礼仪,又称“课卜”。孔子对人解释:他向先君神灵问东问西,都是科古礼仪的程序所必须。因为射弓用力若只专注于射击皮肤,那么是杀不了野兽的,所以高档次的课卜需专注于内在更深层的神启,所以才会反复多次向神灵细问。

需卦

关于这种科古一类的问卜规范,我们可以参考《周易》的“蒙”卦,蒙卦中对问卜有此一劝:“初筮,告。再三,渎。渎则不告”。意思是,第一次卜问,可以说卜,若再三反复的卜问,将是亵渎神灵,凡亵渎了神灵就不可给他说卜。所以从《周易》上看孔子在太庙的行为，他的确是触犯礼仪的，别人对他的指责符合筮事上的规矩。可是孔子却狡辩说是只打一次卜，他并不能获得深层的神启，所以他才反反复复对神灵噬卜。还说他是用上了类似射弓放箭的“重手”，所以他看不上第一次问卜所获得的这最表层的“皮”！

有过筮卜经验的人都知道：一如《周易》中所说，打卦是不可以反复问卜的，要一遍即成。反复问卜的结果只能是越问越糊涂，收到的多是混乱结果。筮法里根本没有“重手射骨”之说，反而倒有再三卜问会构成亵渎罪的警告。周代课卜是用八卦为数论工具，来对事务进行评断。在八卦六爻的结构中必然要出现三对爻位，所以噬卜多于三爻对，是违背数论设定的，你若无数次的乱爻下去，无疑是对主持课卜神灵的亵渎。

看来这个孔子在太庙里的行为太过分了，也许他真的对姬姓祖先崇拜得五体投地，乃至叨叨太多忘了规矩。明显是犯了亵渎姬姓神灵的罪，还强调说自己是在深度“挖掘”神启。若论噬卜能讲出射击皮骨之类的比喻，但也不能是像孔子这样用次数来表示虔诚的深浅啊！噬卜之事，都是以“一遍即信”来体现问卜者的虔诚程度，所以《周易》指出那些连问三遍以上的人都是在亵渎神灵，是不虔诚的举动。所以我以为：孔子的狡辩，显示出了他并不是真懂太庙卜事的人。在太庙里活动的孔子，问这问那似在作秀给人看。

以上是拿了孔子生前最为赞赏的《周易》，来规范孔子在太庙的言行，确证孔子是严重违背了周朝法典。虽然周朝法典有正确的噬法运作规范，从学术角度我们也知道如何运用它，但正统佛教的理论是并不主张搞筮卜的。因为搞好了，那是神通感应，搞得不好那就是欺骗了，真的神通感应也是要服从自然规律的。像孔子这样明显违反正确筮卜规范的卜问行为，与其说是同代人指责他对先君的无礼，更类属于欺君欺众的愚民活动了。

当弓箭手自吹他要经过层层空气、牛毛、牛皮、牛肉，然后直达于牛骨，反复的去射出他的箭支才能取得牛命时，这头牛早就跑掉了！

20. 牛铃与韶乐

《论语·八佾篇》

【原文】子贡欲去告朔之饩羊。子曰:“赐也,尔爱其羊,我爱其礼。”

【释文】子贡在礼仪中,想省略要献上的北方新鲜羊肉,孔子说:“子贡啊!你总是爱你的羊,我却爱护我的礼!”

惜羊子贡被骂

●“告”是指供台,这里用做上供的动词,“朔”是北方草原,“饩”是上供用的生肉。“朔之饩羊”,是指将做成供品的北方羊只。

孔子口中称呼下的“赐”,是子贡的字,他言中之意,很不愿省略掉供台上血腥的羊肉。可见,孔子虽然曾对泰山的林放说过“礼与其奢也,宁俭”的话,但在现实中,真有人要具体地实践这句话时,他又开始自相矛盾了。子贡省掉祀供台上的生肉,竟成了没礼的所在。而且孔子还上升到了爱羊无礼、爱礼无羊的高度,来责备学生。这杀羊为礼倒还不是最极端的奢侈,它让人想起孔子那需杀以活人为奴隶主殉葬才礼节达标的一贯主张。众人想想:孔子执意于杀人、杀羊以做行礼的态度,是不是很俭朴呢?

我们知道:一切礼仪在人类精神活动中的道德底线,不出于对生命本体的敬畏和尊重。而孔子主张的那种以屠杀生命——上至人类下至牲畜,用以供奉死人鬼魂的所谓礼仪,它是不是人性变态的反人类行动呢?起码这种礼仪,严重触犯了人类礼仪的道德底线,而这,就是孔子主张复兴的“礼”。

【原文】子曰:“事君尽礼,人以为谄也。”

【释文】孔子说:“跟从君主做事而尽责于礼,却有人以为这是对君主的谄媚。”

●可见当时的社会，对于那种跟屁虫似的奴隶主奴才，几乎都看不起了。这是可以理解的,被解放的奴隶们已感受到自由的可贵、新兴地主们更获得了前所未有的新型生产力带来的巨大财富，他们在看到旧奴隶主庄园里对君主打躬礼拜、不断破落中的小奴隶主们,他们一定是会毫不掩饰地表达出那种发自内心的鄙夷。这不是说他们简单地认为礼与谄媚有关,而是说那些继续怀抱旧文化不放的人们,是在谄媚这文化的旧制度。

【原文】定公问:“君使臣,臣事君,如之何?”孔子对曰:“君使臣以礼,臣事君以忠。”

【释文】定公问孔子:“君王差使臣下,臣下服侍君王,该怎么做呢?”孔子回答道:“君王差使臣下应该依礼,臣下服侍君王要有忠。”

●这句也证明了礼的最终目的是要收到忠的效果，而忠的极端化不正是谄媚吗？也许孔子认为忠距离了谄还远着。但用礼管束人而产生出的忠，十有八九那就是谄媚。

【原文】子曰:“关雎,乐而不淫,哀而不伤。”

【释文】孔子说:“《关雎》这首诗,快乐但不淫秽,哀怨而不不伤感。”

关　雎

关关雎鸠,在河之洲,窈窕淑女,君子好逑。
参差荇菜,左右流之,窈窕淑女,寤寐求之。
求之不得,寤寐思服,悠哉悠哉,辗转反侧。
参差荇菜,左右采之,窈窕淑女,琴瑟友之。
参差荇菜,左右芼之,窈窕淑女,钟鼓乐之。

●这首古诗是采自周南地区的民歌，是讲男青年看到美丽女孩时的青春遐想。这诗的确不算是淫秽的内容，但并非如孔子所说那样的是“哀而不伤”。诗中只有“寤寐求之”及“辗转反侧”，用现代语讲，也只是男人一种充满期望的日夜思念而已，何谈什么“哀怨”。哀怨多是用于女性心理的描写，但不适用于男性。至于伤感，这种相思曲怎么会有伤感，他诗中所述不是正在陶醉于美妙的幻想之中吗！所以，孔子这句表面似在言诗，实是以诗言政，引证虽有些牵强，却是想阐明：君礼而无淫、臣忠而无伤。

用现代语看这比喻，是讲君臣之间有了礼与忠，就如同男女建立了爱恋关系一样，最终“钟鼓乐之”！进而更以此举证：“事君尽礼”的人，并不是在“为谄”。转了一大圈，好像才说到了“这不是谄媚，而是可致结婚一般的恋情”这一主题。

有人说这诗是周朝人赞颂文王及太姒夫妇的一首诗，这完全是没有根据的。并不存在第三称的人民正在诗上歌颂文王夫妇的现象。这首诗的格式决定了它是以第一人称的身份——男青年，在表达对女子第二人称的思念。如果真是周朝百姓把自己拟化成周文王本人写成的诗，并对文王的夫人太姒做出个“想结婚”的诗意，岂不是有伤德化做着对先君夫妇的无礼么？这可是孔子所编《诗经》中的第一首诗，讲礼教的孔子根本不会让类似模仿先君羞辱了太姒的诗文进入《诗经》，何况是编入开篇头一首诗的就是此诗。孔子此处引用此诗，是喻示了君臣的关系。

【原文】哀公问社于宰我。宰我对曰：“夏后氏以松，殷人以柏，周人以栗。”曰：“使民战栗。”子闻之曰：“成事不说，遂事不谏，既往不咎。”

【释文】哀公向孔门弟子宰我问：如何建造社祠。宰我对他说：“夏朝的夏后氏选用松材，殷朝的人只用柏材，周朝用栗树材质。”哀公说：“为了让民众心灵战栗吗？”孔子听了以上两人的对话后说：“已完成的事就不再提了，办完的事再规劝也没用，过去的事不做计较。”

●孔子这是借别人选材建设祠堂的一段议论引申到“礼与忠”的主题上去。“成事不说，遂事不谏，既往不咎”，孔子是为否认“使民战栗”，所以他说建筑选材并不是想拿来吓百姓的。

注意:此也是用来喻“礼”的,是指礼的功能不是用来罚人过去的罪,希望人们不要像拿栗树建社祠一样的被误解。

【原文】子曰:“管仲之器小哉!”或曰:“管仲俭乎?”曰:“管氏有三归,官事不摄。焉得俭?”“然则管仲知礼乎?”曰:“邦君树塞门,管氏亦树塞门。邦君为两君之好,有反坫,管氏亦有反坫。管氏而知礼,孰不知礼?”

【释文】孔子说:“管仲太小气了啊!”有人问:“管仲检点吗?”孔子说:“管仲有三次从阵地上逃跑,不辖官职,他怎么检点啊!”有人又问:“那么,管仲懂得礼仪吗?”孔子说:“看宫廷门前设有屏风玄关,管仲他在家里也去设个屏风玄关,看到宫廷里国与国的外交上设有酒台,他管仲也去在家中设立酒台,如此也称管仲知礼仪,那还有谁会不知礼啦!”原文讲的“三归”是指管仲三次军阵中逃命而归。

●管仲,春秋时代的齐国丞相,曾辅佐齐桓公成为春秋时代的第一霸主。孔子认为管仲不是知礼的人,因为他不检点。这里原文的“俭”,是检的通假字,因为“官事不摄”私自逃命是行为检点上的问题,而与俭朴无关,有些书上误解作“俭朴”,是错的。管仲“树塞门”私设玄关,家宴中私设“反坫”酒台,也都是些做官不检点的问题,孔子把这些行为视为对君主的无礼。所以,借管仲之事,孔子表达了这个意思:视行为的不检点作为无礼,周代规定在私人家中是不可以设置玄关和酒台的。

我们后人看管仲与孔子两人的辅君才能,还是认为以管仲为大器!孔子辅鲁君十多个月就散伙了,一点也没有让鲁国强大起来,几十年来鲁国靠齐国保护求生,最后还是亡国了。而管仲注重经济和军事改革,政治上主张废除奴隶制,让齐国成为了春秋霸主,连鲁国也成为齐国下面的被保护国。在鲁国按兵不动背叛与齐国的结盟而差点被灭国这件事上,孔子曾感叹过:“假如没有管仲,我也要穿异族服装了。”对鲁国和孔子有恩的管仲,竟然被说成是小气鬼。其实,孔子指责管仲家中陈设犯上和当逃兵的小气事儿,无不是为了剑指管仲的一个行动——在齐国实施了废除奴隶制!

一个强大的齐国,一个是弱小的鲁国,是社会制度的优劣,决定了两国国力的区别，也区别了管仲与孔子的本质不同。孔子此处很醋意的一番言论，把鲁国败落亡国的真正主因给抹去了。

【原文】子语鲁太师乐，曰："乐其可知也。始作，翕如也。从之，纯如也，皦如也，绎如也。以成。"

【释文】孔子与鲁国的宫中乐师谈演奏，说："音乐我是知道的，领乐初起时，要和谐一致，接着才能去讲究音质的纯正、清澈、绵长，直至全曲的奏成。"

●孔子借音乐的演奏程序来表达礼的功能，在官事起步时上下要和睦，然后才能去追求细节上的完美。"鲁太师"是对鲁国宫廷乐官的称呼，"师"是古代世袭乐人的专有姓氏，当时有名的乐人有师旷等人，"太"是宫廷内的职位。

宫廷奏乐

管仲辅佐齐国打出"尊王攘夷"的旗帜，以"诸侯长"的身份，挟天子以伐不服。孔子认为齐国强国强军，为邻出手不睦，它的"始作"是不怎么"翕如"的，所以它是不"以成"的。其实，挟天子以伐不服的态度，正是齐国在担起了整治诸国的任务。凭它的社会制度的优越性，在南北战争中，旧势力依旧顽固的鲁国也不得不求得齐国的保护。

混战中的诸国为了利益是不可能和平共处的，所谓"和谐以令天下"的想法，是个虚幻不切实际的梦境，怎么可以拿奏乐去比喻国事呢？

【原文】仪封人请见，曰："君子之至于斯也，吾未尝不得见也。"从者见之。出曰："二三子，何患于丧乎？天下无道也久矣，天将以夫子为木铎。"

【释文】专职泰山封禅仪式的人求见孔子，说："凡是君子来这个地方，我是没有见不着的"。随之即去会见了孔子。出来后说："你们这些后生们，还有什么可以担心和哀丧的？天下无道德也不是一两天了，上苍将推出你们的孔夫子来发出领导天下的声音！"

●难道在废除奴隶制的齐国保护下的弱小鲁国，果真会出现一圣人，来发出领导天下的声音？我看鲁国境内的泰山神职人员们，是刻意在巴结孔子的贵族势力罢了！“封”是泰山封禅，“仪”指仪式，仪封人是指那些专职于泰山封禅仪式的祭祀人员。

牛铎

这里所谓的“天下无道”是指众诸侯国都在纷纷废除奴隶制，奴隶制的“道”快要消逝尽了。而孔子却以“木铎”般的领导力，继续带领贵族子弟们去各国复兴奴隶制。“木铎”是放牧牛群中的领头牛身，那脖子上的木铃，牛群总是听着头牛的木铃声向前行进。泰山神职人员连鲁国的天授江山都快保不住了，还讲什么孔子是天授的奴隶制复兴领头牛。对孔子这种吹尽了牛皮的礼遇，难道不正是谄媚吗？

【原文】子谓韶：“尽美矣，又尽善也。”谓武：“尽美矣，未尽善也。”

【释文】孔子说《韶》乐：“十分优美啊！又十分善正。”又说《武》乐：“十分优美，但并不十分善正。”

●这是孔子以乐曲的不同，来看善与美的统一。《韶》是宫廷乐曲之一，是文曲。《武》是偏于战斗的，一个以和谐为主题，另一个以斗争为主题，孔子用这两个曲子解说“为人起步要具备与人和睦”的道理。暗指管仲喜好动武但不好行礼，嘲讽齐国只是奏的《武》乐小曲，它的强国之策是“尽美……未尽善”。而鲁国守旧的弱小无力乃是一种“尽美……又尽善”的，是如同在演奏着“韶”乐大曲哪！

【原文】子曰：“居上不宽，为礼不敬，临丧不哀。吾何以观之哉！”

【释文】孔子说：“上层的人对下属不宽厚，对礼规不敬畏，参与丧事不悲哀，我怎能看得下去？”

●这无疑是在指责管仲这样的人。我们不在意双方互相的看法，倒是可以看看鲍叔牙对管仲的评价吧：青年管仲三次参战中都从阵地上逃跑回来，有人讥笑管仲贪生怕死不勇敢，鲍叔牙解释说管仲并不怕死，他逃跑是因为家还有老母亲要一人供养,他不得不那样做……管仲多次想为鲍叔牙办事,不但没办成反会给鲍叔牙添了不少麻烦。人们说管仲帮朋友没尽本事,而鲍叔牙解释说,自己的老朋友很有本领,只是机会不成熟,所以事情才没有办成……

孔子对有恩于他的管仲,还不如鲍叔牙的宽厚礼敬呢!天下似也有一种无道:当发出嘈杂声响的牛铃领着群牛冲入乐池里时,美妙韶乐就再也奏不下去了。

21. 狼爱羊的传说

《论语·里仁篇》

【原文】子曰:“里仁为美。择不处仁,焉得知!”

【释文】孔子说:“内中有仁才是美好的,所处不会选择仁,哪会知道这理!”

●“里”在古文中并不是写作“里”,而是写“裏”。古文字中,分别有“里”和“裏”两字,但不能通用,它们的意思是不同的。《论语》中的“里”,原是写作“裏”,被简化时归并为“里”字,所以有人误解“里”,为古代居民行政单位的“乡里”。其实“裏”原指衣服的内层,引申为“内部”、“里面”。所以此文意不可往“如何选择居住之所”上误解,原文它只是专说内心的。

孔子说做人要内心有仁,行为时心内不去主动选择仁,就收不到美好的效果。为什么孔子这样说?此段只是下文的引言。

【原文】子曰:“不仁者,不可以久处约,不可以长处乐。仁者安仁,知者利仁。”

【释文】孔子说："不仁的人不可能做到长久守于约束，不能做到长久处于快乐中。行于仁的人会安定于仁中，知仁的人会得益于仁。"

●孔子认为做人仁了就能"处约"——快乐地接受约束。这是为"仁"开出的三个好处之一：安稳于约束。

【原文】子曰："唯仁者能好人，能恶人。"

【释文】孔子说："只有仁者，才会于人事中正确用对好恶"。

●这是开出"仁"的三个好处之二——能用对好恶。

【原文】子曰："苟志于仁矣，无恶也。"

【释文】孔子说："如果心中立定于仁，就不会是恶人。"

●"苟"是个连词，"如果、假设"的意思。上文这是孔子对"仁"开出的三个好处之三——不做恶人。

总结：(1)能安稳于约束。(2)能用对好恶。(3)能不是恶人。

仁 =(1)+(2)+(3)。

但是，我们看到一个现象，(1)、(2)、(3)之间，并非是如孔子所说的有三个分别的好处，其实它们只是一个好处：不是恶人。(1)与(2)其实只是不做恶人的二质因。只是这两个质因才决定了"仁""不是恶人"的。所以《论语》把孔子的完整因果句式，分段而列是个逻辑错误。如果这三段式真是孔子的原意，就是孔子逻辑的错，它会导致出现"仁的益处很充足"的模糊幻觉。

有一个问题："不是恶人"的人，必然安于约束和明辨好恶吗？首先，不安于约束的人也不一定是恶人，比如庄周，他的独特思想自由而不求约束，被尊为与孔仲尼一样的圣贤之人，后人统称他们为"孔子"、"庄子"。所以不安于约束不能证明他是个恶人。另外，不能明辨是非的人，是生活中比较糊涂的人，糊涂人也不一定就是恶人。还拿先秦的圣贤做举例：公孙龙子的"白马非马论"，是个逻辑上的诡辩论，是非概念被糊涂混淆。但公孙龙子却不是恶人，而是圣贤哲人。虽然"恶人必然无约束且不懂是非"，并不等于"无约束不懂是非的必然是恶人"，但恶人未必都是无约束不懂是非的人，有许多恶人，正是在心里明白是非，且长期混在约束的条件下作恶的。所以(1)、(2)并非是“仁”造就“不是恶人”的绝对之因。

上面已否决了(1)+(2)+(3)= 仁，又否定了(1)+(2)=(3)，

现在依旧只剩下个问题：仁 =(3)。

究竟内心有仁是不是就不会做恶人呢？这又回到了“里仁为美”的主题上，孔子依旧说不清楚。

【原文】子曰：“富与贵，是人之所欲也，不以其道得之，不处也。贫与贱，是人这所恶也，不以其道得之，不去也。君子去仁，恶乎成名？君子无终食之间违仁，造次必于是，颠沛必于是。”

【释文】孔子说：“追求富裕和身份显贵，是人人都有的欲望，但不用正道来获得它，切不可拥有富贵。贫困和身贱是人人都嫌恶的，但若不是用正道来消除它，也不可去想除掉贫贱。君子没有了仁，怎称君子？君子不可于一顿饭的工夫里违背了仁，否则，出麻烦的必然在这里、颠沛的必然也出自这里。”

●话虽这么说似也没错，但涉及的孔子之“道”的“仁”是什么尚要深究。人的“造次”未必是出于自己的无道，“颠沛”也未必出于自己的不仁。所以，孔子想扮演的仁道，是个与富贵无直接联系的东西。它只是主观设定的价值观，孔子没有点出他的“仁道”是一种主观价值的体现。

孔子这句原话，实质是转着弯儿说：富贵与“仁道”没绝对关系，但贫贱必然与不仁道有关——前一半是劝止，后一半是吓唬。这所吓唬的内容，是与财富和身价有关的，即“仁道 = 富贵”。这明显与前一半的“富贵≠仁道”自相矛盾，所以，仁道是什么个东西，可以滑来滑去的没个定理十分奇怪！但我们知道：但凡一个前后逻辑会自相矛盾的主观价值设定，是不能诚信于一切处的。

绕人的仁

先置“仁道”不论，富贵的出现自有它的规律，富贵无非是占有和占据有利处。所以，富贵问题上我们可把“仁道”，归为“占据有利处”的

一种由头说词,如何占据有利处是这个“仁道”逃不掉的永恒主题。虽然这主题被孔子隐了去,但富贵与否,又岂是可以不论及“占有”的么?不能。

言及富贵的“仁道”,实是个讲如何去“占有”的,所以孔子的仁道是一种特殊交易,即主张用“礼和忠”交换来富贵。可惜它是一种买卖,如果那个仁道并无富贵的所议,这才算是接近了真理!设想:救一个游泳溺水的人,也要去设置交换的买卖,是不是会误事死人啊?救人是真仁道,施救时以具有的救生才能做起买卖却是不仁道的。所以孔子以富贵为讲述仁道的主题是个错误。在“占有和交易”上讲话,不用“仁道”而用“行业规则”更合适。这也证明了孔子的仁道,只是一个不能普被群生的行业规则而已。

有趣的是:周朝奴隶主占据了五百年的富贵,在孔子的理论中竟是描绘成“仁道”的必然;而奴隶们千百年来的贫贱生活,竟说成是他们不仁道的“造次”和“颠沛”的结果。当有人终于在春秋时代意识到:解救奴隶的动机是出于“人不应占有另一人的自由生命”这一简单的道理。孔子所认为的“不仁道是人贫贱的内因”便被推翻,奴隶们都要“违仁”去讲人权平等的“处富贵”及“去贫贱”了。孔子似有道理却逻辑混乱的一通话,实是害怕着奴隶制人与人的旧规则被人权平等思想打破!

所以,内心有了孔子的“里仁为美”之人,在奴役奴隶的问题上也一样是个恶人,因为他支持着“人——生而不平等”的奴隶主富贵观!孔子的仁道,是人与人间的不平等之道。

【原文】子曰:“我未见好仁者,恶不仁者。好仁者无以尚之,恶不仁者其为仁矣,不使不仁者加乎其身。有能一日用力于仁矣乎,我未见力不足者。盖有之矣,我未之见也。”

【释文】孔子说:“我没见到一个好仁之人,会去嫌恶不仁的人。好仁的人从不会拿对不仁之人的嫌恶,去作为自己的仁。用一日之功致力于仁的事儿,我从没见过力量上有做不到的。如果世上真有这种人,我也从未见到过。”

●孔子这句是在勾描着“仁”之下,人与人的交际关系。这个关系是和谐于制度下的生存关系:在孔子眼里,“仁者”是实际占有者,“不仁者”是被占有者，占有与被占有之间有一种互不可缺的联系，所以占有者不嫌恶被占有者，是孔子提倡的“仁”。孔子从自己是一个破落奴隶主的身份上深知：奴隶主是“爱”奴隶的，因为奴隶是奴隶主的私有财富，一旦奴隶们被嫌弃光了，奴隶主也就该饿肚子了！

狼只爱羊

虽似在讲“仁者”要爱人，实质孔子讲的“仁爱之道”，是个“占有”之道。奴隶虽也能短暂占用工具，一如“有能一日用力于仁”，但此并非是真正的占有者。所以孔子说他从未见过不能一日于仁的人，连被占有者的奴隶们也能做到。但奴隶主所占有的，是长期和全面的拥有，这种拥有才是占有。故而，“好仁”的占有者不嫌恶“不仁”的被占有者，是永远占有对方的手段。情爱的结果是互为占有对方，而仁爱的结果是一方单向的占有另一方。

此“不可拥有富贵”、“不可去除贫贱”成为了孔子的训诫词，这训诫显然是针对被占有者而说。当狼对羊儿说：我爱上了你！这羊儿基本就已归属于狼肚子里的早餐了。

22. 浪漫狂父与忠恕的愚孝

《论语·里仁篇》

【原文】子曰：“人之过也，各于其党。观过，斯知仁矣！”

【释文】孔子说：“做人的过错，是在于各人只想归属于自己的团队，观察到了这个过错，才算是知道什么是仁了。”

●“各于其党”，是讲人总往自己团队的利益上盘算，比如兄弟、家庭、乡里、集团、国家，这些都可叫“党”，而不一定是指现代政治团体的“党派”。孔子认为各据己方利益而谋，是做人的过错。应该放弃自己的兄弟利益、家庭利益、集团利益和党派利益，乃至放弃掉国家利益去靠向天子，才是做人知仁的无过错。

孔子这个思想是很奇特的：劝说对方放弃个人利益之外，更劝说要放弃团队的利益。为了这个抽象的“仁”，而把自身置于“仁”的对象之外，又把自己的团队置于仁外，这个仁还是仁么？所以孔子的“仁”不是仁兄弟，也不是仁家庭，更不是仁党派、仁集团、仁国家，而只是去独仁奴隶主君王。所以他说，若不达到“独仁于君王”，就是“人之过”。

【原文】子曰：“朝闻道，夕死可矣。”

【释文】孔子说：“能在朝晨闻知了什么是仁道，就算日落时即死也是合算的了！”

●这个也是讲“独仁于君王”：必须要有无悔赴死的心，给你一天时间，独仁于君王所造成个人与团体的死亡，晚上即死也决无反悔！说白了：仁于君王后，你的生命已属君王，就不能再讨价还价了。所以说奴隶主是十分残暴的，为了他一人的利益，要他人放弃利益来参与他的事，这不是在奴役吗！“夕死可矣”说明跟从奴隶主的仕人也是常常生命不保的，虽非无生命权的奴人，也是个无财产权的仆人。现在我们把“朝闻道夕死可矣”，视为一名自由人的励志之词。而周朝当年，此句却是表达放弃一切的“宫廷仆从宣誓书”。

【原文】子曰：“士志于道，而耻恶衣恶食者，未足与议也。”

【释文】孔子说：“做一名士人要立志于仁道，而对羞耻于粗衣淡食的人，不足与他议论道。”

●士人，是周朝奴隶主贵族中最低阶的族人。从句意看到，周朝贵族里的最底层生活，也是十分贫穷的。虽然他们也算是周朝的一名奴隶主，但奴役制度生产力低下，“恶衣恶食”的粗衣淡饭是士人们常过的生活，士人都如此苦，奴隶们就更苦了。

春秋时代，各种思想纷纭而起，士人中的部分人员已不愿再过粗衣淡食的生活。他们将手上的土地出租，让奴隶自由租种佃来的田园，从而提高了社会生产的积极性，个人生活便好了起来。但如此一来，他们便脱离了奴隶主身份，成为了新兴地主。孔子以为这些追求利益的士人是无志于道的，是背叛了君王的根本利益。

【原文】子曰："君子之于天下也，无适也，无莫也，义之与比。"

【释文】孔子说："君子对于天下事，不追求舒适，不搞反对，一切按道义行事。"

●这也是要求做君子的士人在随着君王做天下事时，不要在情绪上闹，要服从道义的安排。

【原文】子曰："君子怀德，小人怀土。君子怀刑，小人怀惠。"

【释文】孔子说："君子心中怀念仁德，而小人心中只怀念家乡。君子心中记着刑律，而小人心中只记着恩惠。"

●追求仁德是君王家中成员必需的胸怀，且把君王颁布的刑律记在心里。因为君王的方向是永远统治天下，而仁德和刑律就是走向这个方向的条令。说得明白些：君子应该做君王得力的随从。孔子更反感实业工作者的人生态度，他认为这些小人只会整日里忆念自己的家乡，不愿随从君王征行天下。孔子还反感实业工作者对报恩于投资的重视，认为这是见惠忘义的事。此言一出，足以看到奴隶主对下属成员的控制是十分严厉的，不得回乡、不得讲报酬，一切行动都得围绕奴隶主的利益来做仁。

【原文】子曰："放于利而行多怨。"

【释文】孔子说："只照着收取利益目的去行事，必会暴发怨恨心。"

●其实，干实业就是要讲回报利益的，每个实业者就像君王一样的在盘算利益的收获。但君王下的士人，若要以君子的态度服务于君王，则不应讲个人的利益。不然,士人的心态会“多怨”。为什么呢?因为谈到个人利益时,就会犯上报怨君王!看来,周朝末年奴隶主对下属的利益已很少顾及到,故而严禁下属成员“放于利”式的为君服务,有利于制止他们心中“多怨”。

【原文】子曰:“能以礼让为国乎何?有不能以礼让为国,如礼何?”

【释文】孔子说:“若都能以礼让来治国怎么样?大多数可并不以礼让治国,礼对他们没作用啊!”

●孔子这是在感叹没有一个地区和国家,是用“礼让”来治国的,“礼”不起作用,“仁”就没有市场了。这是借礼来说仁的实施很艰难。可见,孔子也知道他主观拟定的“仁”是没有一个国家会实行的,所有的人都把自己的利益在与君王的利益混同盘算着,谁都会为未来的舒适而反对违背了个人和团体利益的事。

鲁国山水

孔子的礼让是一个乌托邦式的治国方案,从第三方旁观者的角度看它,似乎是个美妙的合作道路。一旦你成为对手双方中的一员,即可意识到礼让治国的无知,礼让,就意味着不负责任的在放弃,其结果不是什么美妙,而是陋鄙。

【原文】子曰:“不患无位,患所以立。不患莫己知,求为可知也。”

【释文】孔子说:“人不应担忧没地位,而应担心无立足的志向。人不应担忧没人理解自己,做事应放在别人的可理解上。”

●这是对士人说的。士人的身份低微,只居第五级,但可以升迁为四级、三级……所以孔子说士人要有立足的远大志向。士人做事被人理解很难,但不应迁怒于不理解你的人,而要在做事的可以理解上努力,这就是下文所指的道——忠恕。

【原文】子曰:“参乎!吾道一以贯之”曾子曰:“唯。”子出。门人问曰:“何谓也？”曾子曰：“夫子之道，忠恕而已矣。”

【释文】孔子说：“曾参啊！我所讲的仁道，是能一条路贯穿下去。”曾子说：“哦。”门下的学生们问：“什么意思？”孔子答道：“老师所讲的道，是要求做到忠恕。”

●鲁国学生曾参的父亲名叫曾点，出身于破落贵族。他是孔门最浪漫主义的一名老学生，日常行为中有些像个狂者，常为一点点的事情打儿子。曾参在农田劳动时，不小心用锄头把几棵苗给锄断了，他的父亲拿了根木棍直把曾参打得昏死过去，曾参也不做反抗。昏过去许久后又苏醒过来的他，却和气的上前安慰父亲说：“是我得罪了父亲，您没有打累吧？”然后退到一边鼓琴而歌。所以这全句，是讲孔子观察了曾参的一系列行为后，认可了他具有一以贯之的忠恕之德。

《论语》中“泰伯篇”、“子张篇”，毫无理由的密集出现以“曾子”命名曾参的连续内容，我们要小心以“曾子”为名的内容，它明显是十分生硬地夹带进来的曾参语录。我认为历史上人们怀疑孔府版《论语》也有伪造的成分，是有道理的。起码为了让篇幅增加，汉代儒生简单夹带了曾参的语录，但又没有修正后人对曾子的尊称，导致了文中礼教辈分上的混乱，这足以证明了这次篡改行动的仓促。

“子”有多种用法，除了《论语》中的“子曰……”是指孔子外，以“子”独称某人，便可以做“此人”用。“夫子”也做古代“男人”的称谓，如“夫子之……”即是。另外，把“子”放在人名前，这个子是称作学生的，如“子×”。若“子”置于姓名之后，即是老师的专称，如“×子”。

以“子”加在姓氏之后的冠名法，只能用在圣贤哲人和君王身上，如孔子、庄子，他们是哲人老师和领导的身份。但学生与老师同处并称时，不能混淆辈分也加“子”在其姓氏之后，而必须是把“子”放在名字的前面，如：子由、子路。所以学生曾参，在与孔子共处一事议论时，也不能犯上的用“曾子”之称。曾参被后世封为哲人是比较晚的，在春秋之后的《战国策·

曾家父子

秦策二》中才用“曾子”称谓曾参。总之，把学生曾参与老师孔子做同辈称呼，是当时儒家礼教所不许的。《论语》作为早期儒书的汇编，又是这么一个最极端的礼教团体，不会犯这个低级错误。

曾参即被打昏也不反抗，这种好脾气，在孔子眼中有“忠恕”之德。曾参的不反抗是“忠”的表现，还在被打后慰问父亲打得累不累，要不要喝点水再打……孔子认为这是“恕”的表现。孔子的“忠恕”也是个极端化的下级式服从心态，是一种完全不讲个人利益的主观化追求。从曾参的角度看，这是无条件执行忠孝思想的结果，从思想设计者角度看，无疑有着某种不可抗拒的利益要保护，这个利益被抽象成“道义”，在向人们做广泛的宣说。

【原文】子曰：“君子喻于义，小人喻于利。”

【释文】孔子说：“君子通晓道义，小人只通晓利益。”

●此句大有讲儿子曾参是通晓道义的君子，而重利的父亲曾点像个小人。孔子在看到曾参的愚孝后心痛的提醒他，以后要学会躲闪父亲的木棍。孔子对父亲曾点也是无可奈何，他问各位学生的未来志向时，曾点放下瑟起身说：“暮春者，春服既成，冠者五六人，童子六七人，浴乎沂，风乎舞雩，咏而归”——竟然不想从小官做起，而只想浪漫游春……孔子听后哭笑不得地说：“吾与点也！”可见，当时孔子并不理会曾点的没出息。其实孔子并不想说，他不太喜欢这个“咏而归”只想享利的狂人曾点。

孔子认为：做一名君王之下合格的“子”，君子应只顾执行道义，无条件地服从君王所制定下的做人义理，只有“小人”才只讲如何收获利益。这里讲的“小人”，不是指小孩，也不是指坏人，而是周朝对宫廷官员以外各种职业者的称呼。由于宫廷官员们都出身于各级的同宗贵族家庭，所以这个“君子”是“君王家的成员”的简称，而“小人”是没有贵族血缘未受教育的人，他们是君子下的被管理者，所以身份低下微小，称之为“小”。

这个“喻”是“了解”“把握”意，又写作“谕”。由于实业上的工作关系，农业、工业、商业、军事等等社会活动者，必须向管理者体现出获“利”原则的实现，孔子即说是“小人喻利”。但君子——“君王家的成员”是社会管理者，他们根本不用亲自获利，而是驱使别人为他们获利，用嘴巴说“义”做缰绳来驾驭他人，即是一名奴隶主。

综观其上孔子的数段原文，可见孔子借了曾点的狂暴行为，指责重利小人行为的“无所以立”，只会放于利而产生怨恨，没有礼让不懂道义，完全像是没文化教育的农工兵的粗人。之所以他要这样说，孔子实是在为宫廷培养与农工兵不同的士人一族，是在培养会管理农工兵的君子，孔子根本就不需要曾点这样的浪漫诗人。

23. 人道与仁道

《论语·里仁篇》

【原文】子曰：“见贤思齐焉，见不贤而内自省也。”

【释文】孔子说：“见到贤的事要想着自己向此看齐，见到不贤的事要向内心自我反省。”

●这里要进行分析的下面几段，都是孔子对学生们的教导语，特别是“见贤思齐”它是各段的总则。要求学生们分别在家庭、社会这两个方面，仔细做到孔子说的个人“仁道”。

【原文】子曰：“事父母几谏，见志不从，又敬不违，劳而不怨。”

【释文】孔子说：“父母有错，要好言相劝，听不进时，要尊重他们，要任劳任怨。”

●这是孔子对做士人的学生，在家庭父母前的要求。这点孔子没说错，家庭成员间要有秩序的交流。

【原文】子曰：“父母在，不远游，游必有方。”

【释文】孔子说:“父母在世时,不要走远,必须远走时,要留下准确的地址。”

●这也是对的,父母担心子女是极天然的,若出门长期无音讯,会引起父母对子女的担忧。但孔子并非是单纯反对“父母在”时的子女远游,而是重点在于托出“游必有方”。“方”是方向、区域。

【原文】子曰:“三年无改于父之道,可谓孝矣。”

【释文】孔子说:“三年内不改父亲的规矩,才可算孝了。”

●这是讲一家之主的旧有家庭安排,虽因亡故而不可轻易改动,不然就等于对父亲有情绪,三年间不背离父亲给家庭的安排,才是尽孝道了。

【原文】子曰:“父母之年,不可不知也。一则以喜,一则以惧。”

【释文】孔子说:“父母年龄,不能不知道。即喜于长寿,又惧其年高。”

●这是讲要珍惜与父母共处的时光。周朝贵族士人的家庭生活,也许并不是很富裕的,但完整的家庭结构让他们深感温馨。贵族与奴隶的最大不同之处,是人身自由与否。奴隶没有私产也就没有家的概念,自己根本无法照顾到父母,更可能连父母年龄也不知道……孔子要求学生们“见贤思齐”,继承贵族的家庭观念传统,不能走进无文化的奴隶式生活中。

【原文】子曰:“古者,言之不出,耻恭之不逮也。”

【释文】孔子说:“古人不轻易说话,是怕自己说到做不到。”

●孔子提醒士人在社会中的做人,每说一句话都要考虑到后果,这是讲言语要有诚信。由于贵族的自由生活中,语言发挥的功能远大于奴隶,所以出言前要深思,以防祸从口出失去个人的信用。看来贵族中最低阶的士人们,条件也不是很好,常会承诺因各种条件的不具而食言,如同齐国丞相管仲青年时代的一样,说到的事却常完不成。

【原文】子曰:“以约失之者鲜矣。”

【释文】孔子说:“有约束的也会失误,是十分少见的。”

●这是讲做事要不犯错,得自己有约束。在约束下会少失误,也是在警示做人要慎重行事。

【原文】子曰:“君子欲讷于言而敏于行。”

【释文】孔子说:“君子要言谈简洁,要行动敏捷。”

●这是提供了一个有德君子在社会事务中的言行标准。周朝的士人进入社会中服务,一般也是进行比较底层的工作,做跑腿的跟班,做杂务写手……而做到这个“讷于言敏于行”,就可以胜任工作得到君王的青睐。

【原文】子曰:“德不孤,必有邻。”

【释文】孔子说:“有德的人不孤独,必有邻众聚来。”

●这是讲具备了君子标准言行的人,是有德的表现,自会有很多人与孤独的你为友邻。孔子劝慰士人在宫廷服务中不要怕孤独,只要你做到这个“讷于言敏于行”,就会有许多人聚拢到你的身边,因为你胜任工作比别人有效。

【原文】子游曰:“事君数,斯辱矣。朋友数,斯疏矣。”

【释文】子游说:“于君王面前不利索,是自寻辱骂。于朋友面前不利索,将遭到疏远。”

●这是学生子游,听了以上孔子对大家的训导,总结出在宫廷社会中“不敏于行”会给自己带来的严重恶果。

这里,我们看到孔子对他身边的学生们进行细致教育的情形,做一名低阶士人即要保住贵族的家庭底线,还要向宫廷求职谋生,要真正做到步步高升是不那么容易的。这种贵族,家中虽能拥有几个奴隶,但财富与权力在君王面前是微不足道的。即是进入了宫廷谋生，也要小心翼翼不能得罪人，一旦他们通过服务君王得到重用后，就能从第五阶的“士”上升为更高级的贵族。

大家切莫以为孔子是就家庭而论为人，他所列出的上述各议题皆是暗辅入宫当官之道，他铺设的是一条从家庭父母到官场君朋之间的“仁道”，只可惜，这仁道下要维护的是极不人道的奴隶制度。

从孔子所教的弟子家庭身份看，其所谓的“有教无类”也是假的，孔门下所有学生都是贵族子弟，占大多数的是士人阶层，即第五阶层的小奴隶主家庭。他们虽为贵族，但周朝制度下的生产力低下，最底层贵族人士的生活也是艰辛的，除了能拥有个别奴隶外，他们自己也要亲自种地养上几头羊、打点猎捉些鱼以贴补家用。孔子这一辈子，没有收过一个奴隶做学生。

因而，孔子招募学生的口号几乎就是在提倡要士人子弟走出第五阶层，号召士人防范坠为奴隶。一旦有子弟想从自己手头的工作——种地放羊上研究实业技术时，孔子便嘲笑他们没出息，这种嘲笑是对士人务工务农的鄙视，因为周朝务工务农是奴隶的工作，贵族应是管理奴隶的人员。其实，孔子对于贵族地位的自豪感已达非理性的状态，他与弟子们大多也是朝不保夕的那类士人阶层，哪能就与贵族天子侯王相比？当他坐着老牛破车经过君王的四乘马车时，孔子心里几乎是激起了一种莫名的兴奋，他要把牛车改换成了马车，不但自己要换，学生们也都得这样——这就是士人要去当官的贵族升级之路，也是他的“仁道”。孔子恐惧于做奴隶的务农务工，他不知当时的一些士人在进行着一项社会改革：释放奴隶，研究工业与农业，并以土地工矿工具和专业知识为产业，租借或招聘自由民来参与生产，这种务农和务工，是一种当时新型的生产方式，比奴隶制要先进和人道的制度。

孔子有关士人家庭成员的内部仁道，虽有着相当的秩序，但他单纯贵族升级之路的仁道，却是在维护极不人道的制度，阻碍了社会文明继续向工农业的开拓。中国数千年的传统文化教育没有深入到工业农业中去，其思想根源即在于其文化只为升官当贵族

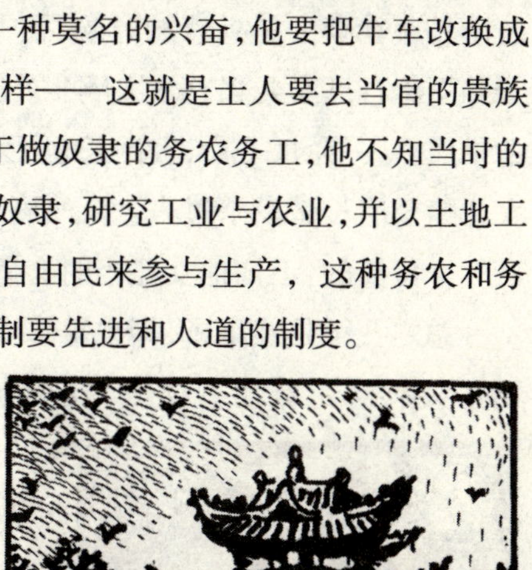
孔府杏坛

服务，而非把文化服务于工农。所以中国文明的开化虽早，但实业收获却晚，朝廷只是收个税粮就一切都完事了。其实在周朝这种阻碍势力就已出现，防止士人去致力于实业，努力引导士人当官升级，将“仁道”与奴役挂钩。

24. 鸟语者

《论语·公冶长篇》

【原文】子谓公冶长：“可妻也。虽在缧绁之中，非其罪也。”以其子妻之。

【释文】孔子指着公冶长说：“可以把女儿嫁给他，虽然他被关在牢狱中，但并不是他有罪。”随后孔子把女儿嫁给了公冶长。

●公冶长，孔子的学生，家贫节俭，聪颖好学但终生没当官，传说他通鸟语，因为与一件人命凶杀疑案有牵连，而被官府捉了关押，最后被释放出狱。公冶长还在狱中关押着的时候，孔子似就决定把掌上明珠嫁给他了，看来孔子并不想自己女儿当官太太啊！公冶长获罪决定了他不能再做官了，杀人罪如果成立，一命抵一命，公冶长也无法完婚。孔子这人极有赌心，他拿自己的女儿赌公冶长杀没杀过人。虽然可能他对学生有信心，但拿儿女来赌也是够可气又可笑的，不知他女儿当时会怎么想的了。

总之孔子是赌赢了，却也输了女儿。其实罪与无罪，赌是没有用的。有罪则孔女嫁不成，赌输了对孔子也没损失，女儿还可嫁别人。无罪则孔女成嫁，孔子赢得了个女婿，所以输赢都不会失掉利益。但是赢来的囚徒女婿却无法当官了，也许孔子就是想获得一个不会随君王出远门的女婿么？或许这是孔子要招个倒插门的“上门女婿”的意图吧！

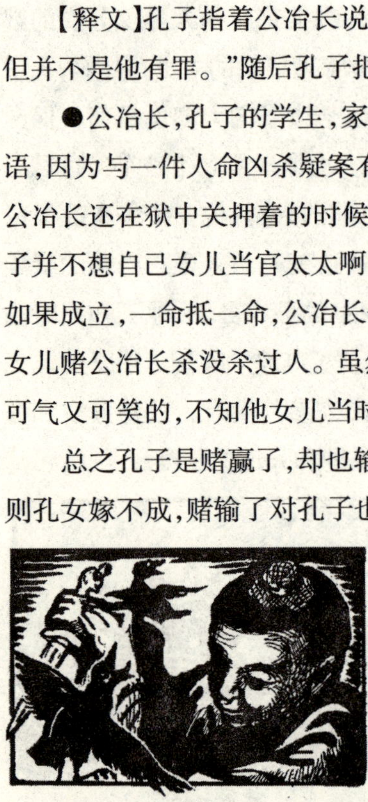

公冶长

孔子自己的掌上明珠许配给当了囚犯

的学生,而不是其他数十个优秀学生中入宫当官者的哪一位。我看出来孔子对公冶长十分信任,更对公冶长无法为官而暗暗庆幸——这女婿只可以足不出户的伴着孔女平安的过一生了。之所以不将女儿许配给南容这样有官缘的学生,正是有他为女儿打下的小算盘。什么追随君王征巡天下的宏愿啦!一己私利之下全都扔到天外去了,他要的只是先保住自家生活安稳的幸福。

据说,公冶长糊涂中的获罪,只是简单的出于贪婪。他手上拿着刀子时,听说远处一只野羊被杀,且匍匐在地。于是他跑着冲进正围观着的人群中,并大叫:"这是我亲手杀死的,它应是归我一个人的!"

当他挤进人群后,这才发现匍匐的并不是什么野羊,而是一个血淋滴答刚被谋杀的外乡人——终于,他被众人当场捉拿举报入狱,人证物证凶器和供词俱在!公冶长为了这贪财的愚蠢,于是百口辩解也说不清楚了。

孔子就把爱女许配给了这么一个因贪婪而倒霉了的学生,不是因公冶长真的聪明能知晓鸟语,而是因为公冶长一根筋的会"小气把家"、会"护财捞财"。这种被人看不起的人性缺点,在孔子眼里,则将是让女儿永久幸福的必要元素啊。公冶长为人精明而不聪明,做个环绕温馨生活寸步不离的上门女婿,倒是个巴结老婆的合格守家奴才哩!孔子押下的正是这个赌注。

子贡是孔门单纯的学生,他能担任国家重任只身赴敌救国,但被孔子视为缺德的危险人才。这个子贡不是孔子女婿的首选,因为他是不怕杀头勇于救国的人,会有死刑之难,他看中的是子贱南容这样的活络人。但孔子只想让这类鞍前马后随从国君出差的学生到兄弟家结亲,但是孔子决不让这些忠君的学生做女婿。公冶长是有前科的囚犯,因诈财而误成凶杀疑犯的贪婪者,即无子贡的勇,也无子路的忠,反倒成了最贴近于孔子一家子天然秉性的新成员首选。让人不能不想到孔子独创的思想体系"仁"的内容来,他向社会所鼓吹的忠勇之仁,其实并不要自家人去做,做自家人只要做到贪婪一根筋就行了。

【原文】子谓南容:"邦有道,不废,邦无道,免于刑戮。"以其兄之子妻之。

【释文】孔子评南容:"国家平安仁道,不会废他不重用;国家混乱无仁道,他也可以免于被刑杀。"然后孔子就把其兄的女儿嫁给了他。

●南容，复姓南宫，字子容，他也是孔门弟子，为人很圆滑。孔子认为这样的人当官永远也不会吃亏，于是将侄女嫁给了他。孔子说南容混官场的本领十分高强，即能被国家所重用，又能从官场的险恶中保全脱身。说白了，南容是官场高手，可以为家族带来显贵的地位，又不会给家族招来厄运。如果有这么一个男人做了兄弟的女婿，福泽及于自身是可以长久下去的。

为什么只配给了侄女，而不给自己的爱女？孔子还真不是爱君爱国可舍家舍儿女的。女儿身边的夫君天天上朝伴君不在身边，做父亲的于心何忍？但兄长的女儿那就管不了这么多了，为了整个家族地位的有效上升，让侄女忍苦守上几天空房又何妨！反正南容是个怎么混也刑戮不了的官儿，他愿意让南容给孔家带来长远的富贵。只是孔子的亲哥哥，还道是弟弟给自己送来了直接的富贵，若知道了他心底的这个小算盘，不知是谢他呢还是骂他了！

南容

忠诚，无私奉献国家是孔子对学生们反复宣扬的“仁道”。可是轮到他自己该以身作则时，却连自家的亲女与侄女的未来幸福都要分出个内外：把合家团圆的幸福留给自己亲女，拿侄女的婚姻去做官缘的桥梁台阶。一个贪婪一个圆滑，都成了做孔子家合格成员的选项标准！自己小家庭的成员并不用去忠君买命，而反让兄弟家的成员去谋官辅君，更要让学生们去赴死保君。这种由近推远来分别忠诚不同的双重标准，是十分自私自利的。

什么叫真实的忠诚之士？在思想要求上不分你我的一视同仁，荣辱与共奉献一切，身先士卒享受在后，乃至为大多数人的幸福追求，可以舍掉自己个人的幸福生命，这种人才是忠实于忠诚思想的人。在佛教里，这是有着“自觉而觉他”践行觉悟人生的大善人，梵语称为“菩萨”。而那种专在人群关系里设计了阴暗手段，来谋求个人家庭利益的人，嘴说与身为迥异的便是伪善人。如果连对自家的亲兄弟家都要搞不清，岂不是太近于恶心了么？

历史上的贪官们之所以多信儒，因为贪婪也要有个自己的典范和自己的理论。把自己的阴暗作为，与圣人联结成光明的同盟，便会每日心安理得。所以官场中的贪者口多言儒，仁义礼仪什么都会说出一套来，说完了伟大的言论后，再用不可对人讲的私心，来暗底修补着逻辑的破洞，以所谓“社会潜规则”的方式向外索取。大到财物官位、小到特权情色不一而足。

【原文】子谓子贱：“君子哉若人。鲁无君子者，斯焉取斯。”

【释文】孔子评论子贱：“君子就是此人！鲁国没君子，怎会出这样的人呢？”

●宓子贱是孔子的学生，在鲁国当地方官，做得很得意。孔子认为这种活络的当官人，就是君子。

【原文】子贡问曰：“赐也何如？”子曰：“汝器也。”曰：“何器也？”曰：“琏瑚也。”

【释文】子贡问：“我怎么样？”孔子说：“你是件器皿。”子贡问：“什么器皿？”孔子说：“琏瑚。”

●这个琏瑚，是祀仪上所用的礼器，竹编的器皿。礼器有铜鼎陶盘，孔子为什么偏要用这竹编的器皿来形容子贡呢？竹编琏瑚是盛谷物的用器，放谷物它是不会漏出一颗的，而放不得液体，一点水都盛不住。

子贡虽是孔门子弟中最有才华的一位，但从记录的文献中，孔子批评子贡的言词反而比较多。子贡曾用自己的钱而不是国库专用公费，把被掳掠的鲁国人从邻国赎了回来，却被孔子劈头盖脸骂了一通。又曾发生齐国欲攻鲁国的战争，子贡被鲁国派往齐国说和，但这个过程导致了数国的连锁反应，最终导致齐国乱、吴国亡、晋国强、越国霸的结果，鲁国才得以保全。但孔子把归来的子贡骂了一顿，说他不当地使用了语言的力量。孔子对子贡有一句鉴定语，算是孔子拿琏瑚去形容子贡的真实用意。他说：我死之后，子夏的学问会越来越好，子贡的学问却会退步。

子贡

琏瑚盛大颗粒的饭还可以，盛小的东西却漏个精光。这是暗喻子贡功高而德不全，常有就事贪功不顾全局的事发生。孔子理想主义对待事件的因果关系，把齐国的内乱视为子贡救鲁国的结果，其不知齐国内乱与齐国欲攻打鲁国，是一个客观的现实问题，那并不是子贡的错。欲救鲁国不用外交手段而用仁道是不实际的想法，当你试完了仁道对敌的理想后，再来转用联纵手段的话，救国图存的机会早错过了。

孔子看到子贡没采用仁道感化齐国的手段，而用外交联纵的辩才来解决了鲁国的危难，他很不高兴。以子贡的天赋类似于“技术派”人士，子贡在国家危难之际不去采用理想主义的空泛仁道，是有他自己的价值观。当然我们不会认为孔子对人的看法一定就正确，其实子贡的未来人生成就，并没有被孔子说中。孔子死后，子贡真的为老师结庐守墓了六年，并且后来做上了跨国大富豪，以商养教为孔子的遗教做了许多实在的工作。他是孔门中最有实力的一位，也是对孔门儒学推广功绩最大的人。

孔子嘲讽子贡是个只捞功绩不受仁德的“琏瑚”，说明孔子爱惜他发明的思想，远大于热爱自己的国家。即使在国家危难之际，还不忘拿着国家存亡搞个人的哲学实验，根本不在乎被灭国。在学生成功保国后还说人家是有才无德之徒，功劳被一棒子打杀了。

【原文】或曰：“雍也仁而不佞。”子曰：“焉用佞。御人以口给，屡憎于人，不知其仁。焉用佞？”

【释文】有人说：“仲弓这个人啊！有仁德但口舌不强佞。”孔子说：“哪里用得着口舌强佞啊，用口舌对抗别人，是让人十分讨厌的。不知道仁德所在，口舌强佞又有什么用。”

●这是孔子借用仲弓来批子贡，子贡以口舌善辩著名，才能一流，被后世的有识之士评价为“子贡贤于仲尼”。但孔子认为光有善辩之能是不行的，他从赎奴和游说齐国这些事上看出子贡还不懂仁德，是“屡憎于人”的口舌强佞之辈，几乎不及不善言语的仲弓。

听说，鸟舌与人舌的区别：鸟舌是尖长的，而人舌圆方。若要让八哥鸟说人语，必须让尖长的鸟舌手术改成圆方，鸟儿才会发出人声。“人为财死，鸟为食亡”，这句话用在贪婪的孔子女婿公冶长身上，真是再合适不过了。传说孔子众弟子中，能听懂鸟语的只有公冶长一人。因为他不太会说人话，把个“羊是我杀的”直接说成了鸟语化的“这是我杀的”，给果捉去差点被杀头。孔子竟然视公冶长现行中的诈财无罪，公冶长因祸得福，被收为女婿。

25. 不可逆的反应式

《论语·公冶长篇》

【原文】子使漆雕开仕。对曰:"吾斯之未能信。"子说。

【释文】孔子要漆雕开出仕为官去,得到的回答是"我还没有完全自信的把握。"孔子听后很高兴。

●孔子这里是以对学生漆雕开准备出仕的认真态度的赞赏，开始了下面对众学生们的评估议论。

【原文】子曰:"道不行,乘桴浮于海,从我者其由与!"子路闻之喜。子曰:"由也好勇过我,无所取材。"

【释文】孔子说:"道若无法实现于社会,我会乘着木筏在海上漂,随我一同去的是子路吧?"子路听到了后心中真喜欢。孔子说:"子路比我要勇敢,只是没什么才能。"

●这里是孔子借口自己没本事而想逃于海上来观察学生的反应。结果子路表达自己与老师一样也要逃向大海。子路被孔子嘲弄了,因为孔子希望学生要为老师出头,而不是同样也选择逃跑。

【原文】孟武伯问:"子路仁乎?"子曰:"不知也。"又问。子曰:"由也,千乘之国,可使治其赋也。不知其仁也。""求也何如?"子曰:"求也,千室之邑,百乘之家,可使为之宰也。不知其仁也。""赤也何如?"子曰:"赤也,束带立于朝,可使与宾客言也。不知其仁也。"

【释文】孟武伯问："子路有仁德吗？"孔子回答："我不知啊！"孟武伯又问，孔子说："子路可以叫他在千乘大国中做税收官，但不知他的仁德如何。""冉求这人怎样？"孔子说："冉求可以在千室乡邑的百乘之君的家里做个宰相，但不知他的仁德如何。""公西赤这人怎样？"孔子说："公西赤可以做束着腰带站立朝中的官员，让他去接待宾客，但不知他的仁德如何。"

●孔子分别向孟武伯介绍了子路、冉求、公西赤三个学生，推荐了他们可以胜任的官职。孔子认为人的仁德是要以做事后的结果来评估的，职务才能与仁德应有所区别。

【原文】子谓子贡曰："汝与回也孰愈？"对曰："赐也何敢望回。回也闻一以知十，赐也闻一以知二。"子曰："弗如也。吾与汝弗如也。"

【释文】孔子问子贡："你与颜回谁强些？"子贡说："我子贡怎敢与颜回比！颜回能闻一知十，我只能闻一知二。"孔子说："是不如他，我同意你说的不如颜回。"

●从对话中看，子贡也并不佞狂，他不去拿自己擅长的口才与颜回比，只以学问之"闻"来称许颜回强于自己。

【原文】宰予旦寝，子曰："朽木，不可雕也，粪土之墙，不可圬也。于予与何诛？"子曰："始吾于人也，听其言而信其行，今吾于人也，听其言而观其行。于予与改是。

【释文】宰予白天在睡觉，孔子说："像朽木一样的不可以雕刻了，像土粪之墙的不可粉刷啊，我拿他能怎么办呢！"孔子说："过去我看人，听他如此说就信他会如此行为；今天我看人，听他如此言，还要观他的行为，我正是从宰予身上才改变的。"

宰予被责

●孔子看到宰予白天不学习却在睡觉，就批评宰予的口是心非和言行不一，把他形容成朽木和土粪之墙，不可再造化。懒惰，是学习的绊脚石，这点孔子没说错。

【原文】子曰："吾未见刚者。"或对曰："申枨。"子曰："枨也欲。焉得刚！"

【释文】孔子说："我从没见过真正刚强的人。"有人提醒："申枨！"孔子说："申枨充满了欲望，怎么会刚强？"

●嗜欲重者机必浅，这是显然的。孔子在带学生时，也发现了学生中也有这个特点，贪吃贪睡好色的人，必然是软弱没多大意志力的。孔子说没见到过"刚者"，而真正的刚者是有毅力有持续力的人，即在孔子的众学生中，也不是可以挑出一个真正"刚者"的。注意：孔子这时又在犯理想主义毛病了，绝对刚强的毅力是不可能有的，不要说孔子这辈子"未见刚者"，几辈子也将见不到绝对的刚者。只有把欲望合理的与目标过程挂上钩，大欲望者本身就是一位刚者。

孔子不知欲望与毅力的科学关系，可见他的教育能力并不强大。教师要调动学生的能动性，不能只是一味地责怪学生贪吃贪睡，还得看看学生贪睡的真正原因是什么，贪吃睡是不是因为身心健康方面的原因。一旦抓住学生的病因，欲深之人也是可以变成奋发的好学之士。

【原文】子贡曰："我不欲人之加诸我也，吾亦欲无加诸人。"子曰："赐也，非尔所及也。"

【释文】子贡说："我不愿人压迫我做自己不愿做的事情，我也不愿去强迫别人。"孔子说："子贡啊，这并不是你做得到的。"

●奇怪，孔子对子贡这种很平常的做人态度也认为有问题，其实子贡在未来还果真这么做了，而且做出了成绩。子贡成了跨国大商人，他的商业活动就是属于"我不欲人之加诸我也，吾亦欲无加诸人"的活动，他用经商所得收获拿来为孔门办学，也是属于这种思想实践的延伸。子贡不但做了，还做得很好，可见孔子的观念是偏而不全的。他对子贡的预见，最不准确。

【原文】子贡曰："夫子之文章，可得而闻也，夫子之言性与天道，不可得而闻也。”

【释文】子贡说:“老师的文章,可以听得到,老师所讲的本性与天道,却听不到的。”

●看来子贡是一直认为孔子的理论里,有不切实际的地方。他是一位专注实业的人才,子贡为人的思想中,有一种天然的反儒之心,所以孔子总说他是有才无德的人。说白了,从孔子对子贡的评价,及子贡自己对“仁道”的疑心,无非说明了子贡是个隐然异端于儒道的特行者。子贡只关心将事论事的过程与客观细节实施,不去讲什么主观化的思想,而正是如此反叛仁道的动作,子贡却是最尊师的六年守墓者,也是以出资助教对孔儒学问发展帮助最得力的人。可见,于孔儒思想之外,更是有比孔儒的仁道更强大有效的实用主义文化,即便是孔儒文化本身也不得不接受非仁道思想利益上的帮助。子贡,与其是孔子学生,倒更像一个场外自有主见的孔子忠诚“粉丝”。

【原文】子路有闻,未之能行,唯恐有闻。

【释文】子路听了老师的文章,却实践不了,就很怕再听下去。

●子路在孔子眼中是无才能的勇夫,听了做不来就不愿再听了,见人失败在前就自己也放弃了,不会动脑筋。子路这个人,是孔子教育无能中的直接受害者,他接受了礼教之后便成了个死板守礼的人。在卫国做家臣的一场战斗中,敌方的战戈割断了自己的冠带,子路顿时想起了礼仪。忙着放下战斗,去捡拾冠帽系缚带子,结果被对方趁势打败,又剁成了肉酱。

子路的头颅

孔了对于此事件,深知学生子路刻板迂腐的致死,与他的教育无能有直接关系。听到子路被剁成肉酱,孔子深深不安,以至饭桌上一出现猪肉酱,精神就会受到强烈刺激,从此不再敢吃什么肉酱了。

【原文】子贡问曰:“孔文子何以谓之文也?”子曰:“敏而好学,不耻下问,是以谓之文也。”

【释文】子贡问："孔文子为什么称作文呢？"孔子说："机敏好学，不耻下问所以称为文。"

●子贡有才无德，子路有勇无才。其实孔子认为子贡与子路，都没做好"机敏好学，不耻下问"。对子贡教育上的推不动，子路又被教成了好勇而迂腐的横死之人，孔子把这个结局都归为两人没有机敏好学的素质，却回避自己教育无能以及思想主观造成的大错。

【原文】子谓子产："有君子之道四焉。其行己也恭，其事上也敬，其养民也惠，其使民也义。"

【释文】孔子评价子产："有君子风范四条：行为有'恭'，服侍也'敬'，治民讲'惠'，用人讲'义'。"

●从"恭""敬""惠""义"上，可以分辨出是为君王当官的四个条例，这点也可以证明所谓"君子"一词即是"君王家子弟"的简称。

子产这个人，是郑国人，官任郑国卿。他是个被孔子器重的好学生，因为子产在这个政体风云变幻的春秋时期里，即保存了周朝旧制度的总体利益，又引入了一些新兴政治文明的好处。子产实行了一系列政治改革，承认私田的合法性，向土地私有者征收军赋；铸刑书于鼎，为我国最早的成文法律。他主张保留"乡校"，善于因才任使，善于听取国人意见，采用"宽孟相济"的治国方略，将郑国治理得秩序井然。

这是一位被孔子赞叹的温和"政治改革家"。温和地用改革作颜色渐变，来调和缓冲现实生产力对周朝君王的直接压力，这是站在君王家族利益一边的台前调和者，即不伤君王，又能吸纳外界的力量。"恭""敬"二字是孔子专门评议子产对君王的忠诚，"惠""义"是孔子评议子产对民众所持用的立场，所以孔子重视对君与对民两个方面的态度，要求在政治上得有子产这样温变的改革维护能力，而不是直截推翻奴隶制度的解放式突变。

子产

对内，孔子反对鲁国突破旧制度的直接变

革，对外孔子希图以文化特工的方式填补国内外军政的现实对比差距。孔子救鲁之道，是以向潜在的敌方宣扬“仁道”，而非用外交和军事的实效技术来放手实施。更不知生产力的解放，给国家与人民将带来的根本好处。搞文化特工，便需要有自己人，来深入到对手的阵营进行潜伏。可惜，孔子的“仁道”救君救国的人生之路尚未走完，派往各国的学生们使命尚无实施，鲁国还是赶在前面亡国了。现在看来，游说“仁道”的救世方式是一个宏大却无效的政治设计。在忠于天子的旧梦下，一个鲁国老教师带着一群学生，到国外去实践口舌救国的特工行动同时，鲁国就这样一天天走向灭亡。当孔子的“文化特工行动”在六十八岁结束归来时，鲁国已非当日天子脚下的那个鲁国，这个国家的老奴隶主也早已不存在，代替过去奴隶主和奴隶的，是本地的新兴地主和自由平民们，这是一个与齐国政治方式已差不多的陌生新社会。

【原文】子曰：“晏平仲善与人交，久而敬之。”

【释文】孔子说：“晏平仲善与友人交往，交往越久别人越敬佩他。”

●这是用晏平仲的事例，来解讲做“君王家子弟”的四条风范，给个人带来的好处。晏平仲，名晏婴，字仲，谥平，官任齐国上大夫。他从政秉公无私，不收礼物，对亲友所求也如此。常用自己的俸钱救济朋友和百姓，自己却吃苔菜穿布衣，住的是陋室，上朝坐的是破车病马，更不好色玩女人。他在政治上主张“廉者政之本也德之主也”。晏平仲头脑机灵能言善辩，他屡谏齐王和平熙邻，辅佐了齐国的前后三个朝代，他既灵活又坚持原则，出使外国能不受辱而捍卫了国威和国格尊严。

晏婴

对于“子曰：晏平仲善与人交……”一段，可以看到汉代儒生篡改孔子语录的大胆！“晏平仲”的“平”字是其死后君王给起的谥字，晏婴又以长寿著称，孔子何来在晏婴还活着的时候，竟用谥字来称呼他？那时谥字还没有从齐国君王的脑袋中冒出来呢。所以，古人说《论语》中，有儒生们加以篡改和混杂的现象，这里是真的又出现证据了。

历史上，人们把晏婴与管仲并称为春秋二良相，但是我们从《论语》中看到孔子一直在贬管仲而赞晏婴，除了晏婴是自家的学生承有孔门思想，前任的丞相管仲则被孔子视为很不知礼的人。当然，在个人作风上，晏婴清贫廉洁，管仲奢华贪生，生活作风上的差别，让人常常忘了对比工作作风上的区别。

在齐国，管仲成功发起的解放奴隶社会运动，给齐国旧社会带来了社会生产力的新鲜血液。虽然这背离孔子的仁道，但晏婴在齐国谋生，也不得不承认已实行的生产工具再分配的私田合法性，从而被动成为了齐国的政治改革家。但他不赞同管仲的鹰派道路，而以鸽派面目的方式演绎了类似“改革派”的政治手段。其实个人的“清廉”外表，不也会被用做招揽私营势力的政治对抗手段吗？而孔子的“善与人交久而敬之”，也难保不是晏婴以手段招私的开始。总之，客观看去，晏婴既然已是继承在管仲政改功绩上的齐国维护者，并没有理由要以丞相之职，去弃失前辈管仲的富强成果。

由于齐国是鲁国的邻邦，齐国大邦对弱小鲁国的军政压力日益加深，鲁国孔子潜于齐国鸽派中的学生，无疑是鲁人利益在齐国的代言人。希望各国内部改变政改后的强势，借以解救鲁国坚不政改所产生的弱化，这是个十分迂腐的宏伟理想，孔子却为之领着学生们四处努力了一辈子！

当一场不可逆的化学反应过后，希冀再掺入原来的东西去化解它，终是一种徒劳的努力。

26. 羽化的寄生蜂

《论语·公冶长篇》

【原文】子曰：“臧文仲居蔡，山节藻棁，何如其知也。”

【释文】孔子说：“臧文仲养占卜大龟，还在其屋中梁柱上画满了彩绘水草图案，这个做法哪里像他有智慧？”

●臧文仲生于孔子前，鲁国正卿执政大夫，臧孙氏，名辰，谥文仲。历事鲁庄公、闵公、僖公、文公四君。在鲁国曾成功领导过抗荒与抗旱，轻宝物祀品以民为重反对以杀人殉祭，赏罚分明不居功为己有。其博学广知而不拘常礼，思想较为开明进步，对鲁国的发展起过积极的作用。

这是孔子在提倡搞杀人殉祭，但他没有直说，而是曲里拐弯的表示将被杀的这些人，只算得是一些“彩绘水草”而已。“蔡”，据《左传》所说，是蔡国大龟，又称“大蔡”。孔子此言，似在批驳臧文仲的反对以人殉葬：“不让活人殉葬，难道你养的大龟还画了水草陪着它就对？”孔子信奉的周礼中，有活人殉葬的礼仪，但其内并没有大龟可住在豪宅看彩绘水草的规定，所以孔子讲臧文仲脑筋不好。占卜用的大龟是要杀了取龟甲算卜的，臧文仲却对龟的待遇好得很。孔子似在说：“你连乌龟的住处都比人好呢！乌龟不是你也给了水草做陪葬？你这样反对杀人为奴隶主陪葬，我用奴隶去陪伴墓中的老贵族有什么错。”总之，孔子他强烈支持葬礼上用人殉的旧风俗。

巨龟大蔡

孔子对人一点没有慈悲心，胡搅蛮缠地骂臧文仲，恶毒地影射臧文仲在鲁国促使废止人殉的事儿。孔子意思中，还有着劝人不要太认真于逻辑和慈悲，只要愚着忠君去即可，不必什么都想得太清楚，这才是“仁”。

【原文】子张问曰：“令尹子文三仕为令尹，无喜色。三已之，无愠色。旧令尹之政，必以告新令尹。何如？”子曰：“忠矣！”曰：“仁矣乎？”子曰：“未知。焉得仁？”“崔子弑齐君，陈文子有马十乘，弃而违之。至于他邦，则曰：‘犹吾大夫崔子也。’违之，至一邦，则又曰：‘犹吾大夫崔子也。’违之。何如？”子曰：“清矣。”曰：“仁矣乎？”曰：“未知。焉得仁？”

【释文】子张问：“令尹子文三次做宰相，也没表现出高兴，三次被罢免官职，也没有不高兴。当卸任交接时，总是向新来宰相认真地做好转交，这人做得怎样？”孔子说：“很忠啊！”问：“仁吗？”答：“他不知错处，哪里有仁。”又问：“崔子杀了齐庄公，陈文子就放弃了享用十乘马的家产厚禄，跑去了其他国家。到了这个地方，则说：这里的大夫与崔子一样。又逃离而去。再到一个地方，则又再说：这里的大夫与崔子一样，再次逃走。这人怎样？”答：“总不知自己错，哪来的仁？”

陈文子弃官

●子文，姓斗，名榖於菟，官至楚国令尹。他有“毁家纾难”主动献出家财来缓解国难的故事，乃至已有饥色妻子冻馁而不顾，对楚国的强大与北进争霸作出了杰出贡献。子张借了“子文三仕三已”来问子文的忠心，这是不是“仁”。孔子说子文这只是做到了忠，但没有做到仁。为什么不是仁呢？因为孔子认为：连连被罢免了官职三次，都不能总结经验，结果还得继续帮助楚王去争霸，所以不仁。

陈文子，齐国大夫，名须无。崔子弑杀了君王，是个逆臣，陈文子不愿与崔子共处，所以清高的逃离了国家。孔子认为陈文子这样的人也不仁：因为不能学会制止弑君的事发生，只是会逃跑。

升官与卸任，在官员中是常有的事，都做到令尹的丞相地位了，子文也只有未来卸任的份了，总不可能会升至国君吧！令尹的工作风格与国君的态度联系着工作原则，忠于职责应是高于一切的。国君的喜好不一定就是正确的，得罪国君那就必然会卸职。孔子的意思是要即忠于国又忠于君，但君的面子要首先照顾到，国的利益对于官员应是低于君的利益，不然你就一个也忠不成，这就是孔子的“仁”。孔子把“国家是君王一人的”表述得十分清楚，完美执行这个原则，直至君国皆荣才是做到了“仁”。所以孔子说陈文子是只忠而不仁。

陈文子自顾清高保身，不能同流合污，也是触犯了“仁”的价值观。孔子希望学生们的是：参与进去改变他们，做出特工一样的行动！而不是谋生投职那样的去找清净工作空间，像陈子文这样的单纯投职心态，没有同流合污的心，也不是孔子的“仁”。

不要太清醒地对待工作，而是“愚”着的做事，此是孔子“仁”的要义。

【原文】季文子三思而后行。子闻之，曰：“再，斯可矣！”

【释文】季文子事前总要多次思考后再行动，孔子听说后，说："思考复查一下就可以了。"

●季文子，即鲁国季孙，谥号"文"。孔子与季孙在利益立场上是对立的，孔子是旧贵族集团的，季孙是背叛贵族利益的鲁国新兴地主。季孙为人总是深思熟虑，但他得出的结果大多是背离旧制度的。孔子说季文子的三思而后行是多余的，应该拿着事件参照旧制度，一次性的思维就可以了。孔子善于不得罪人，用委婉语言提出看法，希望季文子省省心的去服从旧制度。孔子认为对于无道的人，不要直接让他听懂，而要装愚钝转着弯儿说，这样不得罪人。

【原文】子曰："宁武子，邦有道，则知，邦无道，则愚。其知可及也，其愚不可及也。"

【释文】孔子说："宁武子在国家仁道的时候则显得有智慧，当国家无仁道的时刻，他则会显得很愚笨。他的智慧可人人做到，但他的愚笨却不是人人都会的。"

●宁武子，卫国大夫，姓宁，名俞，谥号武。说实在这个宁武子与孔子的侄女婿南容很像！宁武子的"邦有道，则知，邦无道，则愚"，几乎就是"邦有道不废，邦无道免于刑戮"的注解。这是孔子最欣赏的为官方式了，孔子不但欣赏这样，自己也这样做。他劝说季文子不要三思而后行，其所用的语言手段就是在装愚。

【原文】子在陈曰："归与，归与！吾党之小子狂简，斐然成章，不知所以裁之。"

【释文】孔子在陈国时说："回去吧！回去吧！我们乡党的这小伙这样志浮轻狂，轻率不庄重，都不知道是怎么培养他们的了。"

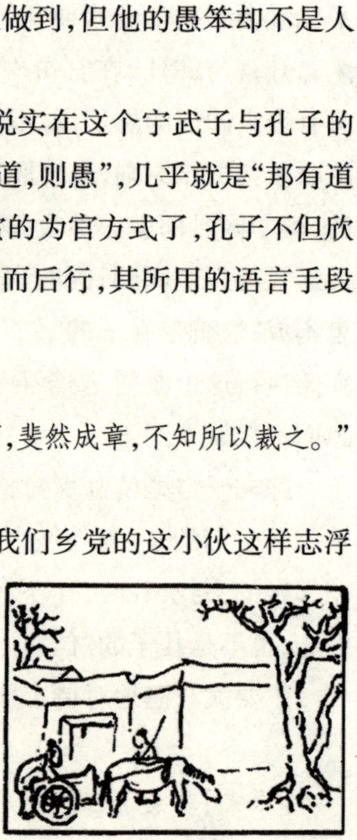

离陈返鲁

●孔子带着学生们在陈国住了三年，原是想捞官来的。长期住在陈国当司城的同宗族人贞子家里，却只拿到了陈国给的相当于宰相所应得的干俸金，但陈国并不想给官事让他做。这段是讲孔子背后对留他在陈国的同宗老乡——司城贞子发的牢骚话，孔子白白的在司城贞子家里住了三年，却从不被贞子的君王重用。孔子认为这完全是贞子做人不够意思，他真的不想在陈国浪费时间了。

孔子一定认为司城贞子这个人是不会在国君面前装愚的。贞子不会变着法子把孔子介绍给国君，而只是为他们搞到了一些干俸金，没有达到他们入陈国的真实目的。于是孔子叫着“归与，归与”，言下之意后悔过去轻信了这同乡小伙。孔子决定不再托求司城贞子，他要立即打道返回鲁国。

【原文】子曰：“伯夷叔齐，不念旧恶，怨是用希。”

【释文】孔子说：“伯夷、叔齐不记仇，怨恨他们的人也很少。”

●伯夷、叔齐是商朝末年孤竹国君的长子和三子。因对商纣王的暴政不满而不愿当国君，离宫隐居于渤海之滨。周武王兴兵时两人出来拦阻周兵灭商，周武王灭商后，他们为了表示商人后裔的气节，隐入首阳山采野菜充饥，不食周粟。最终因被人指出首阳山的野菜也归属于周朝物，故而宁肯挨饿不食周朝野菜而死。

孔子认为若是别人对你有旧恶，你不记仇也不报复，如同伯夷叔齐二人对待商纣王和周朝，不报复不记仇，自己沉没于山河间不与旧恶对立，这样的人是不会招来怨恨的。再看孔子评价陈文子，陈文子与伯夷叔齐的不同处，一个是此处不行去别处谋职，而伯夷他们一辈子不论是非，只忠于一个旧主子。所以陈文子是不忠的，这是孔子评陈文子的心里话。

如果陈文子在见了崔子弑君后也逃到海上，去学伯夷这样的即不从崔子，又不服务别国，就必能达到孔子“忠”的标准了。

【原文】子曰：“孰谓微生高直？或乞醯焉，乞诸其邻而与之。”

【释文】孔子说：“谁说微生高为人爽直？有人向他讨醋，他竟然去邻居家讨了醋来给人。”

●有人指责孔子在上面处理对人的问题上不“直”，还不如微生高对待朋友讲究信义正直。孔子一时急了，把“微生高代人借醋”的事拿出来做反驳,他说自己并不是曲折心机的人,那个微生高才是个曲折弯儿做事的人。

微生高,孔子弟子,春秋鲁人,亦曰尾生高,以信义正直而著称。他跟一个女子约会于桥孔下,那女友尚没来洪水却暴涨了,水没到了脖子他也守信不离开,最后抱着桥柱淹死了。

微生高借醋

微生高信义正直广为人称道,很有点伯夷叔齐的味道,但只是用在了男女情谊上。孔子却认为微生高是个行为古怪的人,有人向微生高借东西,微生高却帮着借者去向别人借。孔子转不过这个弯来:你是被借者,怎么可以又转而做了个借者呢?

从这件事我们可以看到孔子在借微生高为自己护短。被借者与借者的身份转换,其实就是个运用个人信用空间,去帮助原借者的活动,微生高只是担当了一个义务中介人的关系。而孔子不理解,认为微生高是个不正直的人。他认为你既然已是初始的被借者,你就得做好这个初始的被借者,不能再以被借者的条件去做个借者的身份,不然就不是好的被借者。

【原文】子曰:“巧言令色,足恭,左丘明耻之,丘亦耻之。匿怨而友其人,左丘明耻之,丘亦耻之。”

【释文】孔子说:“以甜蜜言语煽动人心,这也够恭敬的了,左丘明认为这可耻的,我也认为可耻。藏起对某人的怨恨去与其交朋友,左丘明觉得可耻,我也认为可耻。”

●左丘明,姓左,名丘明,任鲁国左史官,春秋末期与曾参同辈人。撰写了《国语》,与《春秋左氏传》。

孔子认为他与鲁国晚辈左丘明一样, 不止耻于做巧善令色和违心交友的事。这句话的真实意图,在下文有所详指。

【原文】颜渊季路侍,子曰:“盍各言尔志?”子路曰:“愿车马,衣轻裘,与朋友共,敝之而无憾。”颜渊曰:“愿无伐善,无施劳。”子路曰:“愿闻子之志。”子曰:“老者安之,朋友信之,少者怀之。”

【释文】颜渊和季路侍奉之时，孔子说："为什么不来说说你们的志向？"子路说："我的志向是，坐马车穿名贵裘皮衣都与朋友分享，用坏了也不遗憾。"颜渊说："我的志向是不制止行善，也不对人施加烦劳。"子路说："很愿意听到老师的志向。"孔子答说："年老者有安顿、朋友互相信任、少年还怀念我。"

●孔子所言意在说人不得做可耻的事，什么是可耻？服务上恭维别人的巧言令色，此其一。藏匿恶毒违心交友，此其二。他正是在以"问志"为诱饵，向着侍奉服务于他的颜渊和季路"纠路子"哩。意图表达十分明确：我是老者——"老者安之"，我是要真交朋友的——"朋友信之"，我是希望大家永远别淡忘我——"少者怀之"。总之，不能对他做出巧言令色及"匿怨而友其人"，是孔子正向弟子们发出的警告。而子路愿以财富与朋友共享于无悔，这近于"不匿怨友其人"。颜渊愿对人不施加烦劳，也不制止行善，则是"不巧言令色"的表达。孔子听了一定是很"安之"了。

前面所讲孔子与左丘明那两个"不耻"的意图，是在于让他"安之"。

【原文】子曰："已矣乎！吾未见能见其过而内自讼者也。"

【释文】孔子说："完了啊！我没见到能知错而自我批评的人。"

●什么事能让孔子这样大叫"已矣乎"呢？原来是子路颜渊没表现出"知错自讼"。这痛苦"已矣乎"的叫声，是孔子不满子路颜渊两人只做到"老者安之"和"朋友信之"，是对两人没有对"少者怀之"做出一丁点反应的一种责骂。

【原文】子曰："十室之邑，必有忠信如丘者焉，不如丘之好学也。"

【释文】孔子说："十家大小的乡村里，必定会有一两个与我一样忠信的人，但并不是好学如我的人。"

●子路、颜渊乃至微生高、子文、陈文子虽都是清高而忠信的，但孔子认为他们还没有做到如他这样的好学。孔子说清高忠信的人多得很，但好学的人不多，学到了家的更少。学什么呢？如上孔子所举，无非是学习那个"愚"。应如伯夷叔齐和宁武子，想一想即可，不做反抗。而不可以像季文子这样，做精明的“三思而后行”。也不可学司城贞子这样“匿怨而友”，半拉子不到位的耽误了他们。孔子认为，季文子、微生高、司城贞子都是不会“学愚”的人。

孔子所要的“仁”，在这里，是要演出类似金小蜂的寄生角色。膜翅目昆虫金小蜂飞近红铃虫的虫身时，并不当场食掉虫子，而是把自己的卵注射给虫身，虫子此后还能生存数月。金小蜂的幼虫开始化生在红铃虫身里，便要装愚在内部与红铃虫共存并控制红铃虫的大脑，天天吸食红铃虫内的体液直至长大。一旦不需要再装愚时，它会释放出麻醉剂使红铃虫行动迟缓直至昏死，然后，金小蜂咬破虫壳羽化飞出！

27. 售瓜王婆

《论语·雍也篇》

【原文】子曰：“雍也可使南面。”仲弓问子桑伯。子曰：“可也，简。”仲弓曰：“居敬而行简，以临其民，不亦可乎。居简而行简，无乃太简乎。”子曰：“雍之言然。”

【释文】孔子说：“仲弓可以做大官。”仲弓问子桑伯子这人怎样，孔子说：“还行，办事简明。”仲弓说：“计划严密而又行动简明，以此来管理百姓，也可以啦！如果计划粗糙而又行动草率，不是太随便了吗？”孔子说：“你说得对。”

●冉雍，字仲弓。仲尼弟子，官至季氏宰。“雍也可使南面。”中讲的“南面”，是指古代的“南面术”。这是一种官僚驭民的技能，所以古人用“南面”代指“当大官”。根据上海博物馆收藏的《仲弓》战国楚竹简，仲弓最后是做的季桓子家宰。

有人读“南面”一词，解为“做诸侯王”。这个原句是孔子所言，孔子自称以周礼为尊，他哪敢去讲周天子才能说的话。周朝各侯王的地位只有周天子才可以授予人，这叫“分封制度”，孔子一介小民根本就不敢讲出分封诸侯王的狂言，所以这里的“南面”只是代指“当大官”，比如季氏家的家臣之类。

孔子于此，在向学生们介绍当官的“南面术”。这是孔子在向奴隶主们暗示：孔门弟子都经过了良好的培训。

【原文】哀公问：“弟子孰为好学？”孔子对曰：“有颜回者好学，不迁怒，不贰过，不幸短命死矣！今也则亡，未闻好学者也。”

【释文】哀公问：“您的学生中谁好学？”孔子答：“有个颜回很好学，不对人发怒，不重复犯错。不幸短命死了，自从他死了以后，没听说过谁比他更好学。”

●孔子此处借哀公的提问，拿颜回之死，向奴隶主传递一个信息：若都不用孔门学生的话，孔门学生虽能好学如颜回，也会如同死了的颜回一样的无所贡献，希望奴隶主能早点采用他的学生做官。

【原文】子华使于齐，冉子为其母请粟。子曰：“与之釜。”请益。曰：“与之庾。”冉子于其粟五秉，子曰：“赤之适齐也，乘肥马，衣轻裘。吾闻之也，君子周急不继富。”原思为之宰，与之粟九百，词。子曰：“毋以与尔邻里乡党乎？”

【释文】子华出使齐国，冉子请孔子拿点米给子华的母亲。孔子说：“给一釜的粟米。”冉雍说：“给多点吧。”冉雍给了五秉分量的粟米。孔子说：“子华在齐国，乘的是肥马，穿的是轻软皮毛的衣物，我已听说了。君子只周济急需帮助的人，不添加财富给已富有的人。”原思在孔子家做总管，孔子给了他大量的粮食，他不要，孔子说：“不要推词了，给你老家的乡亲们吧！”

●“秉”与“釜”都是古代的容量单位，《礼记》中说：十斗为斛，十六斛为秉。这段文章出自后人的描述，称“冉子”，在礼法上出现了混乱，这种“×子”的称法，孔子时代的早期儒书里，只会用在孔子或侯王的身上。孔子学生子华，名公西赤，字子华。

这段是讲孔子如何分别对待为国及为他做事的学生们，子华出使外国在生活上表现得很富贵，所以孔子不愿多给子华的母亲粮食。而原思为孔子家做事也不多要粮食，孔子却叫原思把多给的粮食带回去分给乡亲们。

孔子的态度极古怪：子华出国做使节的穿戴是要为公讲排场的，但孔子

孔子分粟

却认为子华不顾母亲自己在外面享受。于是不愿发足粮食给子华母亲，好似在以之罚其母亲而表达对子华的不满。另一个学生原思在孔子家里做上了管家，孔子巴结地奖励给管家好多粮食，说是吃不完你还可以送乡亲。其实孔子没理由这样做,不论是做国臣还是家臣,家乡母亲的粮食总是要吃的，国臣与家臣在排场上的不同，是礼仪的不同所决定,孔子不是很知礼之人吗？怎么会连这种简单的道理都不懂。

何以孔子要说子华有财而不必多给粮食呢？除了孔子发表了“君子不继富”的观念外,更暗示奴隶主们得像他那样的“君子周急”——要给服务中的臣下家庭予以丰盛的报酬。这是一种曲折标价讨薪的表达手法,孔子善于运用堂皇的名目提出很私我的意图。

【原文】子谓仲弓曰:“犁牛之子骍且角,虽欲勿用,山川其舍诸？”

【释文】孔子评述仲弓时说:“小牛犊长出了红红的毛尖尖的角,即使想弃之不用,山川都不会答应。”

祠庙的牺牲用牛

●这是续上面,把学生仲弓介绍给奴隶主时,所用的一种可以加重仲弓评价分量的赞词。可以从中看到孔子推荐学生当官的热切之心！“想弃之不用，山川都不会答应”——口气中几乎有些威吓的霸道了。孔子这里是拿庙中精心饲养的祭祀用牛,来形容他所培训的学生们。

【原文】子曰:“回也其心三月不违仁,其余则日月至焉而已矣。”

【释文】孔子说:“颜回能做到三个月心中不违反仁道,其他人能做到十天半个月差不多啊！”

●孔子向奴隶主表达了亡故好学生的可惜,颜回具有“仁”的互动品质。

也从中敦促奴隶主别再错过有“仁”的人，快些使用这些剩下的学生们。

【原文】季康子问：“仲由可使从政也与？”子曰：“由也果，于从政乎何有。”曰：“赐也可使从政也与？”曰：“赐也达，于从政乎何有。”曰：“求也可使从政也与？”曰：“求也艺，于从政乎何有。”

【释文】季康子问：“可以让仲由从政吗？”孔子说：“仲由虽然果断，但至今尚没有从政。”问：“可以让子贡从政吗？”答：“子贡虽然精明，但至今还没有从政。”问：“可以让冉求从政吗？”说：“冉求虽然多才多艺，但至今尚没有从政。”

●孔子向季康子介绍他的学生们。但狡猾的孔子是不愿直说某某可以从政，而是讲“某某还不曾有过从政”，以此逃避学生从政后可能产生的不良后果。当然，“于从政乎何有”的意图，更在于表达他的学生们正空闲着，可以跟着季康子去从政。孔子的这场推介会，在他的精心组织下，进行得很讲计巧。

【原文】季氏使闵子骞为费宰。闵子骞曰：“善为我词焉。如有复我者，则吾必在汶上矣。”

【释文】季氏请闵子骞当费都的宰官。闵子骞说：“我好言谢绝吧！如果再有人请我，我就逃到外国去。”

●鲁国人闵损，字子骞，在孔门弟子中有大孝子的名声。这里，似乎在借此说闵子骞与颜回一样的有仁德。以下孔子就要拿几个学生来示范具体的仁德，此段介绍的是第一个弟子。

【原文】伯牛有疾，子问之，至牖执其手，曰：“命矣夫！斯人也，而有斯疾也！斯人也，而有斯疾也！”

【释文】伯牛生病，孔子去探问，从窗口握着他的手，说：“命如此啊！这样的人竟然会得这样的病！这样的人也会得这样的病！”

●这是介绍的是第二个弟子，以示学生伯牛也似颜回一般优秀，若不使用，恐有与颜回一样的不幸，颜回就是病死的。

【原文】子曰:“贤哉回也!一箪食,一瓢饮,在陋巷,人不堪其忧,回也不改其乐。贤在回也!”

【释文】孔子说:“颜回真贤德!一篮饭,一瓢水,在陋巷,人人都愁闷,他却乐在其中。颜回真贤德!”

●孔子这是用颜回贤德作风的细节描述,衬出伯牛与闵子骞的仁德。

我们从上面孔子在奴隶主面前,推介学生去做官的一系列表演,看到孔子语言上所用的手段,是如何的不讲情理。你自夸学生也就算了,但若以“快收下吧,不然就都要病死了”硬塞给别人,似乎是很强人所难吧。试想:你拿自己的产品推销给别人,也向人说:“快买下来吧,不然瓜就要烂掉了”,岂不是很不现实的愚蠢手段吗?奴隶主是傻瓜吗!孔子就是这样一个在大的方向上犯主观主义错误的。只是他有小聪明,比如拿了每个学生的优点——冉求、原思、仲弓、仲由、子贡来举给奴隶主挑选。即是那些不太努力进取仕位的心理弱者如闵子骞,以及身体的病者伯牛,都因讲了颜回的“贤德典型”而伟大起来了!这是孔子独特的“游说术”所产生的最惑人处。

病重中的颜回

孔子就这样把他辛苦培植的“瓜”们,高价售与各地的奴隶主们了。

28. 觚中翻倒的水

《论语·雍也篇》

【原文】冉求曰:“非不说子之道,力不足也。”子曰:“力不足者,中道而废。今汝画。”

【释文】冉求说："我不是厌恶您的学说，而是我能力不足。"孔子说："如果是能力不足，会半道而废，你今天就开始计划吧！"

●从此以下所述的数句，是孔子关于学生个人修养的具体指导。本句是要求他的学生冉求，以"不半途而废"做自己的计划方针，以克服能力不足的学习毛病。

【原文】子谓子夏曰："汝为君子儒，无为小人儒。"

【释文】孔子对子夏说："你要做君子的儒者，不要做小人的儒者。"

●"君子儒"是相对于"小人儒"的，君子即"君王家的子弟"——大人物，小人即"工农或奴隶"——小人物。孔子要求学生要站稳服务立场，不可做了服务于工农奴隶的那种伪儒者，儒者永远只应站在君王一旁。做君的"君子"儒者，这样才是能做官的儒家人才。当然，孔子之言也揭示了"儒"的本意是"被需要的人才"。所以才有了以上是做君王需要的人才，还是做工农奴隶需要的人才这个话题。

儒字的本意，有"需"之意，也有"雨天"之意，"需"下的"而"形，古时写作"天"。所以这种职务，只是专职于对天祭祀"求雨"的宫廷需求而成立的神职官员。由于这个本意，它根本不是为百姓服务所立，也不可去直接司辖百姓。但儒者进入周朝末年时，它被孔子演化成借"求雨"所需的道德去司管百姓。虽然还是服务于帝君，但是它又跨越了原有职业范畴，在行为上违背了这个商周古职业。

【原文】子游为武城宰。子曰："汝得人焉尔乎？"曰："有澹台灭明者，行不由径，非公事，未尝至于偃之室也。"

【释文】子游当上了武城宰。孔子说："你在那得到了人才吗？"子游答："有个叫澹台灭明的人，行事从不走捷径，没有公事，从不到我家里来。"

●澹台灭明，姓澹台，名灭明，字子羽，鲁国人。澹台灭明最终在吴地发展出了一个三百人的儒家南方学派。但澹台灭明最初去拜孔子为师时，被视

澹台来明

为没才能的一类，就因为他的长相丑陋。孔子对学生看走眼也不是一次了，如对北方儒家学派的发展有实际贡献的子贡，也不是被他视为有才无德吗！当孔子从子游这听说了这位丑陋学生在南方的重大影响后，感慨地说：凭语言判断人，看错了宰予；凭长相判断人，又看错了子羽——“吾以貌取人，失之子羽”。

这段文句正是孔子从子游处听到澹台灭明并非无能的那一刻。我想，孔子这时一定内心是有所惊讶的，孔子初是碍于“有教无类”的招生口号才勉强收了为弟子，最终因不能忍耐学生的丑貌而放弃了他。当后来更听说这位丑学生，离开孔子培养了一批学有造诣又人品端正的学生，贤名传遍各国后，孔子惋惜不已。

【原文】子曰：“孟之反不伐。奔而殿，将入门，策其马，曰：非敢后也，马不进也。”

【释文】孔子说：“孟之反的军队停止征伐时，他在撤退中主动在后面掩护，将要进城门时，他才策马快速赶至队伍的头上，他却解释说：‘不是我敢走在最后，是马跑不快。’”

●“不伐”有人释为了“不夸耀”，这是不正确的。“伐”从戈，是征伐、战斗的意思，如果后来或引申出了类似“夸耀”之第二义，但也得服从原始第一义在全句中的合理性。这里从后面各段看出全句的主题尚是围绕战场内容的，所以这“不伐”是指“中止征伐”义。

孟之反，名侧，鲁国大夫。孔子以赞赏的口吻，讲孟之反在军事行动中勇敢而不夸显的优秀品德。

【原文】子曰：“不有祝鮀之佞，而有宋朝之美，难乎免于今之世矣。”

【释文】孔子说：“没有祝鮀的口才、却有宋朝的美德，已很难在今世所避免了。”

●祝鮀是卫国管理宗庙的官，口才很厉害，孔子认为用祝鮀管宗庙，是卫灵公政治上的最大昏招。也许孔子言中祝鮀的“佞”，归为“巧言谄媚”。这里“宋朝”不是指宋代，而是一个有美誉的宋姓古人。另，“宋朝之美”的美字，不会是“美貌”意，而是与“佞”所对应的“美德”意，有些儒家文章注释做“美貌”也是错的。

据说宋朝是卫国南子夫人的情夫。若以此说，引孔子对孟之反的赞美为证：“如情夫一般的甘伏于人下以助君的美德”，可能正是孔子原话的本意。祝鮀的恶，对应的是宋朝的美，这是原文的逻辑态度，它不是批评宋朝之美的用意。因此，这位宋朝是否是南子的情夫，原意并不构成罪过。何况孔子对南子很有好感，并不会对南子的阴暗面表示出反感，所以我更支持此处的宋朝与美貌无关，而实只关系到一个“情”字。

原句“难乎免于今之世”是“极难……免于……出乎……今世”的古文格式，有人把它误解为“一生难免灾祸”是不正确的，若是做误意状，古文写成“今乎难免祸出于世”岂不更好？

本句用意，是孔子表达着对当今之世出现道德之士的信心。一个人无佞言而有美德，这不正是孟之反居功而不夸显的优秀品德吗？本句的确是用来给上句做总结的。当然，在批卫国祝鮀和赞美宋朝的同时，孔子也隐然证明了自己与南子的那种密室关系，多多少少有做了宋朝这种情人的默认，且认为做南子的情夫也是美德。联系前面有关《诗经》“乐而不淫”的用意，再一次涉及孔子当时的提倡，要建立起一种“君臣间的爱恋式关系”。对君王，有了如同宋朝于南子的“情”，必可像孟之反这样的“勇敢而不夸耀”了。

【原文】子曰：“谁能出不由户，何莫由斯道也！”

【释文】孔子说：“谁能出房屋不走门，又何人不从‘道’而成功耶？”

●“何莫由斯道也”被有些人解释成了“为什么没人走我这条路呢”，其实这句原语的转语即是这个格式：“道……何（人）……莫（不）……由斯……也。”它是个积极的肯定句，而不是悲伤的叹息句。

【原文】子曰：“质胜文则野，文胜质则史，文质彬彬，然后君子。”

【释文】孔子说："品质胜过表面则会似于村野之人，表面胜过品质就会似于祝史官吏。只有表面和内质配合恰当，才是君子。"

●孔子认为：村野之人是内心质朴未经染污的人，但为人太过粗糙。祝史官吏因为只会说些自己都不懂的华丽词句，为人虚伪装正经。这两类人都不是孔子所认为的君子，而内里配合如一才是君子。

孔子的形容有些失当，把君子归为了无任何职业习惯的一类可当官者，连祝史官这类有浓厚职业习性的人，都被视为非君子。当然君子是以古代当官的最普遍标准来制定，所以只得合乎大多数的官吏标准，这样才可以多角度地被调职就位。但又有谁可以否认军官比文官的粗犷，又不是有利于征战的呢？一旦进入各类职业不同角色，孔子的"君子标准"就不适用于场合了。所以君子标准是远离现实的主观想象，何况还没有计入风土人情的不同呢！

军队殿后的孟之反

其实本句只是意在继续于前句，是对孟之反有"不佞美德"的赞扬。但孔子不知在军队中，军人对"勇敢"二字的当面承当，或说"质胜文"就是军队文化的特色之一。若拿"表露勇敢"做了禁区来领军，其无异于示军兵于软弱。为保个人品格的高尚而破坏军人气质必需的率直，是不可以的。

【原文】子曰："人之生也直，罔之生也，幸而免。"

【释文】孔子说："人的生活应正直；不正直的人有时也能生活平安，那只是侥幸逃过了灾难而已。"

●孔子自己都说正直做人是应该的。但正直的人有两类人，一类善寡言，另一类好直语，孔子前句单把寡言者视做正直了。其实寡言者虽有不佞表相，同样也会生出曲心匿意之人。曲心匿意非佞而是奸，军队里直不容奸是军人本分。孔子以举例了战场人员的一个匿意行为，来做君子的示范，起码是个不当举例。他不知做文职当谦逊，武职当骁勇这是常识，但不可以文职去套武职说事，职业心态的要求不同也。

一般人们的曲心匿意的不正直，目的是为了生活平安，孔子说："罔之生也，幸而免。"意即这都是侥幸的缘故，不值得学习。文职的素质中，质表如一"文质彬彬"却是应该的。突发事件中，任何人都应该做出非直的表现，当子路"文质彬彬"的在战斗中去拾掇礼冠时，得来的只能必是被当场剁成肉酱的惨祸，成了孔子的"正直君子"牺牲品。如若都以为这是个意外，就大错特错了，如果认为不拾礼冠而获生，也是"幸而免"，那么下一堆肉酱，很可能将用你的身体来现做了！

【原文】子曰："中人以上，可以语上也，中人以下，不可以语上也。"

【释文】孔子说："中上等天赋的人，可以同他研究高深的学问；中下等天赋的人，不可以同他讨论高深的学问。"

●什么是"中人以上"呢？"乐之者"就是孔子所介绍的"可语上"之人。"中下之人"是"知之者"，孔子提醒人不能对知之者"语上也"，为什么？因为这种人并不"乐之"。

【原文】樊迟问知。子曰："务民之义，敬鬼神而远之，可谓知矣。"问仁。子曰："先难而后获，可谓仁矣。"

【释文】樊迟问智，孔子说："使唤民众事务的要点：如尊重鬼神一样却不站近他们，这就算明智了。"又问仁，孔子回答："先有艰难的预想，而后再做获取，就算仁了。"

●孔子教授的"务民之义"，是视民众为鬼神一样的来对待，鬼神不得不敬，因为古人认为鬼神可以致福于人，也可以祸害于人，所以古人得敬鬼神。孔子认为民众亦如同鬼神，给奴隶主带来财富，也能给奴隶主带来危害，会造反提出生存要求。注意：这里孔子是指的"鬼神"，鬼神与天神不同，鬼神是死人变的神，是指厄运的死神。天神则是不死之神。所以这里不是在讲山川神和天神。

之所以孔子要求为官者，不可站近那些似同鬼神的民众们，这是因为站在民众立场上，即成与奴隶主的利益对立面了。接近了民众要求，就会损失奴隶主的财富。而奴隶主蓄奴的根本目的，就是为了财富。财富因了接近民众而招致受损，孔子以为是得不偿失的行为。这种思考，就是孔子讲的"智"

樊迟又问什么是仁，这次孔子讲得很清楚：用企划来收获！这就是"仁"。

先弃置"仁"不议，这个"智"却只是个小聪明而已，为利益盘算出的立场处置，竟视民众为鬼神的那种恶意，无不突出了这个智的劣小。孔子言词中随时随地，都在用一种绕弯儿的意味，表达他的心态。以鬼神比喻民众可谓用心良苦，鬼神是死亡的代名词，站在鬼神一道无异于站在死亡线上，比喻十分刻薄。

【原文】子曰："知者乐水，仁者乐山；知者动，仁者静；知者乐，仁者寿。"

【释文】孔子说："智的人喜欢水，仁的人喜欢山；智的人好动，仁的人好静；智的人快乐，仁的人长寿。"

●以上似乎是极诗意的词句儿。但与他的"务民之义"的"智"联系起来，我们才真正的知道"智者乐水"原意里有血腥味。水不会违反规律往上走，水自动下流汇在一起，这是利益共同所致的结果。此喻为君子们自动团结在奴隶主这个"大水塘"里，就不会枯竭死亡。

仁者乐山，因为上面孔子讲解"仁"的本质是一种企划下的收获，所以它是静中制人的谋利手段，和在山峰上一样从高处下手。所以乐水、乐山的比喻都是暗藏血腥的谋利比喻。说它很诗意，似是对孔子聪明的亵渎。至于孔子讲"智者乐""仁者寿"，无非意指反向的苦与亡：人站错了立场，会与民众一样的苦，不谋计策不能长久获利的，必早亡。做君子的，没有乐也就没有了寿，孔子说这样做了，便是君子无智也无仁。

【原文】子曰："齐一变，至于鲁，鲁一变，至于道。"

【释文】孔子说："齐国改变态度，这就控制了鲁国；鲁国若改变态度，也可达到大道！"

●孔子说这话，源于鲁国成了齐国的附属国，但齐国领导的北方诸国，在被南方攻击时，鲁国压兵不发几乎叛变了盟军齐国。"鲁一变"就是讲的这个态势，鲁国以旧制度的观念反感齐国政权改革的成就，它欲待机反叛控制它的齐国。

其实，“齐一变”是以解放奴隶提高社会文明水平，以所产生的新型生产力为军事动力，成为了北方诸侯的霸主。它的这一变，让旧的奴隶制度几乎一夜之间在齐国名存实亡。孔子号召的“鲁一变”，则是待机反抗齐国这个异己的盟友，变！变回奴隶主的旧制度去。当时鲁国内部也渐渐出现了与齐国一样的政况，三家有势力的鲁国新兴地主家族正在壮大。当然，这场叛盟行动最后差点引来齐国的报复。“鲁一变，至于道”的美好儒家梦想，几乎造成了亡国大祸。孔子宣扬他们有“水之智、山之仁”，鲁国也从立场和计划上做出了叛盟的实际行动，从理论到实施不可谓不严密，但他的“道”还是再次坏掉了。

【原文】子曰：“觚不觚，觚哉觚哉！”

【释文】孔子说：“觚器却不当觚器使用算个什么，觚么？觚么！”

觚

●觚是一种商周时代的青铜酒器，可以温酒而饮。随时代的推移，觚的型制也从早期的粗矮式，渐变为身细长大口沿的样式，所以孔子借这个现象，指责时局的纷乱和政治的更迭出新。

【原文】宰我问曰：“仁者虽告之曰，井有仁焉，其从之也？”子曰：“何为其然也。君子可逝也，不可陷也，可欺也，不可罔也。”

【释文】宰我问：“仁者之人如果有人告诉他：有仁在井中，他会跳下去吗？”孔子说：“怎么能这样比喻？君子可以逃遁，却不可陷进去；别人可以欺骗，却不可以盲目信从。”

●宰我做了个不合适的比喻，要请孔子回答：“仁在井中你跳下去吗？”孔子说，不应该随意地对人信仁。这也是算做鲁国儒生的，对齐国以霸主地位保护鲁国的一种回应吧？

“不可陷也”是指春秋南北战争中，鲁国对北方盟国间互助协约的逃避。

鲁国原先已与北方各国签下了互助盟约，但是它关键时刻却悔约了。这是孔子，在为他们的背叛刻意找理由。

“君子可逝也”——不再讲信用的逃跑也是可以的，这时孔子忘了他骂过齐国丞相管仲，曾用了“三归”的罪名来指责他，管仲三次战场上逃跑被孔子指为“不俭”。如今孔子也要轮到鲁国不俭一次了，为什么可以这样做？因为齐国欺负了鲁国，它鲁国不愿盲从齐国？

总之，关键时刻还管什么“仁”不仁的，那都是嘴上的玩意。齐国挖的“井”，他是不想跳下去的。

【原文】见南子，子路不说。夫子矢子之曰：“予所否者，天厌之，天厌之！”

【释文】孔子去见南子，子路对此很不高兴。孔子发誓说：“我若有不正之心，上天神灵都厌恶我！上天神灵都会厌恶我的！”

天厌之！天厌之

●“否”，贬斥意，“予所否者”，即“我若有可贬斥行为的话”。南子，卫国夫人。生得十分俏丽，据传男女问题上也很风流。她已久慕孔子之名，希望在卫国接见孔子。

结果孔子去见了南子，归来就后发现学生子路很不高兴。为什么不高兴呢，据推理，孔子可能在南子的密室内支走了身边的人，包括子路这样的贴身随侍人员，两个人在密室中不知做了什么。由于南子的风流韵事社会上极出名，所以孔子回来以后就说不清了。子路是亲随到了现场门前的人，他都无法澄清老师的事，因为他并不在这第一现场的密室里，所以社会给子路的压力最大，故而显得最不高兴。当然啦，孔子是当着学生的面，连连向天发誓，否定来自社会的各种揣测。

孔子这时用的“仁”显然已是辩讲不清卫国见南子一事了，于是转下文用“中庸”来分解自己的行动。

【原文】子曰：“中庸之为德也，其至矣乎！民鲜久矣。”

【释文】孔子说："以中庸作为道德的标准，可算最上乘的了，民众缺少它已很久了啊！"

●这是孔子讲民众们并不懂中庸，所以他们在社会上讲的道德标准，并不是最上等的，不可以拿来做评议君子的准则。

【原文】子贡曰："如有博施于民，而能济众，何如？可谓仁乎？"子曰："何事于仁，必也圣乎！尧舜其犹病诸！夫仁者已欲立而立人，己欲达而达人。能近取譬，可谓仁之方也已。"

【释文】子贡问："如果广泛的施财于民众，而能救济大众，这样怎样？称得上有仁德吗？"孔子说："要做什么事有仁德，必须自己先有贤圣，尧舜他们也都讲究这个条件。所谓的仁人，自己要先做到了才能去叫人去做、自己先要达到标准然后再叫人去达到，能以自身为榜样，仁的地步才达到。"

●以身作则做好了，然后再讲别人做得好不好。自己做不到，没权评讲别人的事。孔子很厉害！他不再去辩解见南子之事，而是表达了"最高道德只在我手里"的自信，要别人自己先看住自己的行为，别来要求他怎样做人。

很难堪的孔子：仁义下，谋划背叛北国盟友，失信于誓盟，在男女关系上又辩解不清……

29. 吃腊肉的养生家

《论语·述而篇》

【原文】子曰："述而不作，信而好古，窃比我于老彭。"

【释文】孔子说："以口传授而不著写文章，信从和爱好古人的典籍，我私下自比于老彭。"

老彭

●老彭，又称彭铿，传说中是彭姓的祖先。姓籛名铿，颛顼的玄孙。娶妻四十九，生子五十四。传说活了八百年，因擅长烹饪野鸡汤，受帝尧的赏识受封于大彭氏国，喜好养生之道。

晋代的葛洪形容他："殷末已七百六十七岁，而不衰老。少好恬静，不恤世务，不营名誉，不饰车服，唯以养生、活身为事。"孔子自誉他有彭祖风范，这无非是在解说"述而不作，信而好古"的直接理由——放松身心有利于养生。随机口说是简便易行的事，但著书立说便要伤精力，孔子不愿为"作"而伤害他的养生之道，所以才"述而不作"。孔子与葛洪两人，都尊崇彭祖。

美国的宣化法师认为"述而不作"是"不表达自己的一种态度，不愿意炫示自己的才华"。但众所周知：老彭的特点在于"房中闭气，节其思虑"的养生长寿，孔子原话即是站在了老彭立场上，当然全句就是以彭祖古籍为"因"，述而不作为"果"。所以这与才华炫示无关，孔子已讲明了只是怕"作"的麻烦。原因是传说老彭八百岁后之病故，正是由于"数遭忧患，和气折伤"的。另外，从孔子一生对饮食十分讲究来看，他对老彭的养生古籍有研究，可能就是仿效了老彭"有调鼎之功"的一个表现。

因此，这里的"信而好古"并非用做"述而不作"的理由，而是特意指向对老彭古代专著的信奉。孔子实际上是有养生追求的一个人，他的学术行动也曾在力求与养生导引术配合。

古今儒家经学对"述而不作"所注解的"孔子有谦圣之德"，是一个天大的误读，错误在于对全句读前弃后的不完整解读。用佛教理论分析：境由心生，儒家后代在对祖师孔子膜拜之心的影响下，所见之境会造成潜意识对文句的拾弃之相。而此文句又正好结构上"老彭"是前二词之因，便被误会成了前词"述而不作"为因，"老彭"则成了多余之词。

【原文】子曰："默而识之，学而不厌，诲人不倦，何有于我哉！"

【释文】孔子说："默记而识别之，永不厌倦于学习，教诲他人也不疲倦，有什么难倒我的？"

●在这里，作为老师来说，孔子是合格的，但是，还要看他教人的是什么内容，不然也是徒然。孔子只教人为奴隶主作家臣，而没有涉及实业技术。仅是这作家臣一业，都教不出跟上进步时代的内容，孔子要想让学生们做好官也是很难的。教的内容不好，教学态度再好对社会发展也没用。

【原文】子曰："甚矣，吾衰也久矣！吾不复梦见周公。"

【释文】孔子说："我衰老得严重啊！我很久都没再梦见周公了。"

申申如的孔子

●看来孔子的天天衣着光鲜，就是在床上，也想梦见他的周公神灵出现呢！所谓日有所思夜有所梦，至于孔子以为梦不见周公是衰老的缘故，其实是孔子年老心力早不如青年，白日里更注重生活中的现实，少了点少年时的理想主义轻狂罢了。这么白日梦的胡乱想，这可不是在养生！不衰老才怪。

【原文】子曰："志于道，据于德，依于仁，游于艺。"

【释文】孔子说："立志于道，拥有品德，依托于仁，游戏于艺事。"

●这无疑是讲着"时刻准备着……"之类的话题了。孔子对他的学生们，培养着一种周朝"奴隶主近卫军"性质的奋斗理想，这"道"是努力服务奴隶主之道。"德"是做奴隶主家臣的职德；"仁"是谋划护卫奴隶主利益的人际关系；"艺"是快乐的一辈子去实践这个"梦周公"的理想，孔子认为能这样做了，学生们也像他这样在家中和宫里"申申如也，夭夭如也"的了。好吧！"游于艺"是一个人也可以的，比如玩导引养生。

【原文】子曰："自行束修以上，吾未尝无诲焉。"

【释文】孔子说："你自己献了腊肉学费上来的，我可从没有不给教诲的啊！"

●孔子对于招收学生，自谓"有教无类"，只要每年上交了"束修"就可以入学。什么叫有教无类呢?就是你无论是什么样的身份他都教。孔子讲的“束修”是什么?不是油也不是钱和粮,而是专门做成的干腊肉条。用盐腌制半片猪身干燥成的腊品,是腊好后再切出的带皮肋肉方条。当时的习惯包装上,用绳子以十条干肉可扎成一束,这种包扎的礼品叫“束修”。

“束修”也并不是平常人所能交纳得出的,大束修可能得要用十片猪半身来做,五头整猪呢!中束修得是切出带皮的肋肉厚实方条,十条这样的腊肉也得两头猪的分量。我不知道孔子收不收小束修?比如拿些不足半两重的碎肉条子放到房檐下腊干了,拿这种不成型的十根腊碎肉,也扎它们成一束,算算十斤鲜肉腌制就足够了。可能的话,肉铺不好的边角料也能做成腌腊。

可是,我们从文献中看到孔子是有“切肉不方则不食”的故事。孔子吃的这些肉应该是腊肉,而且就是学生献上的那些束修肉。所以孔子根本不会收切不成方整的“腊碎肉”束修,他只吃中等束修——从整片猪身干腊品上开下来的、具有方正条形的腊肉。

“有教无类”的类,是有范围的:不论此人是什么身份,起码一年得有一两头猪的收入,才能来拜孔子为师。奴隶们是不可能的,他们没有个人财产,连身体都不属于自己。孔子只收腊肉做学费,这在一个常年有数十名学生跟着的老师来说,可以算是不菲的收入了!可以达到每餐都有肉食的富裕。所以孔子“吾未尝无诲焉”这句原话,并不是什么随口讲的,普通劳动者一年里都吃不到几顿肉,过上餐餐有肉的教师生活,他也有压力,是要对每个学生都有个交代的。

我听说广西巴马地区在1970年前后,百岁的健康老人特多,他们一辈子没得几顿肉吃过,天天都是吃的木薯粉、玉米面这些的粗粮和没油的蔬菜,可他们长寿。但经常得吃肉,倒真是古人的养生一法,老北京话也有“面中有肉,才能面上有肉”。不过孔子却因此而导致了教学压力过大,一正一反,养生的功过便抵消了。他还是不如老彭,连巴马山区的贫苦老人们都比不过,孔子七十二岁就因病去世了。

【原文】子曰:“不愤不启,不悱不发,举一隅,不以三隅反,则不复也。”

【释文】孔子说:“不到他苦思冥想时不给予提醒;不到欲说又止时不给

做引导，举示一例不能做到返悟三例的效果，就不要再去答复他了。”

腊肉的学费

●这是孔子专对他出现“尝无诲焉”强烈指责的可能，所做出一种技术型的辩解。献来的束修十条腊肉切成方块也吃下肚了，这肉可不是这么好吃的，也要还的。我想：一定是有人会讲你孔子教他的多、诲我的却太少……如果这么说去，孔子也怕吐出肉来啊！他说：你没达到“愤”呢！你也没做到“悱”吧！！你连“三隅反”都不行，所以我才对你施以了“不启”、“不发”及“不复”。

且不去议“还肉”的推想，看来孔子操作的教学技能，用来对付学生还是很娴熟的。

【原文】子食于有丧者之侧，未尝饱也。子于是日哭，则不歌。

【释文】孔子吃饭时若有戴孝的人在一旁，孔子从未有吃完饭的。孔子当天哭过，则一日里不再歌唱。

●古代戴孝者在服饰上有区别，比如不穿有色彩的衣物，要披一片麻布等等，总之得有不喜庆的表达。如果是这样去做客，当然除了不哭外，必是场面一片灰暗了。古代贵族人士吃饭是要有仆人在一旁伴乐的，但周礼里规定不许在服孝期间宴乐，所以戴孝者与孔子共餐，孔子必然要去废止席间的宴乐。于是共餐场面灰暗又无乐无歌，耳边全是齿喋之声了。孔子的生活原是以老彭“养生导引”为荣的，没有了乐歌又满目丧色，也许周礼还对食品成分都有所不许……这顿饭还有什么滋味？所以他吃不下去，故而不饭饱是一定的。当然最重要的，是他也一同哭了亡者吧？

孔子也哭，看来他感情还是有的，不过他的感情很不丰富，哭过二十四小时内，都不会笑意重返面颊而唱歌的。这也说明吃饭时若有服丧者在身旁，他会为服丧者的悲痛而一同哀伤，哀伤到真连饭也吃不下去。孔子的心理习惯，应是一种常常在郁积式的状态里，不高兴的心境常会持续上长达二十四小时之久。

这里，有三个推测：孔子服从周礼对服丧者的约束；孔子对服丧者也抱有同情心；孔子就是有些个心结郁郁，一旦被感染了要释怀也真慢得很。这样三脚猫的养生家，恐怕收到的效果并不好。八百年老彭养生术的要点，是烦事都不入心，一切都能释怀，可孔子却给做倒了！结果，“述而不作”是有了，倒在了腊肉上，养生目标却没有实现。

30. 鼠间协约

《论语·述而篇》

【原文】子谓颜渊曰：“用之则行，舍之则藏，唯我与尔有是夫。”子路曰：“子行三军，则谁与？”子曰：“暴虎冯河，死而无悔者，吾不与也。必也临事而惧，好谋而成者也。”

【释文】孔子对颜渊说：“被重用则行动，舍弃不用则藏身，只有我与你是这样的啊！”子路说：“你指挥三军时，谁协助你？”孔子说：“单身斗虎冒死渡水死而无悔的人，我不需要，我要的是事到眼前有所警惕的，用智谋来收获成功的人。”

●孔子不喜欢子路这样有勇无谋的人，而对颜回大加赞叹，说他是能静能动的人，学生若与自己一样有勇有谋，统领三军也不在话下。此话似乎在讲孔子在卫国被驱事件的吧！卫灵公请教兵阵问题，被孔子拒谈，于是事后孔子要向学生进行阐明，说他早有谋在胸。不愿做邻国强军的助手，“临事而惧”是针对引诱他提供军事帮助的卫灵公提问而说。

【原文】子曰：“富而可求也，虽执鞭之士，吾亦为之，如不可求，从吾所好。”

【释文】孔子说：“致富可以达到的话，就是做一名赶车人，我也愿做。如果不可求致富，那还是随我的喜好吧！”

●这是孔子说人做事就应有所预谋，如果没有预谋的做事，那还不如去随便做做自已喜欢搞的事去。这也是在解释，他不喜欢卫灵公叫他做不愿做的事，他愿意助卫国做他喜欢做的事，是卫国让他失望了。有现代人误以为孔子是山东大汉，所以必是豪爽之人，但从这里，我们看到了孔子的心底，却是十分有阴谋的。

孔子有他要实施的谋划，这就是要向卫灵公推广一种“弱国共弱”的仁义的协定，以达到互勉各自政权，必须在行进于亡国的现实中，皆要保持恒久和谐。

【原文】子之所慎：齐，战，疾。

【释文】孔子事中最慎重对待的：斋戒、战争、疾病。

●这是解说为什么做事应有预谋。孔子有预谋的三个慎重之事：斋戒是有具体时间地点和条件约束的活动，没有预谋是完不成的。战争前财政实力和兵员训练的准备，没有预谋是要战败的。疾病是来之突然的，若没有预防在前的慎重，疾病是必然会来到的。所以孔子说做事有谋，事情才会成功。而像子路这样只有徒手斗虎赤足下河的勇猛，也不能成功统辖三军。

【原文】子在齐闻韶，三月不知肉味。曰：“不图为乐之至于斯也。”

【释文】孔子在齐国听了韶乐，三个月里忘却肉味，他说：“没想到音乐好到了这样迷人的！”

●夏、商、周三代的帝王，都把《韶》作为国家大典用乐。周武王兴兵定天下，封赏封姜太公于营丘建立了齐国，这《韶》才开始传入齐国。它是一个诗、乐、舞三者的综合艺术，汉高祖曾改其名称为《文始》。孔子于鲁昭公二十五年入齐国，在高昭子的家中欣赏了《韶》。与古《韶》有关的现代遗存，在齐国故城发现了古琴减字谱的《箫韶九式·凤凰来仪》，从中还可以略知《韶》的内容。

其实，远古时代的华夏原始氏族公社末期，《韶》只是人们狩猎欢庆胜利时，用来祭祀的集体歌舞。当时的人们身披兽皮、头戴鸟羽，模仿着鸟兽动作，在阵阵的排箫和木鼓声中，众族人共为起舞。由于吹奏乐器排箫的形态

古《韶》舞乐

很像凤鸟的翅膀，所以吹奏者用来拟演成凤凰，而众环绕者空着双手翩翩舞动，场面就似众鸟兽皆来仪拜鸟王一样。这类粗犷的舞蹈，在现代中国南方山区苗族、瑶族的传统民族集体舞蹈中还有遗存。

孔子对于传闻中的上古时代帝王宫廷文化，迷恋到了极致而又无缘接触，所以一听说那是舜帝的《韶》乐，便极度的兴奋不已。全然不知此个齐国的《韶》，并非古《韶》，那只是齐国“因俗简礼”政改国策下的一个文化改良品。孔子听到的根本不是什么舜尧时代的纯正古雅乐，而是齐国改革后，吸收了东夷民风后的新式通俗艺术。

孔子有着超乎常人的主观意志，他不但能在梦中一而再地见到周公，还能把齐《韶》去听成了古《韶》，以致把他恨之入骨的齐国废奴政改后，其产生的新乐——齐《韶》，把这么一个新编俗乐当成了雅乐来听。且不是认为它有一时的美妙，而是真的让他三月都不知肉味——还上瘾了！如果不是孔子收下的束修腊肉太多，乃至天天吃腻味了，难道这真就是俗乐的美妙胜过了他家的猪肉干？我开始担心起了更坏的：莫非也是孔子那超人的主观想象在起作用，一听那《韶》乐乃是上古圣帝亲手所作，膜拜之心立即涌上来，蒙蔽了常识的心智？乃至雅俗不分，四处吹起牛皮来。难不成，孔子本人的雅致根本就是一个骗局？总之，事实之下，孔子喜好着的雅致乐曲，正是他不惜余力，日夜向学生们批判的俗气艺术啊！此且按下不表。

原文此段是借引在齐国听过的《韶》乐，来讲天子大曲《韶》一般的宏伟理想。并表示“凤凰来仪”般的和谐境界，远比过了卫国的“肉味”，他宁愿去守着他理想里的美妙乐章，而放弃卫国提供的肉味。

当两只小鼠看到老鹰盘旋在天空时，甲鼠对乙鼠说：我们得有个礼貌的协定，你我不能单个的出现，要出现也得两鼠同等的出现，这是在做仁义共担。这个拥有《韶》乐的齐国是只鹰，下面将说到的卫国和鲁国，那就是那两只小鼠。

【原文】冉有曰：“夫子为卫君乎？”子贡曰：“诺，吾将问之。”入曰：“伯夷叔齐，何人也？”曰：“古之贤人也。”曰：“怨乎？”曰：“求仁而得仁，又何怨？”

出曰："夫子不为也。"

【释文】冉有问："老师打算辅佐卫国的君主吗？"子贡说："哦，我去问问。"子贡进去后，问："伯夷、叔齐是那种人？"答："是古代贤人啊！"子贡问："他们有怨悔吗？"答："求仁而得仁，有什么怨悔！"子贡出来说："老师不会去辅卫国。"

●子贡也学上了孔子的小聪明，说话拐弯抹角的不得罪人，冉有提出的问题到子贡嘴里，是用了套取的方法获得信息反应。孔子两个回答到了子贡这里，马上就分析出了孔子的态度，可谓是"以其人之道反制其身"。

子贡为什么不敢直问孔子有关卫国的问题？原因正出在早先"南子一见"的尴尬上，孔子与那风骚的第一夫人南子一场私会，让齐国上下对孔子风言风语的议论了好久，也让孔子第三次去卫国与南子的丈夫卫灵公的矛盾加剧，于是他再次离开卫国。此时是卫灵公在国内出了麻烦后，弟子们看到孔子又再提起了对卫国兴趣，故而有意提醒孔子。

虽然孔子一生周游列国住在卫国时间最长，逃离鲁国时，第一个选的就是去卫国，并且有四次去卫国的经历。但这第三次去卫国的不愉快，足以让他发誓不再去管卫灵公的事了。叔齐和伯夷是贤人，如果孔子行为与他们相反，又转而跑去辅佐卫君，岂不是成了众弟子面前的一个笑话吗？所以孔子不敢再去了。直到卫灵公死后，孔子为了一份旧情，才终于忍不住弟子们的劝止，到卫国又住了五年。

自己就是卫国人的子贡，似是不愿让孔子再去卫国，于是用伯夷叔齐不辅佐商纣王的故事，来暗示孔子不能去管卫国的事。而孔子被子贡的这问话一激，也只能顺水推舟，不得已地表达了"离开卫国就不必怨悔已经的离开"。所以与其说是孔子说的不愿管卫国，还不如说是子贡用了计谋不让孔子去卫国。

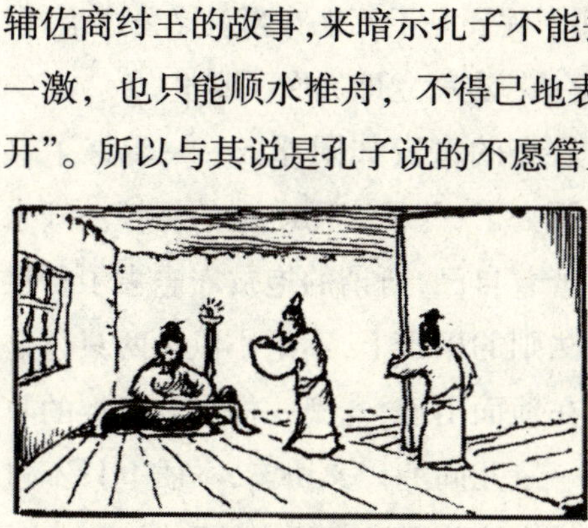

干涉孔子去卫国

子贡学的孔子嘴上这一套很像啊！用"贤""仁"这些冠冕堂皇的概念来影响人，孔子又是个好面子的概念狂，果然中计。所以孔子老说子贡是个有才无德之辈呢！这儿他又在要弄老师哩。从这里,也似乎看出孔子与好色而又存有疑心的卫灵公,其间矛盾暗藏着南子之事于中。若不是,为什么卫灵公一死,孔子又赶去卫国住了五年?看来孔子与南子会面的一些风言风语,也并不是空穴来风。

鲁国与卫国是邻邦,又同样是小国。卫灵公也很想让卫国强大起来,他曾与孔子探讨军队布阵的学问。孔子没有说出一丁点有价值的东西,所以卫灵公认为这个鲁国人投靠卫国的用意不诚，是鲁国防着卫国超过它的一种反映。于是找个理由,再次轰走了与自己老婆关系复杂的孔子。

【原文】子曰:“饭疏食,饮水,曲肱而枕之,乐亦在其中矣。不义而富且贵,于我如浮云。”

【释文】孔子说:“吃的只是蔬食,饮的是白水,曲臂作枕,快乐自在于此中了。是不义得来的财富和贵位,对我来说如同天上飘去的云。”

●这是孔子对离开卫国的一种自嘲。他说卫国试图强军的做法是一种“不义”,他的目的,去卫国就不是想协助强军的,他只是去传播有利于鲁国生存的礼仪。说白了,是找一个可与鲁国缚在一起的小国做同盟而已。可是连卫国都不想继续做受欺负的小国,这让孔子很郁闷。“不义而富”是指孔子第一次逃到卫国时,卫灵公每月都白发给他跟鲁国做官一样多的俸禄钱,但就不让他管事。“且贵”是指卫灵公在孔子第三次来卫国时,主动与他探讨军事方面的问题,显然是想给他安排一个与军事有关的职位,孔子却不愿涉及军事逃走了。这个孔子曾在鲁国带兵攻打过自己鲁国人的城市，现在卫灵公却要孔子带领卫国士兵在边境布阵搞防御,孔子是不愿干呢还是干不来?当卫灵公这个“甲鼠”表示,不愿再与“乙鼠”同时出现时,“乙鼠”也就立即逃回了洞里。

鹰与鼠

放弃的富贵如同浮云——飘来了又任它飘去了,孔子宁愿吃他的粗粮白开水自己苦着自己,所谓的抱贫守志去了!在丛林法则的田野上,不论小鼠是两只还是一只在地面出现,老鹰一样会有捕捉的收获……鼠儿间的仁义协定,本质上只不过是一场推让两者谁先死亡的赌博。

31. 概念的仆人

《论语·述而篇》

【原文】子曰:“加我数年,五十以学易,可以无大过矣。”

【释文】孔子说:“若早借几年时间,我五十岁前就学《周易》,现在必定可以没大的过错了。”

●原句“加我数年”是指“让我年轻上几年的时间”,联系后句的“五十以学易”来看,其实孔子说这话的时间,当在六十岁时。六十岁才学《周易》是不是太晚？由于《周易》是周朝帝王制定的个人行为法典,所以它对周礼的制约,有着前提性的意义。而孔子宣扬了几十年的周礼,却直到六十岁才想到去学《周易》,可见他的治学当是已本末倒置了。

由于个人行为法典学习上的缺失,孔子对于礼,必是知其然,而不知其所以然的。他所谓的“大过”就是指大的失误,孔子也知道他六十岁以前的人为失误,多出于对行为把握的无知。他这时才开始知道,为何他的人生道路会这么不顺。

【原文】子所雅言:诗、书、执礼,皆雅言也。

【释文】孔子接触的雅言:诗、书文、典礼用语,它们都是雅言。

●孔子概念狂的毛病总是改不掉,执著于“雅言”自以为是,无非是不淫秽的表达言词罢了。但是他忘了,社会是可以多角度表达的,字面上的表达工具是不可能用在日常语言里的,而日常语言也不都可以成为字面的表达。人的表达,常因理性与情感的需要,而以各不同格式的方式出现。

有关语言间的交流,有《周易》的一卦“女后”,可以拿来做说明。“九二:

苞有鱼，无咎，不利宾。”它的意思是：“性情”似由内而外地散发出来，如藏在苞叶中的鱼透出的鱼腥味，无咎但不利于做宾客。

什么意思？从“雅言”对立面的角度说，“俗语”如果是发自内心的一种表达，它是没什么坏的，但不可以在公众场合里对陌生人用。

另有一爻：“九四：苞无鱼，起凶。”意思是：如果这只是纳藏过了鱼的空苞叶，其发出的腥味必会引发麻烦——如果用的只是没有真情实意的粗俗语来交流，会造成不必要的凶险误会。

所以语言不论雅还是俗，都可是不同界面空间的最佳表达，场合不同而已。所以拿雅言不用在字面，而是用在了生活上，就会怪异得很，这不是《周易》讲到的鱼腥气，而是一股子的腐酸味了。

孔子六十岁前不学《周易》，所以他太注重于概念的符号表相，于一切概念内在阴阳互推的原理，并没有把握住。雅与俗的概念在孔子脑中的冲突，也许已让《诗经》删节造成了民间诗歌永不可挽回的损失。而这也造成他对工农“小人”的社会偏见，错站在了不公允的奴隶主的立场上了。相随境转，境由心生。概念的偏执，会导致人生习惯与立场的片面，这就是孔子有“大过”的根本原因。

【原文】叶公问孔子于子路，子路不对。子曰：“汝奚不曰：其为人也，发愤忘食，乐以忘忧，不知老之将至云尔。”

【释文】叶公向子路打听孔子的事，子路不告诉他。孔子说：“你为什么不说，他的为人，努力发奋到忘记吃饭，乐此到忘却了一切忧虑，连老龄来临了，自己都不知道，如此而已。”

●叶公姓沈，名诸梁，楚国的大夫，封地在叶城。叶公这个人历史上很有名，成语“叶公好龙”就是讲他的。但叶公的喜欢龙，都是艺术品做的龙，他把一切可以装饰龙的地方都弄上了龙。有一天他见到龙真的从天上下来了，这下却把他吓得不轻。所以社会上流传叶公这个人是个图新奇的人。当然谁也没看到他所“见”到的龙，叶公是得了精神晃乎的心理疾病。可是当时的人不懂这是心理疾病，还骂他虚荣心强。子路也这样看叶公的，所以不理睬他。

有人认为子路不回答叶公，是因为古代“师道尊严”学生不可以评议老师，所以子路才不作答。这是个误解，在《论语》里就有学生多个评价孔子的实在内容，所以子路是因看不起叶公才不答问的。孔子听说叶公在向子路问他，于是请子路向叶公这么介绍他，他自己只是一个勤奋的老人。

叶公好龙

这里，孔子似也认为叶公想见孔子只是图个新奇，所以试用“发愤忘食”来影响叶公，告诫他要像自己这样为人，不可再图看新奇。因为他只是个勤奋的老人，是没有什么新奇可看的。

【原文】子不语：怪、力、乱、神。

【释文】孔子不说的内容：怪异、暴力、变乱、鬼神。

●是不是这样呢？我看他也讲过什么古代巨人骨骼的怪异之事嘛！而且也预测到某地出土的一个石羊内，藏有什么怪异的事件；什么梦见周公来了啦，几乎就同叶公见到龙一样的，属于精神晃乎的鬼神事件。这些，远比在孔子在宗庙里，向先圣的神灵乱问卜，毛病要严重多了。所以，孔子也是曾语怪力乱神的。不过，这里好像是子路对叶公的一句劝说，希望他不要讲见到真龙的怪事了，因为孔子不喜欢他这样人。学生们正在努力想法支走叶公！

【原文】子曰：“三人行，必有我师焉，择其善者而从之，其不善者而改之。”

【释文】孔子说：“三人共处，必然有我可学的人，选择优秀的学习他，挑出不优秀的自我改正。”

●这句话从初衷上看，似是虚心好学的一种为人方式，但从现实上来讲，又是不一定可实行的一句话。三人之中，有三种基本的优劣组合可分配：

[甲优、乙中、丙劣]；

[甲中、乙优、丙劣]；

[甲劣、乙中、丙优]。

从中，“我优”的这个组合是无可师的。它占了全式的三分之一，所以“三人行必有我师焉”的“必有”是非逻辑的，因为其三分之一不能成立。

逻辑上，其中只有“其不善者而改之”是三人三类组合中，都可以实现“必有”的内容，因为只有“不善”是含涉全体的东西。这句文法只是预设在“我非善”的意境下，所以并不是自然三人行中必有的师。

意图是不坏的，但逻辑是有伪的，所以这是孔子所授的美好择师梦，而不是人间所有关系中的自然规律。

逻辑是《周易》的根本核心，它是实证抽象概念与现实事件的桥梁，所以孔子感叹晚学《周易》太为可惜，他在周游列国的一切失败，无不是因为自己头脑概念中的东西与现实的距离太远啊。这不，孔子就举示了自己以一个伪逻辑教授学生的例子，而正是这种似是而非的概念叠堆，让孔子与现实有了矛盾难堪，要想不难堪，也只有学逻辑求“易”了！

逻辑学，在佛教中也叫“因明学”，意思是“明了因果的学问”。它是一切学问的基础，佛教里说“做事总要讲因果”，就是依靠逻辑因明，可是佛教一入门就对学生有这方面的要求。而孔子只是在六十岁时，才从《周易》中知道内有因果应该做研习。总之一切也都晚了，还有十个年头他就将以病亡了结一生，前面曾打打杀杀骂骂的四处造业，主观的造罪啊！

32. 猢狲的大树

《论语·述而篇》

【原文】子曰：“天生德于予，桓魋其如予何？”

【释文】孔子说：“老天都厚爱着我。桓魋他能拿我怎么样？”

●桓魋是宋国武将，宋国的革新人物。他听说了孔子四处活动后，十分反感。孔子这句原话，是有个故事背景的：孔子带领着学生们来到宋国，一大群人在一棵大树下进行演练周礼的活动。正操练得累得不行时，桓魋派来的军队此刻赶到，扬言要立即杀了孔子，并当场把这棵大树砍倒了。孔子和学生们见状，拔腿没命地跑，跑了一阵实在也跑不动了，回头却看军队没追来。

桓雎驱逐孔子

正是孔子看到了追兵没有尾随而来，所以才有了这句大话。“天生德于予”，“德”是讲收获，“天生德” 是指天赋的本命——天命。所以，用现代语说那话就是：不该死是我的天命，看你能拿我怎样？

宋代陈祥道撰写的《论语全解》把桓雎的驱孔行为，贸然批为“暴”是很不理性的，桓雎是宋国官员，自有宋国境内的辖治权，既然鲁国人孔子想入境活动，当然要经由宋国政府的批准。驱逐对宋国政局有影响的非法活动，天经地义且古今中外都合理。

其实，桓雎也许根本就只是想吓唬一下孔子，目的是表示在宋国境内，宋国人不欢迎他们这样的搞活动。心虚的孔子他们的确也是吓坏了，学礼之事可以放弃，保命最要紧啊！孔子也是事后在那嘴硬，把他逃命时的快速，说成是老天给他的命真好。为了保面子，完全不顾语言下逻辑的事实了，这种虚伪还真有点意思。

【原文】子曰：“二三子，以我为隐乎？吾无隐乎尔，吾无行而不与二三子者，是丘也。”

【释文】孔子说：“后生们认为我还隐藏了什么吗？我可没有什么保留，我做的事都是与你们后生一同做的，这就是我孔丘的为人。”

●这是一个伪证题。孔子的确没必要隐藏他要传播的东西，但他所没传播而又时时在用的某种技巧却是有的。就以孔子这句证语为例：类似“引攻虚处，以避实处”的讲话技巧，就是他对学生所隐匿了的东西。教师的功能是在行动中口耳传授，但孔子在行动中多在传授抽象概念，非但没有从逻辑角度分析他所教的概念，而且自己在有意或无意中，还利用了逻辑线性所具的模糊条件，玩弄起了概念游戏，以达到在理由不足的状况下影响他人思维的目的。

所以这里孔子用“引攻虚处，以避实处”的讲话技巧，偷换了概念内容，是个伪证题。孔子引证了显处所授的“知识”，却再次把所用的“技巧”给藏匿了起来，还辩说自己一切行为也都是当着大家面做的。而且，这被隐匿的语言手段，内有诸多伪病逻辑形式，几乎达到了“佞”的程度，当然也给自己的政治生涯带来了不尽的麻烦，这——不正是孔子吗？

【原文】子以四教：文、行、忠、信。

【释文】孔子的教学有四项内容：文章、举止、忠诚、信念。

●这四项是表面的，细观这四项，又可分为两者：对象与内容。是什么对象？周朝奴隶主。而他的内容：礼仪文章和信心。综合成一句话，即：向周朝奴隶主表达文章礼仪和信心，这是孔子一生教学的全部内容。

【原文】子曰：“圣人，吾不得而见之矣，得见君子者斯可矣。”子曰：“善人，吾不得而见之矣，得见有恒者，斯可矣。亡而为有，虚而为盈，约而为泰，难乎有恒矣。”

【释文】孔子说“圣人，我看不见这样的人，若能见到君子这样的人，也就可以了！”孔子又说：“善人，我看不见这样人，若能见到有恒久之心的人，也就可以了。失去了的还说存在、虚缺了还说满盈、紧约却说成宽裕，这样想做到恒久是很难的。”

●前一句是孔子表达对“君子”塑造的重视，远远大于对“圣人”的搜寻，希望学生们不要再去找究竟谁是圣人，而是应把精力放在自己如何成为君子的塑造上。

后一句讲善人是怎样的你也不必去问，人能做到一切都可恒久下去，也就不错了。孔子还提醒：说假话和做不实之事的人，是没法做到长久维持下去的。

前句是讲如何“忠”，后句是讲如何“信”。下面还会讲到“学”与“行”，以补足对“孔子四教”的细节讲述。

【原文】子钓而不纲，弋不射宿。子曰：“盖有不知而作之者，我无是也。多闻则其善者而从之，多见而识之，知之次也。”

【释文】孔子只钓鱼而不撒网、只射飞鸟而不射睡鸟。孔子说："有人还不知底就会贸然行动，我不是这样的人。多了解在前，再选择优化的行动。多见闻而把握知识，是智慧下要做的。"

●这句实是孔子的一个比喻，但看去又似旁人对孔子行为的介绍。只钓鱼不撒网，其意只是放在提出"选择"二字上，并非实涉捉鱼之事。射飞鸟而不射睡鸟，其意也是借此展示"选择"的重要性。因为鱼饵和钩型，比渔网更具有捕捉哪种鱼的选择能力。睡鸟一般是伏在草丛中把头缩入羽毛内，猎手看不清鸟的类型和大小，而射飞鸟就可以看清楚了。孔子用"选择猎物"来说明：对知识的多知多闻是很重要的。

没理由说孔子授徒讲学时吃着学生献的束修腊肉，还要去以捕虾钓鱼打兔射鸟为生。有人一定会说孔子当是"孔武有力"的弯弓臂力之人，但这里还不能作为证据，因为它只是一个文学的比喻式。

当然，以不网鱼和不射睡鸟，来证明孔子有慈悲心，更是不对的理解。他的用意并不是讲捉鱼打鸟中的仁慈，也不是讲生物环保。而是讲知识掌握得越充分，越能防止"不知而作之"的犯错，这是讲"文"与"行"的互补关系。记住：孔子刚讲过——"子以四教：文行忠信"，他当不会又传授环保的捉鱼与打鸟。

【原文】互乡难与言童子见，门人惑。子曰："与其进也，不与其退也。唯何甚。人洁己以进，与其洁也，不保其往也。"

【释文】一个乡邻间很难讲话的少年，被孔子所接见，门人很是疑惑。孔子说："促他进步，不让他退步。为什么揪着不放？一个人能洁净自我以求进步，就让他洁净嘛，我并不是护他以往的缺点。"

●南北朝的慧琳法师把前八字连读为一句，成"互乡难与言童子见"，有人说"互乡"是个地方，"难与言"就是"很难与他交流"的意思，慧琳法师做这样句读是对的。

促进不良少年进步，孔子是用心良苦。此少年的坏脾气另有隐情吗？孔子想当面研究。故而这是用来做补充证例的，以证明"孔子四教"可以针对的人与事，对顽劣少年也可以运用它来改造人。

【原文】子曰:“仁远乎哉?我欲仁,斯仁至矣。”

【释文】孔子说:“仁的距离远吗?我想到仁,这仁就来到了!”

●仁是什么?孔子曾说过,仁是一种企划且实现的心。既然企划是图谋合作的心,那么,仁与两人的交流有关。可是人与人的行仁,并非是一方欲仁,则斯仁必至的。孔子游说列国的诸多欲仁中,大多就是欲仁而斯仁不至的。

孔子是用一种情境的形容来讲“仁”的意志,可是他忘了,他曾讲过仁:“先难而后获,可谓仁矣”。所以孔子发明的这个仁,是以己方开始的互动关系,当对方失去互动时,“我欲仁”也是不会达到“斯仁至”的,所以据“仁”的原意,孔子的这句话是不严谨的伪言。

我们有理由指出:周游列国宣扬仁礼的失败,孔子欲仁而仁败,是出在“我欲仁斯仁至”的唯心主观主义的狂妄之病上。用佛理分析,孔子犯在偏执概念的我相上,他不知佛理上指出:因缘关系是因果过程的内在必然格式。“我执”的结局,是颠覆了自己所发明的“仁”义,反把自己逼到了游说失败、鲁国灭亡的尴尬角落里。而这个不好的人生结局,不正是孔子自己曾质问过他人的“焉得仁”吗?

互动式的“仁”,也要有一个正确的内容,不然只是一棵逻辑根系不正的大树,你让这群猴子爬到这样的树上,无疑终是会倒下的,大树一倒,猢狲必散。

33. 飞鸟遗音

《论语·述而篇》

【原文】陈司败问:“昭公知礼乎?”孔子曰:“知礼。”孔子退,揖巫马期而进之,曰:“吾闻君子不党,君子亦党乎?君取于吴为同姓,谓之吴孟子。君而知礼,孰不知礼?”巫马期以告。子曰:“丘也幸。苟有过,人必知之。”

【释文】陈国司败拿问："鲁昭公也懂礼吗？"孔子说："懂礼。"孔子退出，又请巫马期进来，陈司败问："我听说君子不袒护老乡同党，君子也在袒护人嘛！君王昭公娶的吴国女子竟是同姓，被称作吴孟子。君王若是知礼，天下谁会不知礼？"巫马期拿这话告诉了孔子，孔子说："我孔丘真幸运，一旦有过错，就立刻有人知道。"

●"司败"是一个陈国官职，地位同于孔子在鲁国曾做过的"司寇"。陈国司败在捉鲁昭公的把柄，鲁昭公在社会上一直有善于礼仪的好名声，但陈国人立即抓住鲁昭公违犯过周礼的把柄：鲁君娶了个同姓女子为妻。

本来陈国官员就是在以此质疑这号称礼仪之邦的鲁国，结果孔子还说："鲁君是懂礼的。"孔子一退出去，陈国司败就召请了孔子的随从巫马期进来坐，并笑话道：你们的老师孔子这也算君子吗？还袒护鲁国老乡呢！然后把鲁国君违犯了周礼的事，一五一十地数落了出来，让巫马期很难堪。

孔子听了巫马期的复述后，用了个自嘲式的破阵手法来消除了陈国司败的刁难，孔子对巫马期讲的那句话，意在指出：陈国官员就是在从上至下要捉鲁国人的把柄，层层地羞辱鲁国。"苟有过，人必知之"这句与其是在讲他自己，还不如说是在为鲁昭公申辩，讲昭公之过错只是个"苟有"的，并不能拿来作数。

昭公非礼娶吴女

鲁昭公娶了吴女为妻有错吗？依照周礼，鲁国君与吴女都姓姬，他们这场婚姻确实是有违周礼了。但孔子面对陈国官员的刁难，以周礼的要求"讳君恶"——不得数落君王的过错，故孔子拿"知礼"来说了谎，以回避自己又触犯周礼。

我们且不论犯了周礼以"不苟有"来计罪是否正确，单从"君子讳君恶"这一条上，就可以看到周礼中也有导致腐败的漏洞。如果下级都不敢讲指责君恶的言论，君王就会自行其恶。当然鲁君只是个婚事非礼，但发生这个触犯周礼的严重事件，是腐败漏洞导致的结果，也是知礼臣子们做"君子"的结果！

【原文】子曰："文，莫吾犹人也？躬行君子，则吾未之有得。"

【释文】孔子说："文理方面，不能说我比别人弱，实践君子之道，我还没有做到终极的收获。"

●这是孔子表白他只是一名授徒的教师，从现实中的一直处于流浪列国的不佳状态上，他在"躬行君子"中还未收到所获。

【原文】子曰："若圣与仁，则吾岂敢。抑为之不厌，诲人不倦，则可谓云尔已矣。"公西华曰："正唯弟子不能学也。"

【释文】孔子说："说我是圣人或仁人，我哪里敢承当。不过，从追求圣仁之道从不厌倦，以及教诲学生不知疲惫上来论，倒是可用类似的话来比拟的。"公西华说："这正是我们做弟子的所没学到的啊！"

●在这里，孔子看似有自知之明，但对求道之心的热切远远超过别人，他是很有点自负的。弟子公西华也表示他们在这里真的不如孔子，以认可孔子就是"圣与仁"。

有时，过分热切的追求也会成为人生的悲剧，比如主观地创造了"仁"的政治合作格式，要求人家合作，而且是一而再地失败后还不改变，转而去教他人照着去做，自己都没有成功实践成功的理论，就一辈子"为之不厌，诲人不倦"地搞下去，岂非狂妄而可悲乎？

【原文】子疾病，子路请祷。子曰："有诸？"子路对曰："有之。诔曰：祷尔于上下神祇。"子曰："丘之祷久矣。"

【释文】孔子生病了，子路在暗中祈祷着。孔子问："是有这回事么？"子路答："是这样的。我在祷词中，为你祈求了天上和地下的神灵。"孔子说："我祈祷的历史也很长久啦！"

病中祷神

●似乎孔子只在政治上与天地神灵有兴趣，又是去宗庙问卜，又是重视泰山封仪。当他自己病了，虽也在祷神，但语调中多多少少流露出些怀疑来。

【原文】子曰:“奢则不孙,俭则固。与其不孙也,宁固。”

【释文】孔子说:“奢华就会骄狂,节俭则显得鄙陋,与其做人骄狂,宁可显得鄙陋。”

●孔子说出的话,总有相似语善的意味,什么叫“相似语善”?就是字词外表有似乎正确的相貌,但语意经不起推敲。“孙”是逊的通假,“俭而不孙”的人也是有的,比如小气之人,也会有骄狂的性格,一当小气心眼遇事发作,骄狂劲儿也会冒出来。奢华之人也会有鄙陋的毛病,比如富豪也有生活上占人小便宜的习惯。所以孔子说的话经不起推敲,一旦与现实对应,它就显得主观了,所以孔子的为人,是思维痼疾耽在了抽象概念中。

【原文】子曰:“君子坦荡荡,小人长戚戚。”

【释文】孔子说:“君子胸怀宽广,小人忧愁悲怆。”

●君子,是指“君王家的子弟”;小人,是指工农奴隶,这是周朝制度下的人员标准分类法,而不是现代人编造出来的。工农的自由民,当时正处于低下的生产条件下,青铜时代的工具并不发达,木质石质还是很基本的工具材料。所以这些“小人”们生活困苦,正如孔子所说的“长戚戚”中。奴隶们就更不用说了,他们连人身自由都没有。

君王家的弟子——君子的生活就不同了:他们是五类贵族其中的一员,家中有奴隶有财产,他们可以去君王的宫廷做官谋职,并且可以有收入、有升职,当然是“坦荡荡”的啦!

其实,孔子时代渐渐显露出了人性开明的社会风气:有奴隶被解放成了自由人……但孔子是不赞成这种改变的。他只爱维持着“君子坦荡荡,小人长戚戚”。

【原文】子温而厉,威而不猛,恭而安。

【释文】孔子温和而严肃,威严而不凶猛,庄重而安详。

●这是别人在向人介绍孔子在弟子眼中的形象。人的形象虽很好，但与其教授内容的理性与否，还是无绝对关系。关于人的过错，我们且不去管陈司败与孔子的口角一事。仅以孔子崇拜《周易》与“人生无过”的认识上，拿出《周易》中的要求，也可以分析出周朝关于过错的法理来。在“小过”一卦，就是专门讲人有小的过错应该如何做的。它指出：可小事，不可大事，飞鸟遗之音，不宜上。宜下，大吉。

什么意思？《周易》法理中说：在小事上有小的过错，是可以容许的，但在大事上是不可以有小过错的。小的过错如同鸟儿飞过去了，但鸟鸣声还留在面前，会对将来有影响。不宜一直以小过错便可做着坚持，如果放下了抱着是小过错就不改的心，人会有大的吉祥。

这不，孔子两千多年前放出的“飞鸟”，其“遗音”还在我们的耳畔回响。因为《论语》的“仁礼”的鸣叫，这可不是什么小事啊！

34. 听话的泰伯

《论语·泰伯》

【原文】子曰：“泰伯，其可谓至德也已矣。三以天下让，民无得而称焉。”

【释文】孔子说：“泰伯，他可以称得品德无比高尚了啊！三次把王位出让，人民感动得都无法用语言来称赞他了！”

●泰伯，吴国创始人，周文王的大伯父。当周太王要传位给长子泰伯时，他三次让位，最后他和二弟仲雍隐入梅里，把王位让给了周文王的父亲季历。

孔子用泰伯让位的故事，教训那些争位的诸侯子弟：“让”——是诸侯子弟对政位必须有的“德”。

关于这泰伯的让位，并不像孔子讲的那么单纯。泰伯有让位的举动，还是源出周太王曾说过的话：“兴王业者其在昌乎”——这“昌”就是指小弟季历。

泰伯很“明智”地认为父亲一直看好小弟,“昌” 才是最终的继承王位的人,所以才与二弟一起做出避让的。这与兄弟间才能的高下好像关系不大,泰伯只是个孝顺的儿子, 他信从父亲的眼光,但非从天下苍生的利益去考虑。

梅里泰伯

孔子的智慧有限,他只赞赏用“听长辈话”这样的一个比较弱智的“德”,来指导诸侯王传位的问题。这十分模糊并且很不科学的手段,他只把这天下,做了侯王一个人的天下。苍生利益和继承者的才能公平,都成了次要的东西,这就是家长制的国家政治。

如果孔子有魄力,他完全可以去主张另一种公平传位的新机制,让王位永远传给有利于天下苍生的人,而不只是靠“听话”的“德”作安置的技巧。孔子赞错了泰伯,泰伯在周太王眼里,是一个耳根太软的人。泰伯的缺陷,是身边亲人的意愿会影响他的行动。所以周太伯才有更看好季历的那类想法,而泰伯也真的被这个想法影响了。

看来,奴隶制度、封建制度它们都是家长制的政治方式,家长制的原始与落后,在旧中国已有数千年的历史了。

泰伯是家长制服从者的典范。

【原文】子曰:“恭而无礼则劳,慎而无礼则思,勇而无礼则乱,直而无礼则绞。君子笃于亲,则民兴于仁,故旧不遗,则民不偷。”

【释文】孔子说:“恭敬而无礼则徒劳,谨慎而无礼则胆怯,勇猛而无礼则闯祸,直率而无礼则尖刻。如果领导能真心爱护亲属,则百姓就会崇尚仁爱;如果领导真心爱护故旧,则百姓不会刻薄。”

●“偷”这个字,在古文中是“刻薄”之意,与偷窃无关。

以上是孔子对君王下属官员们的目标要求,善意中是家长式的关爱。从政治上讲,是个官员情感化的辖制手段。虽然理想是美好的,仍是不现实也不公平的,官员对上的情感化,是唯上的一种奴相,他不能提供最合理公平的社会服务,对下的情感化,是以对君王不制造麻烦目的而做的管辖,它同样是唯上的，所以并不是服务民众，而是只服务君王的政治。家长制是极不完全的政治手段，它服务民众的心是私利和虚伪的。

家长制的另一个毛病，就是腐败的滋生。情感式辖制在富裕的环境下，会有行贿受贿以权谋私的现象发生，除非你是用在赤贫社会里。所以家长制的奴隶社会，实施的是剥夺与被剥夺的人际格式。剥削与被剥削人际格式中，虽然封建社会产生的腐败很普遍，但奴隶社会的剥夺更残暴。可惜，孔子更赞叹奴隶社会的剥夺格式，并且对后世继续使用家长制，充满着希望的感怀。

【原文】曾子有疾，召门弟子曰："启予足，启予手。诗云：'战战兢兢，如临深渊，如履薄冰。'而今而后，吾知免夫小子。"

【原文】曾子有疾，孟敬子问之，曾子言曰："鸟之将死，其鸣也哀，人之将死，其言也善。君子所贵乎道者三：动容貌，斯远暴慢矣；正颜色，斯近信矣；出词气，斯远鄙悖矣。笾豆之事，则有司存。"

【原文】曾子曰："以能问于不能，以多问于寡，有若无，实若虚，犯而不校，昔者吾友，尝从事于斯矣！"

【原文】曾子曰："可以托六尺之孤，可以寄百里之命，临大节而不可夺也，君子人与？君子人也。"

【原文】曾子曰："士不可以不弘毅，任重而道远。仁以为己任，不亦重乎？死而后已，不亦远乎？"

●以上五条是与孔子无关的文句，是托名为曾子讲的话。由于不是孔子直接的思想记录，也不是孔子与曾参的对话录，从文中很突兀地一连冒出五条"曾子曰"，我们有理由怀疑它们都是编印者私带夹入的。而且，我们看得出，不知是编者还是印者本人，他对曾参有种特别的敬意。曾参作为孔子同一时代的学生，一般是不可以在老师称"子"的同时，学生也在称子，这个通行礼节是前面多次说到过的。现在曾参却以"子"的面目出来了，所以这是曾参学派私带进的"水分"。而这部《论语》正是从曾参学派所在的北方地区发掘出，所以夹带点某学派领导人的东西可以理解。

由于这五条"曾子曰"与孔子语录无关，且涉及孔子亡后学生们的南北派之争及北派的内部之争，所以本文不作翻译。

35. “仁”的契例

《论语·泰伯》

【原文】子曰:“兴于诗,立于礼,成于乐。”

【释文】孔子说:“抒发情怀于诗,生存谋事于礼,实现完成于乐。”

●这是孔子理想国的生活方式:诗、礼、乐。美妙但不实际,就说他在宋国被驱逐的那事吧,逃命的时候怎就没有诗礼乐了呢?理想不一定就是现实。此句是孔子对君子生活所寄希望的描述。

【原文】子曰:“民可使由之,不可使知之。”

【释文】孔子说:“民众只可以让他们做事,不可以让他们有智慧。”

●孔子讲的这一条,是有一个原则的:家长制下,不论你在什么社会制度里,“家长”的一人之智足就以驱使万民劳作,若使万民有了智,家长一人的脑力就驱使不动他们。

愚民是便于管理的,因为万民只归属于“家长”一人的财产,财产们自己有智跑掉了,岂不是“家长”吃亏?更有可怕的是财产们有智于攻击家长,这家长是不是很危险呢?

所以防止民众有智慧,以便方便地驱使他们,就是孔子的思想核心。包括他的君子教学中,也同样只教聪明而不讲智慧,孔子认为智慧是君一人的专利,而作君子得有一半愚蠢、一半聪慧,以方便在夹层中对应君和民来运行。仁义道德礼仪,是一半聪明一半愚蠢的君子准则。

关于这个被我揭出的——君子要“一半聪明一半愚蠢”,对于孔子来说,也是让民众“不可使知之”的绝密内容。过去也有人“知”了,于是大脑与君王等量的智慧了，就出现变革时政的人。所以，周朝末年人们希望社会，从剥夺转为较好些的剥削，这是民心所向。孔子不高兴地看到：民众大脑的开化，让奴隶制得以结束。

驭奴，要有三个条件：一个是奴愚，二是君智，三是做臣的“半聪半愚”。

【原文】子曰：“好勇疾贫，乱也。人而不仁，疾之已甚，乱也。”

【释文】孔子说：“崇尚勇敢而厌恶贫弱，是乱的因素。做人不能行仁，是毛病很严重了，也是乱的因素。”

●这是孔子对做了臣的人所说的。好勇则喜欢决斗，严重了就会占地为王建立武装，厌恶贫弱就会发奋强壮恃机对抗，所有这些都是对被剥夺者现状的变动。这就是革命。这革命会引发奴隶制度的削弱，所以站在当时周朝廷的立场上，是“乱”。奴隶的革命必然以解放自己的困苦为先，而臣的革命要获得人们的支持，也必然要解放一批奴隶，这都严重影响了分封制下对原有领地的垄断，以及奴隶主庄园旧秩序的稳定。

疾贫好勇的革命

孔子又说：做人不能行事在仁上，也是另一种“乱”。其严重性，与“好勇疾贫”所带来的结果是一样的。因为两者在孔子眼中，都是天然存在着一种“契约”：不恐惧生活在奴隶社会的剥夺环境，默认下成为内外和谐，这就是“仁”——既成协约的合作关系。

【原文】子曰：“如有周公之才之美，使骄且吝，其余不足观也已。”

【释文】孔子说：“即使人有周公一样好的才能，如果心气骄傲吝啬，能力再强也无价值。”

●有人把这句当成个人励志的言词看，这是个人的事，与《论语》本意无关。好比你拾到一把剪刀，却拿它做了撬杠工具来用。在《论语》里，它是对特定事件的言论。这是劝解做臣的人，不要做出恃才要挟君王的事，要臣者

"仁"——服从合作关系下的天然契约来服务于君王。

【原文】子曰:"笃信好学,守死善道。危邦不入,乱邦不居,天下有道则见,无道则隐。邦有道,贫且贱焉,耻也。邦无道,富且贵焉,耻也。"

【释文】孔子说:"坚持学习信心,誓死守住善道,危险地区不进入,动乱国家不居留,天下有道义则出来做事,没有道义则隐形。社会有道义,你却还是贫穷下贱,多么可耻。社会无道义,你却富裕又高贵,也是可耻!"

●孔子的学堂,等于现在的私立干部学校,他调教出一批批的人员,充斥到各地各部门去。当然他要求服从儒家思想的根本利益,要求学生在社会有道——能接纳他们时,要去收获"富且贵"。当社会不接纳他们时,还能自己富且贵,孔子认为那就是很可耻的。因为这富贵,是以背叛了儒家思想交换来的。孔子的学堂教学是在列国流浪中进行的,很多毕业生就留在了所经的路途上。这段原文,类似是孔子学堂的毕业嘱托。

【原文】子曰:"不在其位,不谋其政。"

【释文】孔子说:"不是在类似的官位上,不去试图商谋这官所辖管的政事。"

●这好像是官僚之间友善所必需的。可以视做上面那个"毕业嘱托"的补充。但是孔子自己却不是这样做,他的政治言论,大部分是不在官位而谋于政的。

【原文】子曰:"学如不及,犹恐失之。"

【释文】孔子说:"学习如果跟不上,还得小心失去了机会。"

●这是对某些跟不上学习的学生以警告。

以上所论,都是孔子基于教学内容与学生们的对话,目的是建立在如何做君子——为君王做一名合格臣者的目标上。其中有他的喜恶态度,希望学生对君王有契约不违的努力。

36. 赤贫夏朝

《论语·泰伯》

【原文】子曰:“巍巍乎,舜禹之有天下也,而不与焉。”

夏朝人的所有财富

【释文】孔子说:“巍然伟大啊!舜禹二帝获得天下,并不靠兴兵暴动。”

●氏族社会里人人都贫穷到底了,当了天子只能付出更多力气,没有一丁点好处。谁也没力气去争夺这个没有私利的天子位,更不用兴兵暴动。人家随时都会让位你做这个贫穷天子的,这种贫穷下的让位很伟大么?

【原文】子曰:“大哉,尧之为君也。巍巍乎,唯天为大,唯尧则之。荡荡乎,民无能名焉。巍巍乎,其有成功也。焕乎,其有文章。”

【释文】孔子说:“伟大啊!尧帝做天子,巍然崇高啊!唯有天最大,只有尧类之天。浩荡啊!民众无法对他做出形容,巍然崇高啊!他的功劳。灿烂啊!他的那些记录!”

●这段文句,是为引出下文而做的“起兴”,好像是在诵哪一首古诗。

【原文】舜有臣五人而天下治。武王曰:“予有乱臣十人。”孔子曰:“才难,不其然乎?唐虞之际,于斯为盛,有妇人焉,九人而已。三分天下有其二,以服事殷,周之德,其可谓至德也已夫!”

【释文】舜帝拥有五臣而天下获得治理。周武王说："我这有乱臣十人！"孔子说："人才难得，不是么？尧、舜、武王之时人才济济，也只是如此这般。除去那个妇人，只有九人了啊！已占了三分之二的国土，还在服务着商朝，周朝的这种仁德，可以算是最高的道德了。"

●孔子以舜帝与周武王所用人才的区别，他指出时下人心不古的现状。他说的五良臣和十乱臣之说，实是议论政权是否建立于"暴力"的一种喻说。舜帝的天下不以暴力得之，而周王的天下却是暴力夺权的产物，所以孔子主观地认为周不如舜文明。但是孔子转而又说春秋时代的诸侯争霸现状，又远比不上夺天下的周王文明。他举例说，周王拥有三分之二的土地时，还在服从商朝的某些利益。而春秋诸侯各相杀伐，却没有一点敬天子的意味。"周之德，其可谓至德"——看来孔子上下一千年绕了一大圈说下来，目的还是为了骂春秋诸侯们啊！

舜的氏族社会，官民上下皆无余财，所以无人争欲于官位。而周的奴隶制社会，财富出现积余，争官之心纷起，所以那是生产力的进步，让争斗成为习惯。因为财富之下社会已兵强马壮，没有争斗，不可能变动财富属性。获取财富是政治中的民心所向，也是政治争斗之因。但要记住：争斗永远只是政治一时的副产品，财富——生产力的发展，则可以让人们得以好的生存，这却是永恒的价值。但可惜孔子的赞叹里，我发现他是看颠倒了。

这里所指的十人中的"妇人"，是文王之妻太姒。

【原文】子曰："禹，吾无间然矣。菲饮食而致孝乎鬼神，恶衣服而致美乎黻冕，卑宫室而尽力乎沟洫。禹，吾无间然矣！"

【释文】孔子说："禹帝，我看是无可挑剔了。自食粗茶淡饭而以丰盛的食品孝敬鬼神；自己衣服朴素，而祭服却很华美；自己宫殿简陋，却尽力抚恤下属，禹帝，我对他是无可挑剔啦！"

●有人说孔子是不近鬼神的人本主义人物，其实错了！看他在赞叹禹帝祭祀上"致孝乎鬼神"的那股子兴致，他还曾把民众比喻为鬼神，说是民众可敬而不可近。现在看到禹帝不是敬而是孝鬼神，不知孔子愿不愿改说：对民众不该是"远之"，而应是"孝之"呢？就像他对孟氏所要求的那样，让他这位老人以走近鲁地的方式给予“孝”。

把民众视为可敬，与视为可孝，那是不一样的。敬是粗陋的恭忍意味，是“鬼神”的心。而孝是亲近的安置，这才是人本主义。孔子并非人本主义，他是视鬼神重于民众。

但是，孔子赞叹禹的状态也是错误的，禹时氏族社会是一个生产力低下的社会，奴隶制社会根本不可能回到氏族社会的禹时代，孔子带有主观主义倾向。因为禹帝之时，正是奴隶主制度未成之时，氏族社会里剥削心尚弱，帝王与民众是平等无间的无产者，同吃同住、共哀共乐，这完全是因为所有人都没有可积累财富的生产力，而不是仁德所致。所以孔子赞禹，也是对禹的神化态度，是借禹捧他自己的“仁”。他从来没有在现实里，运用人本主义思考过禹的时代，那个落后于周朝末年的氏族社会生产力。夏朝是赤贫的氏族社会，周朝却是拥有精湛青铜术的盈余时代，可我们的孔子却向往赤贫的夏朝。

37. 沉沦的神龟

《论语·子罕篇》

【原文】子罕言利，与命与仁。

【释文】孔子从不谈利益与命运和仁道之间的关系。

●其实孔子的学生夸大了孔子的高大。不知大家还记得否，孔子真的也说到过利益与仁道的关系。比如雍也篇中孔子说到“人之生也直，罔之生也，幸而免”，这就是在说生命利益跟仁道的关系嘛。

这段文句原是个对“利＋命”“利＋仁”的否定句，而非“利、命、仁”的并列。所以，不可以解作“孔子很少谈及利、命、仁”。

这段话看似简单，实质是解说孔子一辈子命运的不济，与他宣扬仁道的活动没有关系。所以下文《论语》内容里，都是在引用孔子在这方面的自我解释，来证明并不是孔子本人宣扬了仁，而造成了命运的不佳。

【原文】达巷党人曰："大哉孔子，博学而无所成名。"子闻之，谓门弟子曰："吾何执，执御乎，执射乎？吾执御矣。"

【释文】贵族巷子的老乡说："伟大啊孔子，通博学问却一个名分都没成功。"孔子听后，对自己门内的学生说："我是干什么的？驾驶的？射弓弩的？我还真是自己驾驶的！"

●"党人"是指"乡党"、"老乡"。"达巷"，是贵族聚居处。这段并不是贵族乡亲们真的在赞叹他怎么伟大，他们都是在嘲弄孔子。孔子听后为什么又反问学生"吾何执"呢？

其实这孔子是用"我不是驾驶者也不是射弓弩之人"，来反驳这些贵族老乡。而且还用自己也曾自驾马车，来说明自己的博学与"成名"没关系，干过就干过了，成名不是孔子博学目的。

这段话是孔子自己不认可利、命与仁，有相互关系的一个证明，并有反讽达巷党人的贵族子弟，都不是自己奋斗而得的成功。

【原文】子曰："麻冕，礼也。今也纯，俭，吾从众。拜下，礼也。今拜乎上，泰也。虽违众，吾从下。"

【释文】孔子说："礼帽用麻质制作，是周礼的规定。今天都采用丝质了，关于检点，我随从大众。在阶下拜见君王，是周礼的规定。如今都在阶上拜见君王了，很普遍。阶下拜虽然违背了大众的行为，但我还是只愿在阶下拜。"

●"冕"是贵族所戴的礼帽；"纯"在古代是指"蚕丝"；"泰"在古文是"普遍"意。这个"俭"，几乎是"检点"的意思。有人解释为"节约"，这不合常识：麻丝与蚕丝之间，自古以蚕丝得之不易，贫穷古人只穿麻丝织布做的衣裳，富人才有蚕丝织的绸缎衣服。冕帽以丝质为材料，自然比粗糙的麻质要好看而且轻盈，行为上并不节约。没有用周礼规定的材料造冕帽，是个人行为上的犯规，所以这是个人"检点"出了问题，是应解作"检"而非"俭"。

"泰"，古意为"由来如此"的普遍。在《周易·泰》中，以"小往大来吉亨"形

冕帽

容泰的意思。小往大来，意即由来如此或普遍性。孔子认为大家都不检点地放弃了麻冕而用丝冕，他也只得随众去戴丝冕了。但个人与君王的礼节就远比冕帽材质重要了，他不愿随众在台阶上做拜谒。这句是用“随众与否”为题，指出孔子在小节上可以随众，但大节处一定不能随众，特别是在臣下与君王间的礼节上。

此处引用“麻冕”一案，并不是随便的拈来之笔，编者意在搬出孔子的论调：对君用礼万不可下降水平，用丝冕替换了麻冕，好像不太检点，却又是大家在重视礼仪的好现象；但跑上台阶去拜君王，则是拜者不重视礼仪的体现，所以不应绝对化地看问题——这是比喻，是引证“仁与命”“利与仁”无关系的一个证词。

【原文】子绝四：毋意、毋必、毋固、毋我。

【释文】孔子强调四件事：绝不乱臆测、绝不乱肯定、绝不乱坚持、绝不乱武断。

●观点是对的，不过孔子自己没做到。孔子以为禹的不争来自美德，这是一种臆测。实质禹时代是全社会赤贫，不争是来自赤贫之因，而非美德。还有，他对未来于儒家贡献很大的两位南北派领袖，那些错误的评价，就是一种武断……

当然，四个提法还是正确的，虽然他没做好。但我以为：这是《论语》编辑者的别有用心，原意里引以孔子的语录，希望人们看孔子，千万不要往仁与命相关联上想。的确，孔子所自证不了的，正是他那一辈子宣扬的“仁”之下，这倒霉的不佳命运呀！“绝四”是个硬伤，不抹平可不行。要抹平，儒生们也只能用“毋意、毋必、毋固、毋我”来制止“绝四”了。

【原文】子畏于匡，曰：“文王既没，文不在兹乎。天之将丧斯文也，后死者不得与于斯文也；天之未丧斯文也，匡人其如予何！”

【释文】孔子很被动地待在匡地时，说："文王已死，周朝文明就不在这里了吗？老天若要灭周朝文化，我们还没死的人也就不会得到周文化了。今天还没有失掉周文化，匡人能拿我怎样？"

匡地被围困

●孔子何以被动到了"畏"的地步？是因为匡地的老百姓们把他们师徒一行人足足围困了五天。孔子去陈国活动，也不得不路经这倒霉的匡城。这段原话是孔子被围困时派人求匡城人释放他们的同时，对学生们的一席发言。言论是表露他们去陈国的目的，说明他们是代替周文王传播"斯文"去的。

那个"匡人其如予何"，看似是孔子在大敌面前勇气可观，实质是孔子在依托文王的威名，在向匡人表达着他们应该被释放的理由。

这是编者为了证明孔子的命运不佳，全归为来自外界的干扰。

【原文】太宰问于子贡曰："夫子圣者与？何其多能也。"子贡曰："固天纵之将圣，又多能也。"子闻之，曰："太宰知我乎。吾少也贱，故多能鄙事。君子多乎哉？不多也。"牢曰："子云：吾不试，故艺。"

【释文】太宰官问子贡说："老师是圣人吗？为什么有这么多的才能啊？"子贡说："当然是老天想让他成为圣人，所以让他多才能。"孔子听后，说："太宰了解我吗？我小时候也是贫贱的，所以能干多种鄙下的事。贵族子弟能有这么多才能吗？不会的啊！"太宰说："孔子讲过——我没有被重用的机会，所以学会了多种技艺。"

●孔子承认自己的多能是来自贫困中的生活实践，并非如学生们吹捧的那样是"天纵之"。这位太宰也是个明白人，一听即知。孔子之所以要说"君子多乎哉"，是因为"君子"——贵族子弟们有着直接的继位权，无多种能力也同样可以做君王。而孔子因为前代家庭没落成了贫穷的人，又因世道不好一直没被重用。太宰想到孔子曾说的一句旧话，并以此话证明孔子的意思是对的。

孔子虽然是在坦承自己能力是出自贫鄙，但目的也并非是单纯的人生回顾，他是在讲一直不被重用的苦恼——呵呵，又是习惯性的在做"跑官"求职呐！

编者引用了这段对话，证明“不试”——不被君王所重用，才是孔子命运不佳的缘由。

【原文】子曰：“吾有知乎哉？无知也。有鄙夫问于我，空空如也，我叩其两端而竭焉。”

【释文】孔子说：“我有知识吗？没有知识嘛！有鄙陋的下等人问我问题，我却空空无所知，待去叩问了事情的详细因果后，才搞清楚了。”

●看似是在就事论事表达自己的能力有限，而实际上是暗示自己并不关心鄙陋的事，他只精通做君子之事。“鄙夫”，是指那些工农业者，也可能是自谋生路的自由民吧。他们的问题距离孔子的生活远了点，孔子根本答不上，只能从头研讨以作了解。孔子这样说，意在表达：若是鄙夫的事，就不必向他问了，找他也只有君子的事可以谈。

《论语》的编者，以这个来证明天下人都是只能谈鄙事的人，孔子所讲的君子之事无人要听，所以一直不被重用。

【原文】子曰：“凤鸟不至，河不出图，洛不出书，吾已矣夫！”

【释文】孔子说：“凤凰也不飞来，黄河也没浮出图，看来我是完了！”

●《尚书·益稷》记载：当演奏虞舜时期的韶乐，音乐美妙动听，把凤凰也引来了。

河图洛书是上古时代的两个著名数论图。相传伏羲氏时代，有一只背部负有图纹的龙马出现在黄河地区。又传，夏禹治水时，有一只背面负有图纹的神龟出现在洛水。后来洛书演变成先天八卦，河图演变成后天八卦。古人认为河出图洛出书，预示着天下太平文化昌明的开始。

河图神龟

所以，孔子在这里是借了韶乐不再和圣人的不存，来感叹自己的命运不佳，已没有被重用的可能了。当然孔子前面讲到自己原是“贫鄙之人”，又说他今天也搞不懂“鄙夫的问题”。

可见他虽然自己的少年身份也是归为“鄙夫”一类，但他立志于做与鄙夫不同之事，所以他必须自认是名君子而非鄙夫小人。孔子无奈于今世：那些贵族子弟自己也是君子了，竟来笑话他一事无成。之所以他这样没被重用是有外在原因的，用了个比喻，孔子说是凤凰和神龟今世没来，是圣人不在了。不但没有出现神龟或神鸟，如今准备想去陈国活动的孔子，竟还遇到了匡城百姓的阻止。

佛教理论认为：命运与行为是密不可分的，行为又称为“业”，业的力量足以影响人的命运好坏。当孔子在拿宣扬“仁道”作为自己的业力去执行时，命运就与“仁道”的真伪挂上了钩，一旦所行的业力是与现实所求不对应或相反时，孔子的命运必然的会走向不佳。儒者独在强调了缘分不好，是导致命运不佳的理由，但儒者们不知因缘的道理，孔子在他的那个因上，就是自己在攀这个不佳的缘！龟图不出、彩凤不来，其原因不正是孔子在行动上的不圣么？

38. 椟箱中的玉石

《论语·子罕篇》

【原文】子见齐衰者、冕衣裳者与瞽者，见之，虽少必作，过之，必趋。

【释文】孔子遇戴孝的人及穿官服的人和盲人，即便对方是年轻人也会向他们主动行礼。只要是从他们身边走过，也必定会加快脚步。

●孔子在路上遇见了三类人必行礼：服孝的孝子、公务的官员、眼看不见路的盲人。礼敬孝子和官员，是服从周礼的规定，而对盲人礼敬，是孔子在表达对弱者的不欺。

【原文】颜渊喟然叹曰：“仰之弥高，钻之弥坚，瞻之在前，忽焉在后。夫子循循然善诱人，博我以文，约我以礼。欲罢不能，既竭吾才，如有所立卓尔。遂欲从之，末由也已。”

【释文】颜渊感叹地说：“仰望着才感到高耸，钻研着才感到坚实；看着就在眼前面，忽然却出现在后面——老师步步引导学生，用知识丰富我，用礼仪约束我，让我半途想止都不行，用尽了我的才能，他还是立在我的前头。所以想跟随他，不能做停止。”

●“仰之弥高”原是对高山的形容，高山前你越走近它，它越显得不可逾越！“钻之弥坚”是对良玉的形容，看似坚硬的劣玉质地比较松软，只有良玉的质地密度高，要在看似不硬的良玉上面钻个孔就很难。两者都是颜渊用以形容孔子的人品。“瞻之在前”是意指孔子是学生的榜样，“忽焉在后”是指孔子又会时时鞭策学生进步。颜回作为孔子的学生，很佩服老师的教学责任心。

【原文】子疾病，子路使门人为臣。病闲，曰：“久矣哉，由之行诈也。无臣而为有臣，吾谁欺，欺天乎？且予与其死于臣之手也，无宁死于二三子之手乎。且予纵不得大葬，予死于道路乎？”

【释文】孔子得了重病，子路让同学当仆臣。病情好转后，孔子说：“子路骗我很久了！没有仆臣却冒出来个仆臣。我欺骗谁？欺天吗？与其让仆臣给我送终，不如让学生给我送终！纵然我办不得大葬，我难道就是死在路上这么不幸吗？”

●这是一种气愤状态中的声音，因为自己的学生在充当自己的仆人，用仆人是有地位的象征。而四处流浪的孔子，除了这些交学费的学生们，他已没有仆人。如今，孔子病了，子路见老师没有人照顾，于是给安排了同学来服侍他。孔子为什么生气呢？因为以他的地位尚没有资格大葬，这说明他都快死了，还没有受到重用。所以孔子一见学生充当了仆人脾气立马上来了，认为“无臣而为有臣”是可耻的欺天行为，与其这样欺天而死，还不如在学生中坦然死去，这总比死在半途中好啊！因为做教师也是他的人

门人为臣　子路被责

生目标之一。脾气看似发向学生子路的，实是对准了不重用他的君王们，只是不敢直说而已。

【原文】子贡曰："有美玉于斯，温椟而藏诸？求善贾而沽诸？"子曰："沽之哉，沽之哉！我待贾者也。"

【释文】子贡说："假如这有块美玉，是用柜子藏起来呢？还是卖给识货的人呢？"孔子说："卖出去！卖出去！我等着识货的人。"

●这一段借着美玉，实是在议论有才德的人应该如何做的话题，孔子说他正等着识货的人呢，这句托出了上句中孔子的急切愿望，他想以大葬贵族的人生结局，跻身于高级贵族之列。

以此看出，上句"子疾病"里孔子那个发火，是对自己"有美玉于斯"而"沽"卖不出去的不满。怀才不遇竟至如此急切，大家还记得他讲过"天下有道则见，无道则隐"的观点么？如今平时这种洒脱的虚伪，面对生死时就露出狐狸尾巴了。

【原文】子欲居九夷。或曰："陋，如之何？"子曰："君子居之，何陋之有？"

【释文】孔子想住到叫九夷的边远地区去，有人问："这地方很落后，怎么住得下去呢？"孔子说："君子住在那里，还会有什么落后？"

●孔子勇气可嘉，以君王子弟的身份要到边远地区搞发展，不知在九夷他能住多久。反正，他好像是什么地方也都住不下，除了那个有美丽南子的卫国，他能断断续续地住了六年，这算是孔子在列国中时间待得最长的地方了，且还是分了四次去的。

【原文】子曰："吾自卫反鲁，然后乐正，雅颂各得其所。"

【释文】孔子说："我从卫国返回鲁国，才把音乐整理好，《雅》、《颂》都安排妥当。"

●孔子在卫国的活动，可能触发了他对音乐的重视。"吾自卫反鲁"的

"反",是"返"的通假字。"乐正"的"正",是"整"的通假字,整理音乐。"雅颂"是乐曲的两个内容风格,"雅"适合于宫廷宴席和日常生活,"颂"用于宫廷大典和集会。

这段可以为上句"子欲居九夷"作注释。孔子去边远九夷的目的,是想用音乐之类的东西,潜移默化地推行周天子的威严。从孔子编辑《诗经》所用的"风雅颂"格局,我们可以看出"雅"的内容是传播君子之志的,当是专为臣工子弟们所备。"颂"则是歌颂天子美德与功勋的大乐,用以传扬周天子的绝对权威与无所不至。

【原文】子曰:"出则事公卿,入则事父兄,丧事不敢不勉,不为酒困,何有于我哉?"

【释文】孔子说:"在外则服侍君王公卿,在家则孝顺父母,尽力办好丧事,不酗酒,谁还会指责我的什么问题吗?"

●这种生活,从纯粹概念上看的确不错,但如果都看到骨子里,论及"事公卿"时,对公众做了什么坏事、"事父兄"时是不是侵害了别人家的利益,这些可不是小事啊!当然,孔子的道德就是"出则事公卿,入则事父兄"之类的内容,与我们这儿讲的"公众利益、个人利益"的现代道德内容有所不同,但是要说达到了孔子"何有于我哉"的自我得意,自然也逃不脱指责的。比如事公卿时的乱杀人啦,事父兄中的畜奴啦,丧事中的陪人殉葬……这些都是不人道的"仁道"。

【原文】子谓颜渊曰:"惜乎!吾见其进也,未见其止也。"

【释文】孔子评论颜渊:"可惜啊!我见了他前进,没见他停止。"

●颜渊,即颜回,不到三十岁就病死了。他是孔子学生中才德最优秀的学生之一。

【原文】子曰:"苗而不秀者有矣夫,秀而不实者有矣夫。"

【释文】孔子说："植物出了苗却不开花是有的！植物开了花而结不出果也是有的！"

●这个比喻，用来解说学生们的出息与否，就跟植物一样，有开不了花结不了果的。《论语》编者加入此句，似乎是在为颜回的有才无命作解释。

【原文】子曰："后生可畏。焉知来者之不如今也？四十五十而无闻焉，斯亦不足畏也已。"

【释文】孔子说："年轻人值得敬畏，怎知后代不如今人？四十岁和五十岁还默默无闻的人，就没什么可敬畏了。"

●这是孔子警告学生们：若学到四五十岁了还没出息，一辈子也就完了。孔子在颜回死后，还十分敬佩这学生，在不同场合多次公开赞扬颜回的才德。这句"后生可畏"，揭出了孔子是看不起无出息的中老年人，他之所以赞颜回，因为颜回三十岁不到就死了，永远定格在"后生可畏"上。所以颜回他永远也不在中老年"斯亦不足畏"之列了，"假如颜回不死他必定……"这就成了被孔门定格的好榜样。

【原文】子曰："法语之言，能无从乎？改之为贵。巽与之言，能无说乎？绎之为贵。说而不绎，从而不改，吾未如之何也已矣。"

【释文】孔子说："合情合理的规劝，能不听从吗？改正错误才为可贵；恭维赞扬的语句，能不令人高兴吗？分析到了它的内因才为可贵。只高兴而不分析、只听从而不改正的人，我是一点办法也没有。"

●这是讲对待老师做到忠信的重要性。有了忠信而错误不改正的人，也是废物一个。

【原文】子曰："主忠信，毋友不如己者，过则勿惮改。"

【释文】孔子说："以忠信为本，不结交不如自己的人，有错误不要怕改正。"

●孔子这是在教授一种以自身优点去鄙视别人缺点的交友方式，借以完成对老师的忠信。但是，要指出的是：这种忠信教育虽有保持自有优点的特色，也会带有骄狂的毛病。

【原文】子曰："三军可夺帅也，匹夫不可夺志也。"

【释文】孔子说："三军可以变换主帅，匹夫不可变换志向。"

●这个"志"是指"忠信"。对一个有逻辑漏洞的概念组合，抱有此类忠信是极危险的。其危害如同三军步入错误的战略中，变换的主帅再优秀也是徒然，只能是全军覆没。我们从孔子诸多的创新概念中，看到逻辑漏洞已不止一二。

【原文】子曰："衣敝缊袍，与衣狐貉者立，而不耻者，其由也与？不忮不求，何用不臧。"子路终身诵之。子曰："是道也，何足以臧？"

敝缊的子路

【释文】孔子说："穿着破旧衣服，与穿着狐皮貉皮衣服的人站在一起，而不感到惭愧的人，大概只有子路了。不嫉妒不贪婪，有何不好？"子路终身诵记着这句话，孔子说："就行了这点道，便值得满足吗？"

●看似在赞叹子路穿破衣，其实孔子也是恨恨于子路只会学表面，批评子路听不懂话中深意。孔子只是在要求学生不惧富贵，与富贵同利益同立场，而并非是要学生将自己作为贫穷者的代表为荣。孔子认为：身可处贫，不得而已，并非承认自己是小人——贫穷人。他反复强调他的人马，都是行着君子之道的"准贵族"，是财贫身份不贫的精英。

【原文】子曰："岁寒，然后知松柏之后凋也。"

【释文】孔子说："天冷了，才知道松柏是最后才凋谢的啊！"

●孔子是在以天冷为题，要学生们在寒酸的财贫，却身份不贫的“准贵族”生活中，有松柏精神，坚持到最后。

【原文】子曰：“可与共学，未可与适道；可与适道，未可与立；可与立，未可与权。”

【释文】孔子说：“可以与他共同学习，并不一定能共同入道；可共同入道，不一定能共同创业；能共同创业，不一定能共同掌权。”

●这是孔子描绘的“君子淘汰制”，指出他教学的终极目标是获政夺权，而大多数学生是没有机会和天赋完成最高使命的，只有最努力、最有才华的弟子可以去独享。

可见，孔子的学堂并非是常人想象的“平民教育”，反之从他的言论上，可以证知他搞的是“新贵精英教育”，是一种奴隶主制度的干部学院。

【原文】唐棣之华，偏其反而。岂不尔思，是室远而。子曰：“未之思也。夫何远之有！”

【释文】唐棣开花，翩翩摇摆，我能不思念吗？只是离得太远了。孔子说：“不思念，就没有距离远近之说了。”

●孔子借用了古诗句，讲君子的终极目标虽然遥远，但这是他所日夜向往的道路，他要为走近此距离而奋斗，还用“未之思也夫何远之有”，来强调他的目标理想之重要意义。

看来，孔子认真收集了一箱子会讲仁道的“玉石”要出售出去，有谁会出高价买进呢？反正他自己这块“美玉”是在求售了数十年后，又转回到灭亡的鲁国等待着入土了。

39. 君子的裘皮

《论语·乡党篇》

【原文】孔子于乡党，恂恂如也，似不能言者。其在宗庙朝廷，便便言。唯谨尔。

【释文】孔子在乡亲面前，温和恭顺，像不会说话的人；在宗庙朝廷里，口齿表达清晰，但很谨慎。

●这里，通篇描写孔子在现实中如何运用周礼。乡党，是指家族乡亲，古代以家眷内的五族计为一"党"。孔子对乡亲像是不会言词，但对朝廷宗庙则反之，所以在运用言语上，孔子把自家五族与朝廷宗庙区别了开来，其用意，是主观在拿语言的表达，做了对外的专有争利工具，故而他不屑在亲族中使用。"恂恂如也"的不得罪亲人，"恂"恐惧状。并不是恐惧亲友，而是恐怕言语伤和气。孔子在语言上，对家人、学生、社会各有不同的表现身段，它的语言并不为追求据理直言，而更注重屈服在权势的范畴里扮演好各种身份，用现代俚语讲，孔子最讲究说话时对局势的"识相"。

因为讲话不识相的人，会导致个人的"危厉"，这是完全对应于《周易》兑卦对君子的要求，兑卦是周代专门用来约束社会言谈的法则。孔子这点做到了，对乡亲、对朝廷用的是两种态度。

由于《周易》是周天子颁布的奴隶制下的君子法典，所以对处于奴隶主下、奴隶之上的君子，约束上也有明确规范。《周易》是从君子个人利益的角度，来提出处理事件的一种建议。饱受夹板气是做君子要面对的现实。这里，孔子对乡党和朝廷，用上了有利于自己生存的言论方式。但要注意：有利于自己生存的言论方式，并不一定是见效于利公的表达。一些利公的言论无法利己，为了图以利己而见事不说，就会铸成无法挽回的公益损失。现代社会里，阶级之间开放言论上的自由，就是为了最大限度的见效于公利。因此，不惧个人危厉的表达利公言论，是社会民主的体现。而孔子所推行的，是于极不宽容社会下持有的自利自私的做人态度，这是一种机巧手段。

佛学比之儒学，就不主张自私自利的做人态度，而是以“直心即是道场”的坦率表达言论。说话嘛，好听不好听，话总是可以讲的，说出来的便是心底的意思，可以用法理在明处纠正。你不说出来，别人不明你的态度，没法得到纠正，没办法有利于公，语言对人的直接利益就被抛弃了。当然，佛教环境下，有学术思辨，不是奴隶制要杀头的。要保住脑壳就要少思辨，这是孔子做人态度给我们的印象，所以前面孔子教人要会“愚”，就是这个意思——少点脑水留住个脑壳啊！

【原文】朝，与下大夫言，侃侃如也，与上大夫言，訚訚如也。君子，椒错如也，与与如也。

【释文】上朝时，同下大夫说话，轻松自信；同上大夫说话，和颜悦色；在国君面前，恭恭敬敬，仪态安详。

●这篇记载很有趣，让我们透过它，了解周朝末年奴隶主生活方式的细节，十分具有历史价值。孔子在朝廷上，找到了自己的表达位置，大概这样已是脑水留下一点、脑壳留下一点的最佳状态了，可怜的奴隶制君子啊！

【原文】君召使摈，色勃如也，足攫如也。揖所与立，左右手，衣前后，谵如也。趋进，翼如也。宾退，必复命，曰：“宾不顾矣。”

【释文】国君召孔子接待来宾，孔子表情庄重，脚步迅速；与两旁的人作揖，左右拱手，衣服前后摆动，很整齐；快步前进时，步伐轻快；来宾走后，必定回去报信：“客人走远了。”

●这恐怕是宫中的规矩，这倒没什么，但现在学来就迂腐了，你会向同事作揖？还衣服前后摆动？还不如娘娘腔的大小伙站立着自然哩！这显然掺杂了《论语》编者个人对孔子的审美倾向。

【原文】入公门，鞠躬如也，如不容。立不中门，行不履阈。过位，色勃如也，足攫如也，其言似不足者。摄齐升堂，鞠躬如也，屏气似不息者。出，降一等，逞颜色，怡怡如也。没阶趋，翼如也，复其位，椒措如也。

【释文】进入朝廷大门时，走路像鞠躬一样，如同无处容身。不在门中间站立，步行时脚不踩门槛。从座位前经过，表现庄严，脚步轻快，说话简略。提着衣边上堂，鞠躬着上前，憋着气如没有呼气一样。出来时，每下一个台阶，神态舒展，心情舒畅。下完台阶，步伐加快，如同长了翅膀。回到自己的位置，又显得恭敬谨慎。

●这些都是宫里行动的人，必须有的规矩。看也不是孔子的专利，而是他只能去服从的东西，用旧时宫里的话说，这样做才美。

【原文】执圭，鞠躬如也，如不胜。上如揖，下如授，勃如战色，足缩缩，如有循。享礼，有容色。私栊，愉愉如也。

【释文】拿着圭，鞠躬着身体，好像圭重得拿不动。向上举好像作揖，放下来好像交给别人。脸色凝重，战战兢兢，脚步细碎，好像只会沿旧路进退。献礼时，和颜悦色。私访时，轻松愉快。

圭

●圭，在周代是用木、牙、玉做的细长板子，上面可用毛笔记录一些要对君王面议的内容，用完后抹布擦了可反复使用，只有一两重。但因为内容要去细读并当场念诵，所以自然会显得鞠躬着身体。但这里孔子及儒生们把它给形式化了，成了模态化的行为，只要拿圭就必得这个样子，为什么这样，自己也不知道所以然。有些东西则是废活，有谁献礼会不面带笑意而去的？私访当然多是轻松愉快的，除非是有苦难求助于人。

【原文】君子不以绀诹饰，红紫不以为亵服。当暑，诊浠裕，必表而出之。缁衣羔裘，素衣霓裘，黄衣狐裘。亵裘长，短右抉。必有寝衣，长一身有半。狐貉之厚以居。去丧无所不佩。非帷裳，必杀之。羔裘玄冠不以吊。吉月，必朝服而朝。

【释文】君子不用暗红色做衣边，红色紫色不可做内衣。暑天洗浴，出浴必须穿衣。内穿黑杂色衣，要配羊羔皮的外套；本白色的内衣，要配麑皮外套；黄色的内衣，配狐狸皮外套。内外衣若较长，右袖要较短些。要有睡衣，要达到一身半的长度，用狐貉皮毛的厚实来作为踞座。丧事结束后，一切服饰都可佩戴。不是正式场合的衣服，一定要短于裳衣。吊丧时不穿羊羔皮衣、不戴黑红色的帽。每月初一，必穿朝服去朝见。

●这段可能是孔子对学生做君子的要求。先讲服装颜色："绀"和"红紫"都是杂有染料红的布色。古代对红色系的染料，最自茜草红木等植物汁液中，加入水溶胶、明矾做固色剂。把握不好技术，所以时有掉色现象，它们是布色中最不稳定的颜色。所以如果拿红色来做衣边装饰，会因沾水引发染污其他的衣服。而且，这样不良的色料衣服穿在贴身，会出汗后污及皮肤和上层的外衣，所以没人会在当时用这类色泽的衣料去"诹饰"或做"亵服"穿。这是孔子强调学生们不可以违背生活常识，着装上出了君子的丑。

"浠裕"乃是"洗浴"的古字，有人误当成衣物的一种，这是错的。男人在暑天光膀子，洗澡之后不穿上衣，古人也是这个习惯。孔子认为：君子要穿了衣服出来，不能光膀子出浴。

孔子说完夏天，又说冬天服装的搭配。他把服装分成"衣"和"裘"两类，内衣外裘。衣是布料的，裘是皮毛料的，因为鲁国气候很冷。他分列的单子，计有羊皮、麑皮、狐皮三种。我不知道这贵族的皮货服装，当时是不是奴隶们也有穿，但我知道，就是现代中国的下层百姓们，也是买不起这些料子做的衣服，周代奴隶就会比现代平民生活好？我是不信的。

孔子说到了左右袖子的长短，他主张右边袖子要短于左袖，这很怪。但孔子的主张很实用：拿毛笔做事的都是右手，袖子长了会很不方便，所以要短点，也许这个"短"字，有向上折卷袖口的意思，不一定真就是剪短右袖口。如果哪个尊孔儒生穿着一长一短袖子的上衣，在街上走，足以让人把他当做疯子的！现代人的日常礼仪中，你把正装袖子卷起来见客，反而是一种不礼貌。

"寝衣"，在这里译成"睡衣"是很勉强的，因为周代中国人还没有被子的概念，古代的棉被是有袖和帽的。这个带有袖子和帽子的睡被，与衣服的区别除了厚实，另外就是特别长！孔子认为长度应该达到一人又半的，才算最合适。所以它不是现代的睡衣,而是带有袖帽的棉被。为什么古代的棉被比现代复杂?与其说是周礼文化的要求,不如说是古代家居生活方式造成的。周代中国人的室内生活简陋,是以席地而坐席地而睡的方式,他们没有桌凳和床,所以就是直接伏睡在有厚垫的地上。"寝衣"就是为适应席地而睡设计的,是把全身严密包裹上,而非现代上被下褥的眠床设施。

"狐貉之厚以居"的"居",是踞坐座垫的意思,当然也可能用作睡垫。用狐狸皮毛做成厚实的坐垫或睡垫,狐狸在冬天不怕冷,因为它的皮毛保暖性最好。踞坐,在现代生活中已很少用了,因为很不方便,腿又会发麻,不如坐椅凳休息来得有效率。中国在唐代,开始采用室内的桌椅凳。

以上讲的,都是周代贵族中的服役人员"君子",冬夏所应该拥有的日常生活方式。我评曰:这些做君子的,古老的生活方式室内硬件虽简,而身上物品却很奢华!以大量华美的动物皮毛做君子服饰,是周代君王子弟们的高档享受之一。

【原文】齐,必有明衣。齐必变食,居必迁坐。

【释文】斋戒时,必穿专用的斋衣。斋戒时,必须改变平时的饮食,必须改变座位的位置。

●齐,在古字是"斋"的假借。明衣,是专用斋仪用品,"明"是指与用以与鬼神沟通的东西,又写作"冥"。比如入土陪葬的明器里,有研台、谷仓等等,都不是生活中实用的。明衣,就是斋中的主人身上的特别衣服,也不能在生活中杂穿。在"斋"的前提语境下,明就只是通"冥",明衣即斋主用以通神的专用斋衣。

有人认为孔子是对鬼神"敬而远之"的,这里我们又一次看到他在强调斋的规范,他是从着装到饮食,都要从斋中去近神。挑选上最好的食品作供品才是敬鬼神,而自已亲身披受的专用明衣,和服食的"变食",就有明确去求近鬼神的意图。

40. 不厌精细的雄雉

《论语·乡党篇》

【原文】食不厌精，脍不厌细。食饐而餲，鱼馁而肉败，不食。色恶，不食。失饪，不食。不时，不食。割不正，不食。不得其酱，不食。肉虽多，不使胜食气。惟酒无量，不及乱。沽酒市脯不食。不撤姜食。不多食。祭于公，不宿肉。祭肉，不出三日，出三日，不食之矣。食不语，寝不言。虽疏食菜羹瓜祭，必齐如也。

【释文】粮食必求加工精致，腊干脍肉要求细嫩。粮食放久了会酸馊，鱼放久了会臭烂，肉放久了会腐败，这不能吃。食物色泽不好的不吃，气味不正的不吃，烹饪不当的不吃，不到食时不吃，切割得不方正的不吃，没有配备适口的酱料也不吃。大量肉食上桌，不要猛吃。但酒可以不用限量地饮用，不要醉出乱子。从集市上买来的酒不饮，从集市上买来的肉不吃。每餐都要有姜，但不许多吃。在公共场所参加祭祀，分得的祭肉不得放过夜再吃。供祭肉不得超过三天，超过三天的祭肉，就不吃它了。吃饭时不说话，睡觉时不说话，虽然食用的是蔬菜饭羹，也要祭供，必须斋戒正规。

●这是标准君子的餐饮规范了：又是精粮、又是干肉、鱼、酱、酒、姜，这也不是平民生活的内容物啊！奴隶们吃不到，庶民也吃不起。这周代只是个木器杂铜工具为主的落后奴隶制时代，而孔子的君子生活却过得如此富裕，已直奔现代的白领小康生活了，可能吗？

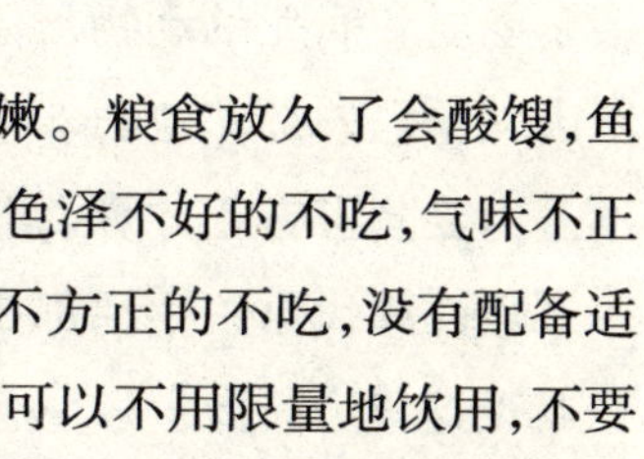
祭肉

粮食“不厌精”，是对吃粗粮的否决，玉米、高粱都是品质粗糙的粮食，而稻米没经过去壳和去皮，也是糙粮。什么是孔子说的精？不但要无壳，还得脱去了皮，只吃米粮的白芯！在农业水平低下的周代，这就过分奢侈了。

“脍”是干腊肉，是用盐和香料腌制风干的肉脯，鲁国冬天很冷，可以把一些肉类放到户外自然干燥成腊品，这样可以保存数年之久。孔子主张要追求肉质的“细”，细嫩的干腊有两个来源：一不是老弱动物的肉脯，二只采用动物身上优良部位的肉。在常人连肉皮都吃不到一点的时代里，享用这样的个人生活标准，可见贵族阶层的奴隶主无良心态，正在君子中无尽地放大。

孔子不食腐败的食物，这有利于健康。但也只是富裕者才会无视鱼肉的来之不易，庶民们几乎都会加热后拿了腐食下肚的，中国民间大量加工处理变质食品的“小妙招”，不就是庶民们不弃一切食品的真实写照吗？烹饪不当的不吃，这可以重新回炉灶。但切得不方正就不吃，这也太无聊了！“割”是对专对肉脯而说的，肉切得不正，会皮多肉少，但总还是食品吧！也许孔子会认为食品来路不正？“市脯不食”，他不敢去吃市售的肉脯，为什么？因为市场上会拿老弱和病死的动物尸体做成干肉脯，买者无法识别。只能自己去亲自做干肉脯？也未必。他的学生们不是年年要送上“修束肉”吗？这个他敢吃，只不过肉要割得方正才算。

也许周代君王生活都是酒池肉林的，所以才君子有“肉虽多”之叹。君子在君王这里，一个是王，一个是子，做“子”的，不能光认着肉脯下箸猛吃，似庶民们没吃过肉一样。但酒可以陪君王尽兴地多喝。为什么说这个是孔子对君子出席君王的宴席要求？因为酒也不是当时农业社会家家做得起的东西：四斤干燥粮食才做得出一斤水酒，贫穷古代平民百姓也只能当它是稀罕物。中国古人吃肉必要饮酒化食，所以才有醉与不醉的事，孔子不许君子陪君王喝酒反倒喝醉，这样职守任务就完不成。

君子的生活中还常吃一种肉：叫“祭肉”，这是古代有脸面的人出席祭祀后，分到的供在供台上的一块肉。吃这种肉，做君子是幸福感蛮强的！所以他必是要吃的。但孔子反对把祭肉放过夜，因为这种祭肉几乎都是一整天一整天地供放于台上，尘土苍蝇少不了。可惜，孔子不知回锅处理，不然放久了也不会坏肚子吧？总之孔子吃这种肉，吃了拉肚与冒君威之间，他的内心也是很矛盾的。

“食不语”，这只是相对于下座的人而言，主子在座位上吃着东西谈话，可能孔子约束不到。“寝不言”，是睡觉不可打搅同室的人，这是集体生活的常识，也许孔子的弟子们也都是过集体生活的。

我们可以细致分析以上孔式生活的利弊。吃精粮，却把谷麸粗纤维及上面的多种维生素扔掉了，单吃谷内的淀粉物质，是造成身体不健康的不良生活方式。吃精粮“不厌精”，会得糖尿病等“富贵病”，中国人历来的富贵人士中，“富贵病”最多，就是因为贪图口舌滋润美味的结果，“食不厌精”的饮食方式，是杀己于无形的错误养生态度。

饮酒是人类的恶习，早期人类社会出于政治的需要，把酒作为集体群意识的媒介物，用以引发兴奋的所谓“神秘体验”与鬼神进行沟通。佛教里把戒酒一条作为一个社会善人必须有的条件，生活中饮酒的人，在佛教里不会是圣人，也不是善人。从这点看，孔子“君子饮酒论”，是将推君子为恶人的。因为孔子还是一个红尘之内的，原始政治目的下的通神主义者，不如佛教一贯主张的觉醒人生、出离昏睡红尘。

孔子的确很讲究保肠胃，有点放久变质的食物就不敢吃，但是他不懂得轻微变质的食物，经过热处理还是可以食用的，微生物经 90 摄氏度下几分钟就不具活性了。也许他的生活真的太富贵了，扔弃宝贵的食物于他并不是一件缺德的事。另外，他不敢吃市场上出售的加工食品，一切都要在自己家的作坊里生产？我认为孔子的家庭是典型贵族庄园化了的，起码在他做了鲁国官僚时，他已是雇有一名私财大管家的富翁了。孔子并没有从个人智慧中悟到红尘的不实，他日日陶醉于吃美味喝黄汤的错误养生理由中。他虽然也经常搞斋祭，连吃蔬果瓜菜也要起祭。但他不是佛教里的供佛那样，是促进自身与众生平等的觉悟心。孔子这类斋祭，供的是“奴隶主官僚的鬼神”，是一种挺进红尘以获得美味黄汤享受的迷信愿心。

【原文】席不正，不坐。

【释文】坐席摆不正，不坐。

●这只是一种排场。如果是他一个人在室内，怎么席不正他也会坐。但数人在室内，给他一个不正的座位，他就会不上去坐，以表示他应获得某个该坐的座位才罢休，对不正座位不满意。也许有人问：你不会自己把座位按你的意愿重新放一个地方，自己坐上去不就完了吗？其实有些人常这样：为了拿架子，一般就只站着“不坐”，以示抗议。

【原文】乡人饮酒，杖者出，斯出矣。乡人傩，朝服而立于阼阶。

【释文】乡人饮酒时，要等有威望的老人出去后，才能出去。乡亲们举行驱鬼仪式时，要穿朝服站在东边的台阶上。

●“杖者”是指手扶拐棍的老人或有威望的人，这些人在周代是有优先权的人。饮酒自然会头重脚轻，不要冲撞了老人与尊贵的人。孔子这些话题都是与集会有关的，其中也包括参与“傩舞”鬼魂上身的神秘活动。众人饮了酒后，就是借着酒劲到广场跳傩舞了。这个风俗在现代汉人中早已不可见了，但少数民族还有保留这古老的风俗。

【原文】问人于他邦，再拜而送之。康子馈药，拜而受之。曰：“丘未达，不敢尝。”

【释文】托付访问者去外国，要拜上多次再送他出国。季康子馈赠的药品，孔子拜而接受下来，说：“我不懂药理，不敢尝试。”

●对于托了人出国去做事，孔子要求拜了再拜，以防受托人的路途时间一长，忘了所托。这如同邮递物品，孔子与学生常到外面生活，捎带邮件的事儿他们常做，所以也列为所必须知道的君子常识。君王送给孔子的药，孔子出于礼貌要收下的，但他会说：自己不敢尝药，因为他不懂药理。就是懂药理也最好不去吃它，这是混江湖都会的手段，怕人送给来路不明的药害了自己。

【原文】厩焚，子退朝，曰：“伤人乎？”不问马。

【释文】马厩失火后，孔子从朝廷返回，说：“伤到人了吗？”却没去问马的伤亡。

●有人说孔子视人重于马，是有德。其实，养马人与马的关系中，马易得而好的养马人难求，只要养马人还在，没有畏罪而逃或伤亡，这马和马厩是一两年就可恢复原状的。

如果连养马人都没了，马和马厩就都成泡影了，所以孔子不是真的为了人道而“不问马”，乃是为了马才问人的。

这段，看似说孔子不问马而专顾人，其实却不是这意思，它是为下段文字打的伏笔：孔子不问君主赐的东西好坏，而专顾于忠君。

【原文】君赐食，必正席先尝之。君赐腥，必熟而荐之。君赐生，必畜之。侍食于君，君祭，先饭。疾，君视之，东首，加朝服拖绅。君命召，不俟驾行矣。

【释文】君主赐予食品，孔子必是在现场品尝；君主赐的鲜肉，定要煮熟供奉起来；君主赐的活物，定要养起来。陪君主吃饭，君主祭祀后，自己要先从饭吃起。孔子生病，君主来探问，孔子面朝东迎接，盖着朝服，拖着带子。君主召见时，不等备车，自己就步行而去。

●一整套的表现，说明孔子是真忠君吗？从行为礼仪是无可挑剔的，这就是“问人不问马”的喻义真正所指。

“君祭，先饭”，有人译为“君王祭祀时，自己要先吃”。其实君王祭祀时全场是不能吃起来的，那得全站立着看！原文是说君王祭祀结束后，吃东西得从米饭开始吃起。我们中国寺院里的僧人吃饭，也是先用饭菜供了佛，然后再吃，吃时要从米饭吃上几口，再去吃菜蔬汤羹。这些不过是古代餐饮风俗的遗存，没什么神秘，大可不必复兴。

【原文】子入太庙，每事问。

【释文】孔子进入太庙，每件事都问。

●同样，这儿也像“顾人不问马”一样，孔子在太庙的表现，是在“顾事不问其他”了。记得前文有提到别人严肃批评孔子在太庙乱问事，孔子强辩说自己是真心敬鬼神才“每事问”的。这里又翻出来证明说，孔子如此做才真正是忠君的，可见孔子对曾在太庙被批一事，他还是耿耿于怀。

【原文】朋友死，无所归，曰：“于我殡。”朋友之馈，虽车马，非祭肉，不拜。

【释文】朋友死了，没人帮着办丧事，孔子说：“我来主办殡葬。”朋友的赠品，即使是车马，不是祭肉就不拜。

●孔子对这个殡葬业很熟悉，所以当朋友死了一时没人帮忙，他便主动站出来协助下葬，古道热肠得很。但朋友送给他价值不菲的车马，他不拜，却去拜别人送来的祭肉。为什么？因为车马是私财，孔子认为这只代表私情，祭肉是分来的公财，代表公益分利上面有先君的神灵光顾过，所以他拜这肉，而不愿拜车马。其实，下面的人送的车马必是出于交易，所以孔子拿架子不用拜。下属向上级送了礼，上级是不必拜的。所以孔子拜的实也不是祭肉，而是拜祭肉所代表的行贿受贿的腐朽制度，体现给官僚们带来的优越性而已！

孔子路遇尸车

【原文】寝不尸，居不容。见齐衰者，虽狎必变。见冕者与瞽者，虽亵必以貌。凶服者式之，式负版者。有盛馔，必变色而作。迅雷风烈，必变。

【释文】睡觉时不能直挺像死人，踞坐时不可散漫无正形。见穿丧服的人，即使再亲密，也一定要表情严肃；见穿官服的人和盲人，即使再熟悉，也一定要有礼貌；在遇到送殡的车子，一定身体前倾表示同情，如背负版图的人一样；在重大宴席上，一定改用严肃表情；遇到打响雷、刮大风，一定要改变表情的常态。

●“居”是踞坐，“容”应是“冗”的古字，是闲散的意思。“居不容”是意即“踞坐时不可散漫”。

孔子规定在遇见丧服之人、官服之人、盲人时都要表情恰当。

“凶服者式之，式负版者”，有趣的是：孔子规定，遇到运尸车时，还得要求前倾身体如负重板一样。“式”是“轼”的古字，指扶着尸车，有人误译为“自己扶在车护手上遇见送殡队伍”，这是错误的。尸车是要放上棺材的，服丧者只能扶着它跟车行走。“凶服者”，指披着丧衣的人。“式负版者”，指遇见了尸车的君子，双手要立即背在后面放着，如同背着重板这样，身体自然前倾以示严重的同情。“式”是扶着的意思,“负版”是背负重板,“版”是“板”的古写。

“迅雷风烈,必变”是用来修饰“有盛馔,必变色而作”的,暗指临盛馔当如同神灵天降风雷,人人都应该端正心态和表情。

【原文】色斯举矣,翔而后集。曰:“山梁雌雉,时哉时哉!”子路共之,三嗅而作。

【释文】雉鸟飞腾起来了,又盘旋飞翔着集于一处。孔子说:“雌鸡在山脊上,就在这时!就在这时。”子路拱手问其原因,孔子用鼻子发出了不屑的嗅声。

●“色”可能是“鸟”字的误写,指“雄雉”。雉鸟雄性羽毛色彩斑斓,远处一看即知。经过此地的孔子师徒们,路上惊动了雄雉,但雄雉飞翔后重又落在了不远处。于是,孔子说山梁上一定有雌雉在。这句话表面好像是孔子赞叹鸟儿雌雄不离,其实是孔子借了雉鸟,在讲生活与礼仪的关系。习惯于穿着破烂棉袄的子路,却不懂孔子的比喻,还要上前再问,于是招致孔子的不屑。

通观全文,孔子无非在强调着做君子的人,要上对得起君王、下不输百姓,有自己生活上的高档享受标准。华丽尽身又举止得当,八面皆不得罪,可算是骑在众人头上的贵族圆滑之人的典范。

41. 焉能事鬼的车马

《论语·先进篇》

【原文】子曰:“先进于礼乐,野人也。后进于礼乐,君子也。如用之,则吾从先进。”

【释文】孔子说:“要首先采纳学了礼乐的庶民,再采纳学礼乐的君子。如果要使用他们中的一个,我也会采纳首先定下的庶民。”

●“野人”是指周朝的自由民，庶民。野人是相对于“君子”而说的。但野人并不是奴隶，他们是一些不归属于奴隶主的人。而君子是已归属于奴隶主的仆臣，所以孔子认为做了君子还要补学礼乐，是一件丑事。孔子说：补学（即“后进”）礼乐的君子，还不如一位初次（即“先进”）学礼乐的野人，他只想选用学了礼乐的野人来做事。这个“先进”“后进”，在现代人眼中有点绕，现代人用的这两个词，常是日式汉语的解读。古汉语的“先进”指初次进学，“后进”则是指补习进学。

孔子的“干部学院”是把“野人”和“君子”，培养成奴隶主可用之臣的大熔炉。自然他喜欢按他的想法将“野人”这种原矿，亲手炼成奴隶主的“钢铁战士”，而不是将金属废品的“君子”再次回炉修复。因为他自以为他的“干部学院”，并不是废品处理厂，而是优良品的制造厂。他说“吾从先进”，是对自我价值的一种自负。

【原文】子曰：“从我于陈蔡者，皆不及门也。德行：颜渊、闵子骞、冉伯牛、仲弓；言语：宰我、子贡；政事：冉有、季路；文学：子游、子夏。”

【释文】孔子说：“跟我在陈、蔡受苦的人，都不在身边了。其中品德突出的有：颜渊、闵子骞、冉伯牛、仲弓；善于言谈的有：宰我、子贡；善于政事的有：冉有、季路；精通文学的有：子游、子夏。”

●孔子在陈蔡被围困的这一群忠诚的弟子中，大多数原是“先进”的野人身份，这些人是孔子一直想推介给君王们的，他们各有德行上、言语和政事上的才能。当这儿孔子在说此句时，他又伤感地感叹这些人大多已不在身边了。

以下是孔子在分别回忆这些弟子们。

【原文】子曰：“回也，非助我者也。于吾言无所不说。”

【释文】孔子说：“颜回他并不能帮助我，但他对我所讲的都带着喜悦在听。”

●孔子最伤心的是颜回这位“野人”出身的弟子了，他伤心的并不是颜回能有助于他，而是这位弟子最听话，也最好学。

颜回是孔子在其死后，被赞叹最多的一位礼乐的“先进”学生。

【原文】子曰：“孝哉，闵子骞。人不间于其父母昆弟之言。”

【释文】孔子说：“孝心的闵子骞！人人都不用去质疑他父母兄弟所说的称赞。”

●闵子骞少小受后妈虐待，冬天只穿芦花絮做的破袄，冷得无法给父亲套车，父亲生气地要休掉这后妈，闵子骞却怕后妈的两个儿子也会挨冻，极力劝父亲别这样做，后妈知道后就改正了错误，变成了慈母。

孔子赞叹闵子骞，是他门下野人出身的礼乐“先进”者。

【原文】南容三复白圭，孔子以其兄之子妻之。

【释文】南容一日三遍以“白圭之瑕”进行自省，孔子介绍自己兄长的女儿给了他做妻子。

●南容每天这种小心翼翼的样子，着实感动了孔子，孔子就把侄女给他做了妻子，孔子认为南容做官是绝不会得罪上下被杀头的，南容是个只会在官场为家族获利的人。

南容也是孔子最喜欢的门人，一位野人出身的礼乐“先进”者。

【原文】季康子问：“弟子孰为好学？”孔子对曰：“有颜回者好学，不幸短命死矣。今也则亡。”

【释文】季康子问：“您的学生中谁好学？”孔子答：“有个叫颜回的最好学，不幸短命死了，现今还没有遇到能超过他的。”

●颜回是孔子早期学生中的优秀者，虚心好学，安贫乐道，他比孔子小三十岁，孔子常拿颜回向学生们做示范。由于常用颜回给人做榜样，所以同学们就十分尊重颜回，颜回30岁不到就因病死了，同学们都赞同颜回父亲的想法，要给他办个有棺有椁的体面葬礼。

【原文】颜渊死，颜路请子之车以为之椁。子曰："才不才，亦各言其子也。鲤也死，有棺而无椁。吾不徒行以为之椁。以吾从大夫之后，不可徒行也。"

【释文】颜渊死，颜渊的父亲颜路请孔子卖车给颜渊做椁，孔子说："有才无才，都是儿子。我的儿子孔鲤死时，有棺而无椁，我也不卖车步行为他做椁。因为我做了大夫，周礼上说了，我是不可以步行的。"

●孔子对颜回的父亲表示，他一直是把颜回当做儿子看待的。颜路不知是计，又问孔子："既然都是儿子，为什么不拿你的马车卖了，给颜回安葬在椁棺俱全的墓中呢？"孔子说："马车不能卖，我要用的。我儿子孔鲤死时那也是椁棺不全的，现在也给了颜回一个椁棺不全，不就等于是给了他与我儿子一样的待遇了吗？"总之马车就是不能卖掉！孔子拿自己的儿子过去的标准来对付颜回，他不知时间变了，空间换了，对象不同了，这"儿子"概念下的现实也要变，颜路对儿子也有自己的风俗标准。有道德的人都会体恤亡者，并服从亡者家人的风俗标准。但是孔子只以自己对待儿子的方式来对学生，未免是为了保住私财太不近人情吧。更可恶的，他设下了逻辑圈套打埋伏，为了逃避不舍得卖车的道德指责，竟说埋自己的儿子也没有椁，所以就说没有椁的亡者葬礼下，颜回也等于是他的儿子了。

颜回的棺椁

颜回的父亲听了，一定是两个鼻孔都在冒着烟的。

"椁"是棺的外壳，一般是用良材制造，并上漆彩绘后，中间再放入棺用以下葬。周代的奴隶葬时一般没有棺，更不会有椁。庶民野人就可以有棺，但用不起椁，用得起椁的人，是要有权有财的身份。在周代，天子诸侯的葬礼，不但有棺和椁，还要用几百根有香气的柏木围起来，叫"黄肠题凑"，以示尊贵。

【原文】颜渊死，子曰："噫！天丧予！天丧予！"

【释文】颜渊死了，孔子说："唉！那是老天要亡我啊！老天要亡我啊！"

●孔子对颜回的伤痛,并非完全是对其本人的惜别,而是夹杂着为自己的未来感到悲叹啊！这不,颜回的爸爸竟还看中了孔子的车马,颜回的死真是在要他的命了。孔子的想法:财富+地位=命。

【原文】颜渊死,子哭之恸。从者曰:“子恸矣。”曰:“有恸乎？非夫人之为恸而谁为？”

【释文】颜渊死,孔子痛哭。身边的人说:“您过于悲痛了！”孔子说:“过于悲痛了吗？不为他悲痛能为谁悲痛！”

●“您过于悲痛了！”这是学生们看到孔子“天丧予”呼号的直接反应,几乎是在嘲讽他的吝啬表现了。孔子无力地辩说:他完全是在对颜回的悲伤,并没有别的意思。谁信？也许在其他的境遇里学生们会信孔子,但这次是决不信的。买椁还是不买椁呢！孔子以“认儿子”作为挡箭牌,拒绝买椁。而学生们以“恸”看着孔子的拙劣的表演,大胆点的人,竟还用语言刺激着这老师。那流泪掩面的孔子双手指缝中,也许一对眼睛正滴溜溜地在后面打转儿呢！他该如何是好呢？

【原文】颜渊死,门人欲厚葬之。子曰:“不可。”门人厚葬之。子曰:“回也视予犹父也,予不得视犹子也。非我也,夫二三子也。”

【释文】颜渊死,学生们要厚葬他。孔子说:“不可。”学生们还是厚葬了他。孔子说:“颜回把我当做父亲,我却没把他当做儿子。不是我要这样,是学生们这样干了。”

●孔子不愿卖掉车马为颜回置办椁木，结果还是学生们自己集资给同学椁棺齐全地厚葬了。孔子听说后,大发脾气地叫嚷:“不可以的！”人们都没听他的,学生们厚葬了颜回。孔子却责怪这些学生们,是在不让颜回当老师的儿子。这里,有两个可能:一,孔子的表态,只证明他是个概念狂,“儿子”一词得依他对儿子的概念处理来做,儿子孔鲤的死既然没有椁,那么,谁要做他的儿子,也得死得没有椁。二,是因孔子的吝啬,他面对自己不如学生们更爱惜颜回的事实,用发脾气来掩饰自己因吝惜财物引来的重大尴尬。二者之中,必居其一。

【原文】季路问事鬼神。子曰:“未能事人,焉能事鬼?”“敢问死?”曰:“未知生,焉知死?”

【释文】季路问怎样侍奉鬼神,孔子说:“人都不能侍奉好,还谈什么侍奉鬼神?”季路问:“请问什么是死?”孔子答:“生都不了解,还谈什么了解死?”

●孔子不愿以车马换得颜回的棺椁,是有原因的:他并没有犯概念狂的毛病,而是因为颜回已死,是已归属“鬼”的一路了。他的理由是“未能事人,焉能事鬼”——那些车马都是备了用来侍奉活人的,怎么可以用来侍奉一位做了鬼的死人呢?孔子他还不愿去知死,因为他还没坐着车马尝尽生的滋味呢!车马与椁木,吝啬就吝啬了吧!孔子还挺要面子的,绕来绕去,不就是他的车马“焉能事鬼”吗?

有人认为孔子是“好生之德”的人,证据是“未知生焉知死”“未能事人焉能事鬼”句。这都是不对的,恶人也会用些善语来说话,这要看这句话所针对的事件是什么,在车马换椁事件上,孔子的“未知生焉知死”“未能事人焉能事鬼”明显就带有了诡辩色彩。

总之,孔子想留下了车马,他好继续坐着它——“知生”去。

42. 发明揪斗的祖师爷

《论语·先进篇》

【原文】闵子侍侧,訚訚如也。子路,行行如也。冉有、子贡,侃侃如也。子乐:“若由也,不得其死然。”

【释文】闵子骞在旁侍奉时,是恭敬状;子路侍奉时,却是好强的样子;冉有、

闵子骞被赞

子贡侍奉时，是温和快乐状。孔子乐了！说："像子路这样，恐怕不得好死。"

●孔子对于学生的恭敬温和十分赞赏，对好于逞强如子路这样的人，却十分不喜欢。但不喜欢的同时又在利用他，子路是护卫孔子最得力的卫士，粗鲁却很忠诚。孔子利用着子路的逞强，但也怕子路会闯祸，会因为无礼得罪人而"不得其死然"！可惜，子路被孔子言中了一半，子路虽然真的横死在刀戈之下，但正是"若由也……"这句话，直接造成了子路之死！是孔子把子路教到了死路上。

子路一直想学到孔子所指点的真谛，于是处处注意礼仪，学着与闵子骞、冉有、子贡这样的做到"唁唁如也""侃侃如也"。他成了奴隶主的一名家臣时，的确是怕自己"行行如也"的被预言"不得其死然"。最后是一场奴隶主主人介入的地区战争，子路也参与了进去，当他进行战斗时，帽冠却掉了下来，他想起了老师说过"行行如"是要"不得其死"的，所以赶忙停下来系缚帽冠，结果被对方乘机杀害了。

原文中的"闵子侗侧"一句，漏了一个"骞"字，这与《论语》中诸多的"曾子曰"是编者或后编人的计谋么？弟子与主人一起被尊称为"×子"显然是不当的。所以不可以称"闵子"，而只能是称原名"闵子骞"，也许这只是漏写的字吧。

【原文】鲁人为长府，闵子骞曰："仍旧贯，如之何？何必改作。"子曰："夫人不言，言必有中。"

【释文】鲁国重建国库。闵子骞说："仍用旧库，不行吗？何必改建？"孔子说："此人很少说话，但开口必说到点子上。"

●据说"府"是放国财的地方，仓是藏粮食的地方，库是放兵器的地方。鲁人要重建国库，与鲁昭公利用国财，去镇压本国新兴地主的"堕三都"有关系。孔子是鲁昭公的丞相，他们利用"长府"做攻打三都的直接据点，让新兴地主们吃了不少苦头，三个都城被灭掉了两个。由于在讨伐新城中的失败，鲁昭公出逃外国,才导致了孔子的官运中止而流浪列国。暂时胜利的鲁国百姓们,为了防止鲁昭公返回来再次利用长府做堡垒攻打他们,于是想拆毁旧的,重建一个新的长府。

孔子等待着被驱逐的鲁昭公归国,但看着鲁人们的这些行动,心里很是着急。一向不太说话的闵子骞,这时向季氏这边发声了,他无理由地强烈反对改建长府。也许长府就此没有改建成,孔子说到闵子骞是"言必有中"的,所以肯定是被干涉成功了。孔子对这位"侃侧喑喑如"的学生是很满意的,他只等待鲁昭公的归国了!只是,人有助而天有不助,三年后鲁昭公在晋国身亡。再劋新兴集团的希望最终破灭,孔子只得卷起铺盖滚出鲁国浪迹列国了。

其实,孔子自认为闵子骞是在暗助奴隶主们,这也是一厢情愿地乱想,也许闵子骞根本就不关心这些争斗。他以一名鲁国人,只是单纯地想留下原来的长府而已。结果,当然长府并不曾再次被人利用攻打新兴集团,鲁人也没有为长府的重建费钱费力。这不是正帮了孔子的敌人么?所以,孔子真是一个很主观的人,他老是看错学生,这是随口主观表扬某个学生的事例之一。

【原文】子曰:"由之瑟,奚为于丘之门?"门人不敬子路。子曰:"由也升堂矣,未入于室也。"

【释文】孔子说:"子路何以老在我的门里弹瑟。"学生因此而不太尊敬子路。孔子知道后,说:"子路弹瑟的水平已是登堂了,只是还没入室而已。"

●"瑟"是古代的一种弦乐器,有二十五根弦,好像是得用细长竹条来弹奏的,一次可以拨动几根弦,以发出急速的连声。"秋雨瑟瑟",就是形容秋天雨水急促细碎的声音,现在已没有这种乐器了。过去常听说有"孔子学琴"的老故事,原来孔子学的只是二十五弦瑟,而非传说中的七弦琴。

子路心气急躁,鼓瑟也就带有杀伐之声,孔子听了没好感。从前面文章发现孔子在说话时,有叫人弹瑟伴奏的老习惯。孔子说着话,耳中却听到不和谐的瑟音,就劝子路不要在这里弹瑟。这弹瑟者是必需见风使舵看场景伴奏,像子路这样只会依自己心态的演奏,不合孔子要求。

这么一说不打紧,从此学生们就看不起子路了,这让子路很受打击。孔子一看不好,那句话弄出麻烦了!于是再加以解释说:他是有能力登堂的,但入室的水平还差些。

门、堂、室，是孔子对学艺的三个分级：室内独奏乐要精，堂中一般是合奏的，不精也可以与众得到和谐。轰出门外，那就没有与同学共处听课的条件了。孔子转而解释，更正了他对子路的完全否定。不让子路在“丘之门”演奏，那么堂中合奏，与同学共处的和谐空间就被剥夺了。子路身为孔子的近侍卫士，孔子将会失去一位能干的人呀！虽然子路心中总有杀伐之声，但这不正是孔子所要利用的么？

这孔子常有随口跑马的毛病，不知轻重随口批评学生，说出的话造成了严重后果，反过来再给人作补救。

【原文】子贡问：“师与商也孰贤？”子曰：“师也过，商也不及。”曰：“然则师愈与？”子曰：“过犹不及。”

【释文】子贡问：“子张与子夏谁贤惠些？”孔子说：“子张做事总是过头，子夏总是差点火候。”说：“那么是子张强些喽？”孔子说：“过头和差点一样。”

●“贤”，就是能干。子张的过分能干和子夏的差点火候，都是孔子认为不合格的。后代儒生说“子贡贤过仲尼”，就是在强调孔子才是贤得正好的标准，子贡那是贤过了头。这在贤字的本义上，涉嫌孔子夹杂了一个隐性的评估数据。过贤非贤，在“能干”这个内涵上，是不能成立的伪逻辑。过贤是“贤之最惠”，而非“贤之罪过”，孔子这个问题上，借用“过”字的一词多义，在玩弄偷换词性的把戏。

孔子为什么要偷换词性呢？目的是想着法子要借子张来批子贡，因为子贡是孔子门生中最贤能的人。子张都被否定了，子贡当然在老师面前也就立不住了。

【原文】季氏富于周公，而求也为之聚敛而附益之。子曰：“非吾徒也。小子鸣鼓而攻之可也。”

【释文】季氏比周公还富，然而冉求还在帮他搜刮钱财。孔子说：“他已不是我的学生了，同学们可以敲锣打鼓地去声讨他！”

鸣鼓而攻的揪斗

●话题似乎是出在“富于周公”上了。季氏是鲁国三大新兴地主家族，是主动放弃奴隶主身份的新式政体的代表。他利用解放鲁国奴隶获得了百姓劳动热情的回报，从而快速富裕起来，数年间就“富于周公”了。其中，孔子的学生冉求也在“附益之”的支持季氏，孔子知道这件事后，十分恼怒，他站在奴隶主一边，对季氏家族已视如死敌，他教学的目的也是定在培养一大批奴隶主家臣的目标上。结果自己的学生竟跑到了死敌的那边，在帮政敌们搞“聚敛”！

孔子对待这种背叛了自己的学生，用的是鸣鼓“攻之”。当然，振臂的口号乃至石块相加，也是不可免的后续发展了……从孔子煽动鲁昭公武力打击以季氏集团为主的三大家族来看，杀人、毁屋、放火他们也都做了，两处鲁国新城立时被毁。所以“鸣鼓攻之”是一种“武卫”前的热身，继之的刀戈武斗才是“文攻”后的必然结果。

其实，人各有志，不为奴隶主服务的青年人，也应有谋生存的自由。何况解放奴隶乃是伟大人性的体现，冉求为这样的一个新兴集团工作，是有他正面人生意义的。不论冉求是不是因此而个人获利，但新兴集团的“聚敛”也并非是因为孔子培训冉求的帮助而发达，那是季氏家族主动放弃奴隶主身份，并解放了奴隶而获得了生产力的提高，孔子真是心量太小了。

不做和平的公议辩论，只是加以鸣鼓攻之，这种围剿别人的方式也太原始野蛮了。

【原文】子曰：“回也其庶乎，屡空。赐不受命，而货殖焉，亿则屡中。”

【释文】孔子说：“颜回的学问也差不多了，却空受困苦。子贡不愿接受委命，他经商了，想要的巨财却屡屡能得手。”

●颜回与子贡，两人命运的差距这么大，一个天上一个地下，是孔子所百思不得其解。其实也没有什么奇怪的，颜回是忠实的儒徒，而子贡的骨子里却是法家之徒。颜回信老师的“书中自有黄金屋”，而子贡却信“货殖自有黄金源”，他们两人是不一样的行为，从属于不一样的思想。其实我们不一定真要通过看孔子的是非，来定颜回与子贡的成败。就是从颜回于子贡的成败区别，也可以轻易判断出孔子正是误导颜回的祸首！

孔子虽能知悉颜回失败的全部，但至死不知子贡的成功不单在“货殖”商贸，更在助成孔子的学术之“命”的延续——他用个人的资本将孔子的学堂维护了下来，让孔子的徒子徒孙们终有一个安顿的学习环境。子贡是北派孔儒组织的实际拥有者，是幕后的真正大老板。

如果说子贡的“不受命”，即是不接受孔子思想的指导，那么子贡代孔子维护的儒学组织是不是个伪孔儒教呢？如果是，这部《论语》也是出自子贡手上的北派儒生之手，它是个伪典么？好在这部《论语》倒是一直在引证孔子语录，以贬低老板子贡、褒扬教授曾参，好像并不照顾子贡的面子。总之，受命的倒一事无成而亡，不受命的却各项事业成就巨大，这不值得我们深思么？

我不愿多说了，只是想说如果颜回不这么听孔子的话，身体活泼一点，思想独立一点，也许他就不会因身体不健康而早死，也不会因思想深坠孔子的糨糊桶中不可自拔，成为子贡这样的人也不是不可能。

【原文】子张问善人之道。子曰：“不践迹，亦不入于室。”

【释文】子张问做善人的方法。孔子说：“不踏着前人的脚印走，也难以入于室内。”

●孔子这句是个无主句，他把“不践迹”的对象给漏了，不践谁的足迹呢？“善人”是有不同社会标准的，即以推测的“前人之迹”来论，前人的标准也是各不相同。原始社会的善人，只以活着并繁衍为最善；而奴隶社会的善人，则以驾驭人群的生存为善。原始社会杀长辈而食不为不善，奴隶社会杀族中弱奴不以为不善，孔子的前人之善是什么呢？依我们来看，只有践我们后人的足迹为“真善”，才是入于善“室”！而不应是孔子以前人足迹的为善。现代的善，前人中无论奴隶社会还是原始社会都做不到，所以孔子的善有悖于现代的善。

【原文】子曰：“论笃是与？君子者乎，色庄者乎？”

【释文】孔子说："论说最真诚的人，是君子呢？还是色相伪饰之人呢？"

●孔子这句话是巧用了一项无效举证，来暗中证明君子就是最真诚的人。"色庄者"是伪饰之人，孔子用的是一个"不可食的大粪臭于泥土，故泥土可以食"这样的伪逻辑论证，明眼人一看即知。

43. 舞雩台上一枯叶

《论语·先进篇》

【原文】子路问："闻斯行诸？"子曰："有父兄在，如之何闻斯行之？"冉有问："闻斯行诸？"子曰："闻斯行之。"公西华曰："由也问闻斯行诸，子曰有父兄在。求也问闻斯行诸，子曰闻斯行之。赤也惑，敢问。"子曰："求也退，故进之；由也兼人，故退之。"

【释文】子路问："闻而即做吗？"孔子说："前面有父兄在，怎么能听而即做呢？"冉有问："闻而即做吗？"孔子说："闻而即做吧！"公西华问："子路他问可不可以闻而即做，您说前面有父兄；冉有一样也问可否闻而即做，您又说可以闻而即做，我很困惑！试问老师的用意？"孔子说："子路退步了，我要促他进步；冉有过于谦逊，所以我要褪他的过谦。"

●一个用意产生两种用词，这完全是针对前面"过犹不及"句的补充。孔子意图分别用两种方式，调整子路和冉有各自不同的缺点，我们可以看作子路生命被孔子所误的一个现象过程。孔子不知人类思维并非是源于概念生于概念，思维并非是0或1的简单开关。由于孔子以提出"仁"这样的既定概念，作为学生的思维态，其开关于0与1从概念上讲，似乎很纯粹。但把握0与1这个"仁"的主体并没有找到，行动于没有操作者的"仁"，是盲目于理想的概念狂。如同子路和冉有的缺陷，即便孔子来代做了他们的操作者，这个"仁"的0与1的运作，同样没有真实的界定，旁观者公西华还是无法看懂。

人类大脑原是周通而非开关的，像孔子这样亲自在拨拉学生的"开关"，根本就不是在传授智慧啊。

关于这一点，中国传统文化里，把孔子这类将学生造就成合法职业化“开关”功能的，称作“善道”又叫“世间善法”。而我们上面对这种“善道”的分析手段，是“非善非恶法”。思维规律的研讨，它不是善也不是恶的，所以这是“出世间的无为法”。有了这个出世间法，不怕世间善法难弄懂，佛法就是古代哲人对思维规律研究的总结。孔子发明的种种概念，经过它的照射，即可甄知这些“伟大”的概念，何以会在两千年里毁误了国人的大脑。

人之内在的“操作者”，佛学里把它称之“佛性”，又称觉悟心。要调整人的行为，不去教示觉悟心，只是或左或右的拨拉，根本不能调教出自觉觉他的人，因为这是一潭死水啊！子路就被拨拉成了敌阵上的一堆肉泥。“善道”的善是有具体条件的，比如庖丁的道是“解牛之道”，不能解剖牛就是不善，游刃有余而不伤刃锋的技术是它的善道。同样，孔儒是做君子的奴隶主之道，做大官做得强的，就是它的善，反之就不善。所以所有的“善”都是不普世的，只是对这善的同时，也在对那的恶。

【原文】子畏于匡，颜渊后。子曰：“吾以汝为死矣。”曰：“子在，回何敢死？”

【释文】孔子被困于匡地，颜渊在队伍的最后。孔子说：“我还以为你死了啊！”颜渊说：“您还在危困中，我怎么敢死呢？”

●孔子与弟子们在匡地被群众围困了起来，几百个农民不让他们到卫国去。这些农民，都是刚从奴隶转成的自由民。没有粮也没有水的五天在野外，让这群书生们吃足了苦头，颜回身子骨本来就弱，这一惊吓就落在了队伍的后头。当孔子收拢队伍后见到后面的颜回，就与颜回打了个招呼，说是几乎已怀疑颜回落单被人打死了。颜回的回答并不诚实，他说他要护着老师走下去，所以不敢死。大有努力讨好的意味！孔子喜欢马屁精。

逃命的颜回落单

“子在，回何敢死”，说的是老师不死弟子就不死。总之他不说逃命时自己还算机敏和快速，却只说己之不死，是源自老师不曾死！其实两者并不互为因果。很纳闷:颜回也用伪逻辑与人交流!还胆子肥肥地直接去糊弄老师。难怪孔子说他“回也其庶乎,屡空”,颜回语言特点上的确学得很像孔子,连“屡空”,也像孔子。两人一生中最相像的,是学问志向与现实人生的差距都很大。孔子视颜回为“儿子”,孔子似乎从颜回身上,看到了自己未来的影子。

【原文】季子然问:“仲由、冉求,可谓大臣与?”子曰:“吾以子为异之问,曾由与求之问。所谓大臣者,以道事君,不可则止。今由与求也,可谓具臣矣。”曰:“然则从之者与?”子曰:“弑父与君,亦不从也。”

【释文】季子然问:“仲由、冉求可算大臣吗?”孔子说:“我以为您问别人,哪知道您问此二人。所谓大臣,应以仁道辅佐君主,不行就不干。现在仲由冉求二人,也可算得是合格的臣子。”又问:“那么他们是否绝对听话?”孔子说:“弑父和弑君,他们不会服从。”

●这句是为下句作铺垫。这里孔子明确向季子表明:他的“干部学院”出来的生员,都是合格的臣子,他已经给这些学生教导了明确的为官规范,所以他们不会听从规范以外的指挥。这里,孔子用“杀父杀君”,来强调规范外行动的绝对不可服从。

【原文】子路使子羔为费宰,子曰:“贼夫人之子。”子路曰:“有民人焉,有社稷焉。何必读书,然后为学。”子曰:“是故恶夫佞者。”

【释文】子路派出子羔去做费宰。孔子说:“这是误人子弟。”子路说:“有人民,有土地,何必读书才算学习?”孔子说:“真是可恶的强词夺理之人。”

●子路派出了没接受过孔子规范的同学子羔去当鲁国费城的宰相,孔子知道后骂子路是在误人子弟,“贼”是骗的意思。子路反驳说:我们可以在工作中摸索着做,这也是一种学习嘛!何必读书?孔子听了来气了,骂子路是可恶的“佞者”。

孔子怕学生子羔在做官上不懂规范,就像学生冉求在鲁国这样,帮了季氏做越级的行动,违背了老师培训他们的意愿。

“是故恶夫佞者。”这个佞，就是不讲理，可见孔子也喜欢人家对他用理讲话。

子路被孔子一个“佞”字，摁灭了越动的逻辑思维火花，“子路实践论”从此与子路生命无缘了。孔子教授的那套他发明的“绝对概念”——仁，成为学习的主流，基于孔子生命中不太善于逻辑思维，却因害怕伤及“绝对概念”而不许学生去实践。“战场缚冠事件”中，子路正是因为执著于概念的绝对意义，放弃了逻辑思维，故而才被剁成了肉泥的。试想，如果子路在这一段“子羔为官事件”里，坚持了“子路实践论”并在生活工作中发扬广延之，又或者孔子没有去否决“实践论”，他一定是不会这么在战场上迂腐不动脑筋的啊！概念狂的孔子，教出的是一群绝对概念下的牺牲品。

【原文】子路、曾皙、冉有、公西华侍坐，子曰：“以吾一日长乎尔，毋吾以也。居则曰：不吾知也。如或知尔，则何以哉？”子路率尔对曰：“千乘之国，摄乎大国之间，加之以师旅，因之以饥馑，由也为之，比及三年，可使有勇，且知方也。”夫子哂之：“求，尔何如？”对曰：“方六七十，如五六十，求也为之，比及三年，可使足民。如其礼乐，以俟君子。”“赤，尔何如？”对曰：“非曰能之，愿学焉。宗庙之事，如会同，端章甫，愿为小相焉。”“点，尔何如？”鼓瑟希，铿尔，舍瑟而作，对曰：“异乎三子者之撰。”子曰：“何伤乎？亦各言其志也。”曰：“暮春者，春服既成，冠者五六人，童子六七人，浴乎沂，风乎舞雩，咏而归。”夫子喟然叹曰：“吾与点也。”三子者出，曾皙后，曾皙曰：“夫三子者之言何如？”子曰：“亦各言其志也已矣。”曰：“夫子何哂由也？”曰：“为国以礼。其言不让，是故哂之。”“唯求则非邦也与？”“安见方六七十如五六十而非邦也者？”“唯赤则非邦也与？”“宗庙会同，非诸侯而何？赤也为之小，孰能为之大！”

【释文】以我年长了你们几日，你们也不必就如此对我嘛。你们曾坐在那说：我们不被人知道啊，如果能被人了解，怎么会这样做呢？子路抢先说道：“千乘之国夹于大国之间，他们外有军事压力，内部又有饥荒肆虐，我也原去管理，只用三年即可以让民众们都勇敢起来，并且让他们知道运用正确的方法。”孔子听了后带着讥讽的微笑又问：“冉求，你怎样呢？”冉求回答：“方圆六七十里的境内，治理得如同五六十里，我冉求做得到。只需三年可使百姓

舞雩台

衣食充足，还要备齐了礼乐，只待君子到来。”孔子问：“公西赤，你怎样呢？”公西赤回答：“我不说自己能干，但我愿意学习它！宗庙祭祀、外交接待，穿上礼服我愿意做个助理。” 孔子问：“曾点你怎么想？”曾尝正瑟曲弹到了尾声，铿锵过后，放下了瑟发表了想法。“我有个不同与这三个人的愿望！”孔子说：“不必太紧张，你们就各谈各的志向吧！”他对孔子说：“已是晚春时节，我要穿上了春服，再约上五六个人，带上五六个童子，去沂河中沐浴去！然后就在舞雩台上让风吹干了身体，再一路唱着诗歌返回。”孔子感慨道：“我倒喜欢曾点这个想法！”

三人出去时，曾点在最后，曾点问：“他们三人的想法怎样？”孔子说：“也是在各自表达自己的志向而已。”曾点问：“老师为什么嘲笑子路呢？”孔子答：“治国要有礼仪，但子路的言词中没有体现出‘让’，所以我才嘲讽他。”曾点问：“冉求谈的是治国吗？”孔子答：“怎见得方圆六七十里就可如五六十里的治理，它还是不是治国？”曾点问：“那么公西赤谈的是治国吗？”孔子说：“宗庙所祭祀和接待的，那不是诸侯王是谁？公西赤做的若算小，谁还能做得比这大？”

●四个学生，四个不同的理想。子路勇气过人，他想用爱国教育来救国，孔子以“哂”嘲笑了他。冉求精明专营，他想让境内的百姓，通过经营都衣食不忧生活快乐，孔子也不对此表态。公西赤想做一个礼仪之士搞接待，孔子听了也不表态。曾点是个粗暴的人，他说他只想在天暖之日带着仆从去郊游，洗浴纳凉和唱歌。孔子在四个人中只赞赏了曾点的想法，因为子路想以抵御外辱来救国，而不是以对内出“让”的礼仪治国，所以他不作认可。子路的事，在前面我们说了很多，孔子的礼仪害死了他。

孔子除了反对组织武力抵抗的救国，他还反对冉求的为民谋福利的想法，特别是强调不可以将大地区当成小地方去分别治理。

冉求后来真的去给季氏集团帮忙了，孔子认为冉求对鲁国大地区不顾，只顾鲁国季氏集团一家了。没有照顾到鲁昭公这大奴隶主驭奴特权的利益，冉求还帮季氏搞解放个体奴隶的社会运动，这个事例可以作为孔子直接不喜欢冉求理想的原因。孔子所以立即开除了冉求“孔门弟子”的身份，并用“文攻武卫”方式来组织人马对冉求进行人身攻击。为民谋福利，就会一脚滑进了解放奴隶的道路上去，孔子不喜欢！

第四个人是曾点，也是孔子北方学派首席教师曾参的父亲，是一名贵族遗老。他以粗鲁暴躁出名，常为一点小事儿，把老大不小的曾参，打得满身是伤。虽然家里是庶民也很贫穷，但骨子里却有奴隶主的习性。这时，曾点正在弹瑟为会谈助兴，他把瑟一推，由客入主地说：“我不干你们这些事，我只想穿上好衣服带着仆人去出游、洗澡！还得到舞雩台纳凉唱歌。”这里，千万别把这曾点的理想向往看得轻飘了，前三人表达的都是各种臣位的职务，而只有曾点大胆表达了做“君王”的愿望！

舞雩台大概是鲁国高级贵族的一个重要宴乐场所，曾点很羡慕这种享受。中国古人有将宴乐场所置于小山包上的习惯，君王可以一面宴乐一面俯瞰自家的疆域领地。这种小山包就称“台”，“舞雩”显然起名于少女们的舞蹈翩翩有关了。从沂河边快速地到达舞雩台，连身上的湿衣都还未干，可见是坐的驷马快车了，而且并不用去顾及穿上干衣的礼仪，只有最高领导才能如此啊，这就是曾点未来的伟大理想！

孔子听了第四个学生的发言，终于等到了与他心底意愿相同的声音，他马上“喟然叹曰：‘吾与点也’”——他心里也有曾点这个理想。有人说孔子如何忧国忧民，如何爱民如子。从这里，我们通过他自己的言论，看到的是一个一心一意想做最高奴隶主的真实孔子。总之，孔子不是什么普世的“爱人”之人，他只是爱王之人，他的“仁者之爱”实是爱王而不爱人的。

孔子也曾在逃出卫国的路上说“饭疏食，饮水，曲肱而枕之，乐亦在其中矣”，这不过是他在占不到舞雩台席位的一种自我安慰。仁，不过是秋日舞雩台上的一片枯叶而已。

44. 老皮的慢牛

《论语·颜渊篇》

【原文】颜渊问仁。子曰:“克己复礼为仁。一日克己复礼,天下归仁焉。为仁由己,而由人乎哉?”颜渊曰:“请问其目。”子曰:“非礼勿视,非礼勿听,非礼勿言,非礼勿动。”颜渊曰:“回虽不敏,请事斯语矣。”

【释文】颜渊问什么是仁。孔子说:“以克制自己的欲望来恢复礼,这就是仁。哪天人人都克制自己恢复了礼,天下就全都会回归于仁。完成仁得靠自己,能靠别人么?”颜渊说:“请问其详。”孔子说:“无礼的东西不要看,无礼的东西不要听,无礼的话不要说,无礼的行为不要做!”颜渊说:“我虽不才,让我来做好上面讲到的内容吧!”

●“仁”是什么?克己复礼就是仁。这是孔子的政治构想:“克己”是治,“复礼”是政。孔子的这个逻辑很有趣,己欲仁而克己欲,这却是自悖的。你想做成仁,这也是己欲之一啊,为什么不克这个欲?竟要把仁欲之外的一切欲都克掉。“礼”是“克己”和“成仁”的硬指标,从克掉除仁欲之外一切欲的想法上,可见这“礼”是一种“我欲相”,孔子说得好——“天下就全都会回归于仁”,也就是礼下他想要得到的全都要得到,礼是“我欲”的唯一欲望。

孔子这个“克己复礼”实际是个虚拟条件下的语汇。细观孔子“克己”一词,这“复”在现实中也并不存在“毁”的前提,因为“仁”之外的各种己欲,都是从古到今就在人类生存中天然存在的,它并非是上古的人少,而现今的人却多。行为欲望是生命的生存必然过程,没有欲望就会灭亡。比如战士,有生存欲望所以努力奋斗,战场上连生存欲望都没了,他就会自杀或任人宰杀。

我一直在想子路的横死,他正是中了孔子“克己复礼”的毒,为了礼帽而给人杀死了自己。“回归于仁”的“归”是一个谎言,我们别忘了:“仁”是孔子创立的新东西。他的真实目标是为了用今天的新创“仁欲”，要灭掉古之即有的众欲!

“克己”是有克得轻或克得重的，子路是“克己”克得极重的，所以克死自己了。另一个克死自己的，就是在这里提问题的颜回了。学礼他是同学中最勤的，别人还搞点别的，但他努力仁礼克己，一箪食一瓢饮，礼是全在他身上“复归”了，但几乎连自我生命的免疫机能都克光了，一命呜呼在29岁上。

“完成仁得靠自己，能靠别人么？”孔子这个论调，是“克己”的一个补充。可是，孔子讲的“仁”，与他做的不太一样：他的行为也算是仁的典范，但他四处干涉诸侯王和新兴地主，杀戮学术同行、带兵堕毁鲁国城镇……这些，哪个又不是在做着“克己”的反面——在“克人”！“复礼”就可以杀人么？

“非礼勿视，非礼勿听，非礼勿言，非礼勿动。”是孔子列出“仁”的项目，“勿×”的意思，似乎都是不去“克人”的。克己不克人，是仁宣扬的行为态度无异，但孔子说到了却从没有做到，弟子们做到了，却接二连三都克死了自己。

其实，用“非……勿”的方式，根本就是对现实世界的鸵鸟态度，一味地回避它只能说明“礼”在现实中的荒谬。

从数理逻辑上看这个“克己复礼”，是A与B上，求A、B为A值的格式。而A是表示君王，B是表示君王以外的人，所以看穿了：它根本就是为了求得B的弃权而精心设下的逻辑陷阱。只是与直观的A求放弃B不同的，孔子弄出一个叫“礼”共同契约，来隐去A的武霸之相，让你认为这是个无所侵犯个人权利的“文化相”。其实“礼”是契约，是为了强权利益而搞出的伪文化。

孔子也不得不承认：有了礼，强权利益即得以永葆天下，这是以“克己”——排除个人权利为基础下的强权永葆。而“既有者”的那些A们，对于放利给B，也得进入“克己”的严格约束。像季氏这样的违反者将被严惩，从中来获得A利益的永葆。这不是愚弄人们的脑筋么？这种“仁”不是没有佛性，也不是没有德性，而是没有一丁点的人性啊！我为“仁礼”中毒太深的子路和颜回感到万分难过，但这与孔子的伤心不同。孔子为他们的伤心，在于这几个“仁礼”坏榜样，将由世人评说。而我难过于两人的生命，无意义地毁于一场荒诞的概念设计下，礼复而人身却从此不复。

【原文】仲弓问仁。子曰：“出门如见大宾，使民如承大祭，己所不欲，勿施于人，在邦无怨，在家无怨。”仲弓曰：“雍虽不敏，请事斯语矣。”

【释文】仲弓问什么是仁。孔子说:“出门做事如同去接待贵宾一样,使用民力要像举行盛大祭典一样。自己做不到的,就不要强求他人。邦城中与人相处要融洽,家中与亲人和睦友爱。”仲弓说:“我虽不才,愿照此办理。”

●文句好似孔子对着“使民”之事,在说一个“如见大宾”一般的“如承大祭”。其实,“如承大祭”并不等同于“如见大宾”,这是不同的两个语境。

“出门”是“见大宾”的设想之因,它想说而未说出的,只是“要全身心地迎接门外的事务”。而“使民如承大祭”的语境,是单讲差役人民的心态。什么是周朝的祭典?祭典无非要有四个条件:被祭的对象、行祭的人、献祭的物品、祭后的结果。人民被差役时会是被祭的对象么?不会,被祭的都是只在享用而不会动的亡故奴隶主们,人民被差役时不可能“不劳动只享用”。

被差役的人民是行祭的人么?也不会,人民是无权上前诵念祭文的,祭的过程就是这样规定的。因为行祭这是“君子”做的事,并不是“小人”的权利。人民,只能是演绎着对奴隶主作为“祭”的献品!——对,孔子所指的“使民如承大祭”,是以君子诵着祭文,亲手将人民“使”之送上祭台,把驭使人民作为献给奴隶主亡灵的祭品,让奴隶主独享。

“己所不欲,勿施于人”这句话,看似是承接于“使民”的一种注释,但是,它的主题并非是“勿施于民”,而是与前述大祭对象一致的“勿施于君”。原意是指“做君子所不愿意的,也不要去让君王承受”。所以看到现在有人在对话中,胡乱引用“己所不欲,勿施于人”,他不知道:此时他正以君王的口吻,在向对方施加“做好君子身份”的提醒。

“在邦无怨,在家无怨”是讲君子在社会与家族中要“无怨”。什么叫无怨?就是不要去指责外部环境,要友善。说得不错!如果这无怨是君子应该做的,那么孔子是否做到了呢?可他并不是啊!他第一次在卫国住腻了将要归鲁国时,也骂过提供给他居处的同姓族人,以及卫国的国君,这不正是“怨”么?

【原文】司马牛问仁。子曰:“仁者其言也讱。”曰:“其言也讱,斯谓之仁已乎?”子曰:“为之难,言之,得无讱乎?”

【释文】司马牛问什么是仁,孔子说:“仁的人他的言语是迟缓的。”司马牛问："讲话迟缓，就能叫做仁吗？"孔子说："做比讲要难，话里讲到所做，能不迟缓谨慎吗？"

●孔子认为讲容易做却不容易，所以要讲话迟缓才是。这莫非是风俗么？因为人类的讲话速度与做事速度，实则并无反比关系啊！有些说话吞吞吐吐的人，其反而正是难于做事的人。

这个孔子，列出这个做仁的讲话规矩：让所有繁难于事或做事容易的人，在"仁"中说话都得吞吞吐吐。

这只是个表相。究其内因，我们当从"其言也仞"的实质上，去分析出孔子教育的本质。为什么要给个"相"要儒生去把捉？因为孔子的"仁"是在做心外求法，若没有主观的东西做个"我相"，它就无法去固执己见于"仁"。固执己见，必然于事务只去见他喜欢的一面，而对于其余各面都迟钝，故而常在差别心里为了自己的主观利益打转转，这当然就"仞"啦！

【原文】司马牛问君子。子曰："君子不忧不惧。"曰："不忧不惧，斯谓之君子已乎？"子曰："内省不疚，夫何忧何惧？"

【释文】司马牛问什么是君子，孔子说："君子没忧伤也没恐惧。"司马牛问："无忧伤没恐惧，就是做到君子了吗？"孔子说："内心自省没有什么负疚了，那里还会有什么忧伤和恐惧的呢？"

●孔子机械地把"疚"与"不内省"画等号，是错误的。疚是内心自疚，其实它本身就可能是"内省"的一个直接结果。内省会有"疚"与"不疚"的两个心理端口，所以孔子讲的是间接的因果关系。即"内省→不疚→不忧不惧"，孔子认为做到了这些才是君子。而并非来自直接的因果关系，故而我们看不到"内省→不忧不惧"的必然性，因为在"内省→疚"的一端上，内省是会造成忧惧的。

以上论证出了"内省≠君子"的结果，以下我们可以再观孔子"内省"，是何以制造出"不疚"的，以便找到"君子"心理的特征或缺陷。有人以为孔子也如佛门在讲"修心"，这是误解。佛门的修心是对心理现象的解剖和运用，并不以"我相"上的疚与不疚来做标准。而孔儒的"内省"，则是立于"我相"上的情绪反应，是企求获得个人心绪上的安宁。所以，孔子的讲"心"不是修心，而是向外求获心安，是向外求的心。

正因为孔子的“内省”，实是向外求获安心的外求心，所以他所谓“不疚”的君子之“无仞”心，就是“妄心”——以主观想象固执一端造成的迟钝而已。“不疚”有二义：一是心无差别故不疚，二是心执一端故不疚。而“内省论疚”则是落在了差别心上，所以“仁”并不是在心向“内”求，而只是心向“我”求！

【原文】司马牛忧曰：“人皆有兄弟，吾独亡。”子夏曰：“商闻之矣，死生有命，富贵在天。君子敬而无失，与人恭而有礼，四海之内，皆兄弟也。君子何患乎无兄弟也。”

【释文】司马牛忧心地说：“别人都有兄弟，独独我却没有。”子夏说：“我听到一句话，从出生到死亡都出自你的命，但富裕贵贱出自于天。君子敬重他人无所失误，对人恭敬有礼仪，四海之内的人，也都是你的兄弟了，做君子还会担忧没有兄弟吗？”

●“四海”，有人据《尚书·禹贡》中的“东渐于海，西被于流沙，朔南暨，生教论于四海”，来说明四海所指的是中原以外，夷、狄、戎、蛮四方的异族范围。这个可信度，要高于现代词典以现代地理知识，把“四海”简单的解释成“渤海、黄海、东海、南海”。《尔雅·释地》也有关于“四海”的解释：“东至泰远，四至邠国，南至濮铅，北至于祝栗，谓之四极；觚竹、北户、西王母、日下，谓之四荒；九夷、八狄、七戎、六蛮，谓之四海。”

孔子的“内省不疚，夫何忧何惧”，要在这儿被孔子用在安慰司马牛上了，是《论语》编辑者的用意么？不知道。编者借子夏的口说：“敬而无失，与人恭而有礼，四海之内，皆兄弟也”，他描述了“仁”的“不疚”方案——“与人恭而有礼”！既然“不疚”的“仞”可以做到无忧，那么“无仞”即是“礼”，也即“不疚”即是“礼”。可是，人类有一种心态，它叫“慢心”，又叫“贡高我慢”。它也是对外显迟钝的状态，它也“仞”，所以孔子的“礼”就有贡高我慢的可能。

“慢心”是等于“仞”的，自以为高人一等，倨傲自矜，侮慢他人。他何以能“恭而有礼”呢？所以“不疚”也会因少智慧，而成为拒人之于门外的心行。

与人讲话中故意迟缓也会成为无礼貌的伪礼行径，吞吞吐吐起码就是为人不坦诚。这种“仞”并不是什么好东西！礼也会成为我人“慢心”的演绎，比如与众人行动节奏不合拍的故意装腔作势，就是很不礼貌的行为。这种怪癖的"仁"、这个"君子"态，朋友中还是少点的好，避之还来不及呢！

总之，设定了一个与自然不和谐的主观概念而行动，必然是会产生结果与初衷的不符。

【原文】子张问明。子曰："浸润之谮，肤受之诉，不行焉，可谓明也已矣。浸润之谮，肤受之诉，不行焉，可谓远也已矣。"

【释文】子张问什么是明。孔子说："阴湿的谮言，所受针扎皮肤般的苦痛，都对你行不通，可称之光明了。阴湿谮言扎肤苦痛都行不通了，才是心眼真正看得远了。"

●这是孔子对待外界言论的态度——"皮厚"人就"明"！其实外界对你的谮言或评论，都反映了人群的价值观与你的冲突，也许你是对的，也许你是不对的，或两者都对，或都不对。总之，以皮厚老脸的态度一概处之，无非是固执己见的不明智。这是明么？这不是"明"！

佛教也讲"明"，是智慧知识和技能，比如"工巧明"是专讲手工业技能的，"因明"是讲逻辑规范的，"内明"是讲佛教法理的……如果有人指责我"因明"上出的毛病，不论他说的是谮言还是佳言，我都可以安然反闻自身，有则改之，无则嘉勉。这又何必专以"皮厚"对付呢？所以最明智的方式是重视之！

45. 祸国殃民之术

《论语·颜渊篇》

【原文】子贡问政，子曰："足食，足兵，民信之矣。"子贡曰："必不得已而去，于斯三者何先？"曰："去食。自古皆有死，民无信不立。"

【释文】子贡问如何行政。孔子说："食品充足、军事强大、人民信任君

去食－训狗术

王。”子贡问：“如果不得已而要去掉一项，以上三项哪条可以去掉？”孔子答：“去掉食品这项吧！人人从古到今皆有一死，人民对君王缺少信任，国家无法立足。”

●孔子是子贡的老师，子贡以试探的方式问他有关政权上的事宜。孔子说得不错！足食、足兵、民信，是每个政权所必关心的。子贡并不满足于孔子的回答，孔子回答得也太粗糙了。子贡下一步问得有水平，从这一问可以看出孔子在行政立场的公允与否。

行政者不吃，以求得民信，说得好听，实际上是做不到的。去食则无法足兵，所以去食等同于去兵。

民以食为天，孔子以“自古皆有死”，来论证“去食”的必要，这无非是为“去兵”做铺垫，以求得“民信”。

“去食”用今语译来就是“减食物”，孔子认为饿饭一招，是君王对君子最有效的管理手段，也是取信于民的手法。孔子行政的“仁道”目的是为“民信”的“立”起奴隶制度的统治。

【原文】棘子成曰：“君子质而已矣，何以文为？”子贡曰：“惜乎，夫子之说君子也。驷不及舌。文，犹质也；质，犹文也。虎豹之鞟，犹犬羊之鞟。”

犬羊之鞟

【释文】棘子成说：“君子有品质就可以，何必要有文化的外表?”子贡说：“可惜啊，您这样理解君子，驷马都快不过你的舌头。文化外表就是内在品质，品质也就是文化。就像虎豹的皮革，与犬羊的皮革，去了毛是不一样是皮。”

●棘子成认为做一名君子，良心好就行了，没文化也可以的。子贡对棘子成的想法表示了否定。子贡站在孔子的角度提醒说：“人的文化＝人的品质。”事实上，广义上的文化与品质，在人身上并没有什么必然关系。棘子成的看法是广义上的观点，他把君子的定义给广延到了人类一切领域。但孔子的“君子”，是有明确职业范畴的。它不得是农人，也不能是工人，子贡的“不受命”而经商也不是，规定君子只能是做臣子职业的人。而臣子的品质，自有它内部的“职业品质”——就是孔子讲的“文”。只有在“职业品质”下，文＝质才能成立。

子贡引用孔子的观点：“虎豹之椁，犹犬羊之椁。”虎豹与狗羊的皮毛不同，但都是皮革。意即“质”是君子的皮革，“文”是皮革上的毛色，表面它有什么毛，也代表了它独具的皮革在下面的存在。

【原文】哀公问与有若曰：“年饥，用不足，如之何？”有对曰：“合彻乎？”曰：“二，吾犹不足，如之何其彻也？”对曰：“百姓足，君孰与不足？百姓不足，君孰与足？”

【释文】哀公问有若：“遇到饥荒年，费用不足，怎么办？”有若说：“赋税减了吗？”哀公说：“我还嫌税少啊，怎么能减？”“百姓富足了，君王还会不富足吗？百姓不富足，君王哪来富足？”

●“彻”这个字，据说是古代的政府税法，是向百姓抽税最低的一种。这一段是用来补充上一段孔子之言政的，孔子所谓“足食，足兵、民信……去食”目的在于取得民信。这回哀公是处于食不足的矛盾中了，是老天在给他“去食”。所以孔门学生为他出了个主意：你得取得“民信”才是！你少收点税不行吗？主意一出，无非是要哀公“去兵”了。

这个对话，其实已揭示了孔子言政的必然后果。以“去食”造成“去兵”，来取得“民信”。再后引起的国力弱，则孔子完全不顾，只要收到政权一时稳定的效果。说来说去，总是为了儒的面皮，没涉及解决正道。只有引入工农生产力的开发，才是解决“用不足”“食不足”的真正德政。

可是，孔子思想中回避了救济工农的话题，造成了他的政行只能是以减税、不食的方式，来取代继续保护和赈济工农的正道。内部调剂的方式，永远不会留有富余的库藏，这只是一个不能长治久安的“偷安术”。

46. 阶梯的陷阱

《论语·颜渊篇》

【原文】子张问崇德辨惑。子曰:“主忠信,徙义,崇德也。爱之欲其生,恶之欲其死。既欲其生,又欲其死,是惑也。诚不以富,以祇以异。”

阶梯的陷阱

【释文】子张问如何提高品德、明辨是非。孔子说:“服从忠信,践行正义,就可以提高品德。对人爱的时候就希望他长生不老;恨的时候就希望他马上去死。既盼他长生,又盼他快死,这就是不辨是非。这样做对自己没好处,只能使人觉得你不正常。”

●孔子这个忠信,是讲的对某个人的忠信,是血缘原则上的“崇德”。因此,恶之欲其死”是不行的。忠信只能在“欲其生”上努力,“欲其死”将是再也无主子的自绝行动,孔子认为这不是德。

孔子的忠信理论里,有个血缘化的组织原则。即在组织中永远不可变更领袖,他好或他坏你一旦跟上了他,就只有忠信一条路可走。这是血缘化的组织,又称“家长制”管理。比如你想变更领导人,结果他是你私下的爸爸,儿子不得不认爸爸为最上,所以将就着不想变更了。故而,这“家长制”有徇私情的特色。

【原文】齐景公问政于孔子。孔子对曰:“君君,臣臣,父父,子子。”公曰:“善哉!信如君不君,臣不臣,父不父,子不子,虽有粟,吾得而食诸?”

【释文】齐景公问政。孔子说:“君像君、臣像臣、父像父、子像子。”齐景公说:“说得好极了!如果君不像君、臣不像臣、父不像父、子不像子,即使粮食再多,我能吃到吗?”

●孔子用了一组组的“名词+动词”,来形容他的政治内涵。虽然这些名词中的君、臣及其动词具有政治的赋性,但是父、子及其动词,并不是政治的社会赋性,它们是动物的血缘天然赋性。所以,严格来说:孔子是把血缘关系误当为政治关系,并以两组关系式共含的“名词+动词”格式,误当成“血缘等于政治”的内在依据——孔子出现了逻辑认识上的错误!

问题的出现,并非只是孔子妄以“名词+动词”,作为“血缘等于政治”可信的铁证。可巧的是,这个古文的组构还似乎有“等值”的模态!你看:“君君,臣臣,父父,子子”,不但有类似直觉的跳跃式,竟还是一个似乎完整的阶梯式,但是这一切完全只是假象!

从逻辑概念上看:君臣与父子,是两个各不相同的内涵组。它既非完整的阶梯关系,也不具各个等值的形态,无非是孔子他人为组合之“视觉的字对”。这种视觉符号上的类似性,并不具有思维逻辑的等值必然。我们可以认定:孔子是用了五官上低级直觉的演示在骗取听众的心。

齐景公是孔子的听众,这个人可真有点儿昏庸。被孔子那个直觉的一组符号蒙蔽,他的从政意图,本来就不正,从对话中流露出的“吾得而食诸”上,显然就不是为了国与民,从政只为了自己有得食!孔子表述的符号列,虽然内藏严重的逻辑毛病,但齐景公看不到欺骗,只看到了子对父的天然供奉价值,想当然地借用子对父的供奉原则,他齐景公的政体就必有臣对君的供奉。齐景公不知天然血缘的生物原则,并不能适用于人为的社会阶级原则。一味以生物原则来认识阶级原则,这是极愚蠢的范畴错套。

【原文】子曰:“片言可以折狱者,其由也与?子路无宿诺。”

【释文】孔子说:“仅凭片面之词就可以断案的人,大概只有子路吧?子路这人有履行诺言从不拖到第二天的习惯。”

●这看似是在表扬子路,实则是在批评子路过于把诺言当回事。“片言”有说是古代司法中的术语,如同现代的“单方证词”,“折狱”是法官判罪断案的古称。孔子对子路很了解,子路性子急,叫他去当法官,会因匆促定案而造成冤屈和错误。

孔子说得虽好，但他对齐景公的政治不也是一种“片言”么？齐景公对于这一场“孔式政见”的“折狱”水平，简直是比子路还要糟糕！子路“无宿诺”只会坏一个案件冤枉几个人，景公的“善哉……”却将坏掉一个国家！

【原文】子曰：“听讼，吾犹人也，必也使无讼乎。”

【释文】孔子说：“审诉讼案，我跟别人一样。当然想的是使人无讼诉嘛！”

●这句话好像是针对子路的心急草率办案而说。要使人无讼，就不得草率，不然事情也了结不掉。这无疑是表示子路不适合于去当法官吧！

我们研读《论语》，也与“折狱”断案一样，不应学子路这样拿着“无宿诺”来作为研读之心。习惯上，我们每个人都会在端起书本时，常是以信仰的“诺”心，来做读书的预设。又从预设到预期之间会作出诸般“利好”假设，假设的在私心下就会出现轻率的“折意”——轻易地相信那些未经严格逻辑检省的文句。孔子说子路不宜做法官，我说拿“诺心”读文的人，也不宜去读书！特别是读这部《论语》。

虽然孔子也与别人一样，想在思想政见上达到学术的“无讼”，但是他都没能解决自身逻辑思维上的简单错误，这个毛病导致了后世对孔子思想的“听讼”不断。

【原文】子张问政。子曰：“居之无倦，行之以忠。”

【释文】子张问如何从政。孔子说：“坐着办公无倦意，行动办事要忠君。”

●居之无倦的“居”，是踞的古字。踞坐不倦，这完全是事务性的职业规则而已。办公室的人，都会这么做，不然会被老板炒鱿鱼的——不！在周朝做君子的份上，他连被炒鱿鱼的机会都没有。孔子认为做君子的命，只得忠君地去办公，完全没有别的出路。奴隶制的血缘化组织，好坏都得服务于它，不然只有死路一条。就是主人死了，也应杀身殉葬，以陪伴在主人的尸骨旁。即所谓“生是主人的奴，死也是主人的鬼”。

【原文】子曰："博学于文，约之以礼，亦可以弗畔矣夫。"

【释文】孔子说："做君子在文化上要博学，并约束他以礼，至少可以让他不入歧途啊！"

●君子要服务君王所以得"博学"；要与上下级周旋人事关系，所以"约之以礼"；要完成孔子所授意的政治远景目标，有了这些硬指标就可以让这些人"弗畔"，就不会背叛君王的利益和孔子的奴隶制意志了。

【原文】子曰："君子成人之美，不成人之恶。小人反是。"

【释文】孔子说："做君子要成全他人的美事，不要成全他人的恶事，工农小人却是反过来做的。"

●"成人之美"特指君子要服务君王而论，工农与君王之间有着对立的社会关系，而君子是君王的子弟。这段话讲的是服务者的约束，君子就是做君王仆从的。孔子认为工农（小人），根本不会成全奴隶主的好事，只有君子才会真心协助奴隶主，君子要永远站在君王利益的一边。

47. 利用爱人

《论语·颜渊篇》

【原文】季康子问政于孔子。孔子对曰："政者正也，子帅以正，孰敢不正。"

【释文】季康子向孔子问怎么为政，孔子说："政这个字，就是正的意思。您做到了正的表率，谁敢不正？"

●这是对被服务者的约束。季康子是鲁国季氏家族成员，季氏家族正从奴隶主向地主身份的转变之中。而孔子认为季氏不做奴隶主，是一种严重的"不正”。奴隶主若做得正了,跟着仆从也得做“正”,所有奴隶也不得不“正”了。这无异是在引导季康子放弃当地主的尝试,劝导他做回奴役奴隶的“正”上来。

【原文】季康子患盗,问与孔子。孔子对曰:“苟子之不欲,虽赏之不窃。”

【释文】季康子苦于被盗窃,问孔子怎么办。孔子说:“如果您都对这些东西无欲望,虽想赏赐给盗窃者,他们也不会去占有的。”

●物件的被盗,与物件的价值有关,孔子天真地认为:物件若无主人的喜爱,小偷就不会想占有它了。

物件主人的占有“欲”,与盗贼的盗“欲”,字同而意义不同。孔子是见字即归为同义,但物主所存的持有欲,是基于保留物件的原有资本价值,而盗贼的盗窃欲是投机于物件未来的资本价值。

孔子混淆了原有价值与未来价值的转换,这两种价值间并没有必然的绝对关系。也许物主保存的某物件(比如草料)是为了饲马,而盗贼却拿它用作睡垫,饲料与睡垫无价值上的可比性。无论物主是不是想继续保持饲马的欲望,盗贼都可以拿它去做睡垫。故而,孔子向季康子的建议带有伪逻辑的色彩。他除了语中嘲讽季康子占有了物件之外,并没有给季康子一个有实际价值的建议。

其实,季康子的提问,是对孔子在鲁国为官时发兵对季氏家族行盗的一个变相指责。什么是“盗”?盗就是“不与而取”,别人不同意给你财物,你就用抢骗和偷的方式强行剥夺他人的财富。

季氏家族放弃奴隶主身份,出租土地给原来的奴隶们,奴隶被因此解放为农民后,产生力得到激发,而为季氏家族创造了巨大财富。从原则上讲,季氏的财富是自因上的制度创造,不是非法剥削的结果。对于这类合情合理的财富积聚,奴隶主势力的孔子很眼红,他动用鲁国军队要堕毁这些新兴势力的城市。这就涉及“盗”的事实了!

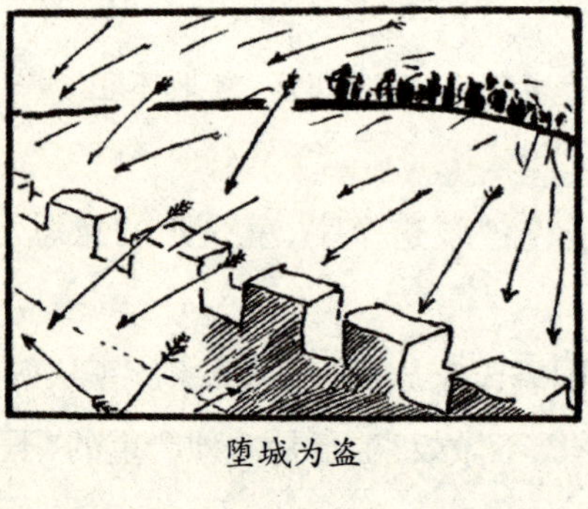

堕城为盗

孔子不是听不出季康子的隐意,但他转弯抹角地对季康子说:你如果当初不去聚财，我们就不会对你行盗了。有趣的是，这时孔子宁愿承认自己过去做了一次强盗，也不愿提及他做“盗”的本意是为阻止奴隶解放。也许此时的鲁国，已到处都是被解放奴隶的农民了，他若再说阻止释奴运动的那个理由，他就无法落叶归根回故乡生存。

佛教对于圣人这类的善者，有“不盗”的明确标准。犯盗者即是人类中的恶人，可惜孔子盗而不耻，反而成了后世儒生夸为天下的“大圣人”。

【原文】季康子问政于孔子曰：“如杀无道，以就有道，何如？”孔子对曰：“子为政，焉用杀。子欲善，而民善矣。君子之德风，小人之德草，草上之风，必偃。”

【释文】季康子向孔子问政：“如果杀掉些无道的人，成全有道的人，怎样？”孔子说：“您治理国家，怎么要杀人呢？如果您善良，人民自然也就善良。君子官员的品德像风，工农小人的品德像草，风在草上吹过，草必随风而倒。”

●季康子还是挺幽默的！他拿了孔子曾经做过的错事来请教孔子。孔子当上鲁国的高官后，立即以“无道”之罪，又是杀少正卯，又是镇压季氏等三家新兴势力，冲锋陷阵忙得很，季氏家族被孔子的军队围剿了几个月之久。孔子“杀无道以就有道”，正是他当年为政用的策略。

孔子一听，恐慌之心立起，他深知“有道与无道”都是当权者说了算，他当权之际，也是以“无道”之由对人造下杀业的。如今是季氏当权，以季氏自己的道看去，孔子便是个“无道”。

如此情势，孔子若还支持“杀无道”的态度，自己的生命就极其可危了。所以，狡猾的孔子对这位他过去的敌方人士，拿出了“焉用杀”来劝“善”，然后是一通劝化之词以托出“不杀”之意。孔子劝季氏，不要再如被围剿之时行“无道”之“恶”。

随后，孔子以“君子、小人”与“风、草”的对仗符号，来暗示孔子与季康子都不是小人，不可以自相残杀。从而把话锋转向共同对付工农这些“小人”的身上去了。双方一场明争暗斗的激烈言词，转被孔子以“草上之风”的话题软化了下来。

【原文】子张问：“士何如，斯可谓之达矣。”子曰：“何哉，尔所谓达者？”子张对曰："在邦必闻，在家必闻。"子曰："是闻也，非达也。夫达也者，质直而好义，察言而观色，虑以下人。在邦必达，在家必达。夫闻也者，色取仁而行违，居之不疑，在邦必闻，在家必闻。"

【释文】子张问："士者怎样才能做到显达呢？"孔子说："什么啊？你说什么是显达？"子张说："名声在国邦之中说得响，家乡里也说得响。"孔子说："这只是声名，不是达。所谓显达，就是品质正直崇尚道义，善于察言观色，细心护持你周边的人。这样你就必然会国邦中显达，家乡中显达。那些有声名的人，表面仁义而行为相反，据此表面不怀疑自己，必然在国邦有名声，必然家乡中有名声。"

●孔子说话方式有借题发挥的特点，他不敢直接用语锋出击对手，他常只用弯曲的语径，来表达出不屑对手的意图。这回，子张问"显达"，可能是见季氏阵营里的人，都显达了起来。比如冉求就逃离了孔门去做了季氏的助手，显达了起来。

孔子以"显达有两类人"来说明"士何如"的观点。他说：一类是实际控制国邦家族的显达，孔子认为这是真显达。另一类是声名在国邦家族的显达，是"传说中的显达"，孔子认为像季氏和冉求这样在鲁地的显达，它只算是个传说。孔子一语二意的双关句，即教诲子张如何为伟大理想而工作，又责骂了季氏这些名声在外，正蒸蒸日上的鲁地显达人物。

当然，明眼人一看即知才是有实际控制国邦家族能力的人，是鲁地的实际掌管者，并非只是名声上的"被传说"者。孔子的表述，无非是在主观上不承认季氏的成功，更看不起季氏以解放生产力为政治方针的统治手段。孔子说季氏在鲁地开展的释奴运动，只是个"色取仁而行违"的伪善，他希望弟子们都要保持对季氏开明政治充分的怀疑，不要被表面的显达拉过去。

【原文】樊迟从游于舞雩之下，曰："敢问崇德修慝辨惑？"子曰："善哉问。先事后得，非崇德与？攻其恶，无攻人之恶，非修慝与？一朝之忿，忘其身以及其亲，非惑与？"

【释文】樊迟陪孔子到鲁国的舞雩坛游览。樊迟问："请问怎样才能提高品德、改正错误、明辨是非？”孔子说：“问得好！你先做在前必后有收获，不就已能提高品德吗？批评恶事本身，不拿了这恶去批评别人，不就能改正错误吗？忍不住一时之气，忘了自己和亲人的安危，不就是糊涂吗？”

崇德修慝辨惑之术

●舞雩坛是鲁国贵族们聚会的场所，孔子借以讲授如何“崇德修慝辨惑”之术，他希望弟子不要做出得罪贵族的行为。为贵族服务如同狐狸在老虎后面借威抢食，为了收获个人私利，你得有狐德！服务于老虎不可冲撞了老虎，做到了这个，“崇德修慝辨惑”就算完成了。说穿了，一切要在“狐假虎威”的状态下实现目标！

【原文】樊迟问仁。子曰：“爱人。”问知，子曰：“知人。”樊迟不达，子曰：“举直错诸枉，能使枉者直。”樊迟退，见子夏曰：“向也吾见于夫子而问知，子曰：“举直错诸枉，能使枉者直。何谓也？”子夏曰：“富哉言乎！舜有天下，选于众，举皋陶，不仁者远矣。汤有天下，选于众，举伊尹，不仁者远矣。”

【释文】樊迟问什么才是仁，孔子说：“爱戴人。”问什么才是智，孔子说：“了解人。”樊迟听不懂。孔子说：“以正来压邪，能使邪者正。”樊迟退出来，见子夏说：“刚才我见老师问什么是智，老师说：‘以正压邪，能使邪者正’，是什么意思？”子夏说：“这话很深刻！舜管理天下，从群众中选拔人才，选了皋陶，不仁之徒从此销声匿迹。汤管理天下，从群众中选拔人才，选了伊尹，不仁之徒从此无影无踪。”

●孔子在向弟子们传授“借势压人”的政术，但孔子说得很含蓄，他对此赋以“爱人”作政题。

从表面上看，“爱人”与“压人”没什么关系，但子夏作了更为细致的解释，把它们的关系作了阐述。要“爱”的人是一些将被利用的人，像舜帝和商帝这样的以“爱”去利用皋陶、伊尹。用皋陶和伊尹的影响力，来让“不仁者”远离自己。“仁者爱人”是孔子思想中一个技术化的重要命题，从孔

被爱的人

子堕三都、杀少正卯的事例看，它并非是指爱一切人，更非爱敌人和对手。

孔子教授了一个政术手段：借力打力不直接出手，而是以精心培养出“被爱者”的强大力量，来压倒和消灭政治对手！用现代的话说，孔子的“爱人”无非就是拉拢纠集同伙们的帮派技术，他指导弟子们要分别去“爱”一切可以被利用的人做政治打手。

【原文】子贡问友。子曰：“忠告而善道之，不可则止，无自辱焉。”

【释文】子贡问怎么交友。孔子说：“忠心地劝告并善巧引导他，他不听则立即停止，不可自取其辱。”

●这段话可以作为指导“仁者”如何“爱人”的一种补充。即：有效率的去拉拢人：眼见是个不受拉珑的人，就不要再下工夫去“爱”他了。因为原则上孔子知道：对人实施“爱”而谋利，是实在有点下贱的行为，很可能会招引自辱！

48. 收割秕草的人

《论语·子路篇》

【原文】子路问政。子曰：“先之，劳之。”请益。子曰：“无倦。”

【释文】子路问政。孔子说：“做事要抢在前头，为人要勤劳。”子路请孔子多说一点。孔子说：“不要松懈了。”

●孔子是看不起子路的，他认为子路只能做别人的跟班，“先之劳之”几乎是个做仆从的标准了。子路的确死前只做到了一名奴隶主的家臣，并在参与一场贵族家族间的打斗中成了“炮灰”。不过，子路是最忠于孔子的学生，大多数时间，他以孔子最忠实保镖的身份，总是冲在最前面！孔子虽看不起此人，但又得实实在在地依靠他。

【原文】仲弓为季氏宰，问政。子曰："先有司，赦小过，举贤才。"曰："焉知贤才而举之？"曰："举尔所知，尔所不知，人其舍诸？"

【释文】仲弓当上了季氏的总管，向孔子问政。孔子说："先得给下属各司其职，宽容小错，提拔贤才。"仲弓问："怎么知道谁是贤才而提拔他？"孔子说："提拔你知道的贤才之人，你所不知道的贤才，别人会埋没他吗？"

●关于"举贤才"一题，孔子不主张从一系列专业的考核程序去发现贤才，而是提倡用个人眼光来"举尔所知"。这是窝在私心里的选才方式，如同竹篓里选苹果，孔子是用眼睛找中间最大个的一个个拿下去，而专业者却是建立起筛选级别，一次性地把所有入级别的都拿下。孔子会说：我没看见的人才，别人也不会放弃他不用嘛——完全是一种不负责任的态度。因为毕竟是由于你择人不规范而漏掉了人才嘛！

所以，孔子传授的以私见来举贤的方式，远不如考核法筛选人才来得科学。

【原文】子路曰："卫君待子而为政，子将奚先？"子曰："必也正名乎。"子路曰："有是哉，子之迂也。奚其正？"子曰："野哉由也。君子于其所不知，盖阙如也。名不正则言不顺，言不顺则事不成，事不成则礼乐不兴，礼乐不兴则刑罚不中，刑罚不中则民无所措手足。故君子名之必可言也，言之必可行也。君子于其言，无所苟而已矣。"

【释文】子路说："如果卫国的君主需要您去执政，您首先要做的是什么？"孔子说："一定是纠正名分呀！"子路说："是这样的吗？你太迂腐了，纠正名分有什么用？"孔子说："你太粗野了！君子对于不懂的事情，一般都采取保留意见。名分不正当，说话就不合理；说话不合理，事情就办不成。事情办不成，法律就不能深入人心；法律不能深入人心，刑罚就不会公正；刑罚不公正，则百姓手足无措，不知如何是好。所以君子做事必须说得通、说话必须行得通。君子说话绝不随便马虎。"

●孔子去过卫国四次，第一次和第三次，都是图谋着做官去的。孔子讲的这个"名不正"，是指第一次从鲁国去卫国和第二次去卫国。第一次孔子有"政治失败的邻国宰相"之名，没被录用；第二次又有了卫国国君夫人的"外国情夫"之名，导致了第三次去卫国时，与卫国君的"三角情隙"。这两个名分对孔子来说，是很难堪的，要他做卫国的执政官，他是先要翻案"正名"的，不然他不会去卫国。

孔子要翻案正名的理由是："名不正则言不顺，言不顺则事不成，事不成则礼乐不兴，礼乐不兴则刑罚不中，刑罚不中则民无所措手足。"一句话，是要挟若不给正名，它会导致卫国"刑罚不中"的政治恶果。

当然，他暗地并不责怪自己和卫君夫妇。言中更多的是以"刑罚不中"的理由，来要求卫国国君：对那些言论无禁忌的卫国百姓们，采取有效弹压的手段。用现在的话，就是强烈要求给予他"平反"。

【原文】樊迟请学稼，子曰："吾不如老农。"请学为圃，曰："吾不如老圃。"樊迟出，子曰："小人哉，樊须也。上好礼，则民莫敢不敬；上好义，则民莫敢不服；上好信，则民莫敢不用情。夫如是，则四方之民，襁负其子而至矣。焉用稼？"

【释文】樊迟来向孔子请教种庄稼。孔子对他说："我不如老农。"樊迟又请教种蔬菜，孔子对他说："我不如菜农。"樊迟出门后。孔子说："樊迟真是个小人！人上之人重视礼，群众则不会不贡敬；人上之人重视道义，则百姓不会不服从。人上之人重视信誉，则群众不会不报以真诚。如果这样做了，则天下百姓都会携儿带女来投奔你，哪还用得着你自己种庄稼？"

●孔子对自己的弟子想学种粮、种菜而感到恼怒。他用"上"与"民"的术语对立，罗列出了一长串限制弟子们去做"民"的可能。孔子显然意识到做"民"就意味着被压迫，所以他主张弟子们要做反之的"上"。什么是"上"？就是压迫的实施者。

为什么不是其他类型而只是做压迫者？因为孔子并没列出中立方。在"小人"与"上人"之间，孔子指定了只有"上"可以去选择，而樊迟反向选了去研究农学，孔子说他是选中了做"小人"的事业。

老圃小人

用佛教理论来看这个问题，想做压迫者不是个善人。而做个研究农学的专家，给全人类搞出超级水稻、超级大麦，那就已是大善了。当然，做官是会有人给你粮吃，但不主张官民智慧的平等，看不起工农劳动，却享受着工农劳动的果实。

人上人”那种期望工农全去投奔他的心态，并不是正常的政治服务，而是幸灾乐祸，这是人间地狱的恶业。

【原文】子曰：“诵诗三百，授之以政，不达，使于四方，不能专对，虽多，亦奚以为？”

【释文】孔子说：“读诵了数百首诗的人，授予他执政之权，完成不了任务；让他搞国际外交，又不能应对自如。这样的人，诗虽读得再多，又有什么用？”

●孔子虽然恶眼看工农，但他还是个讲实惠的人。若你搞了这许多儒家传统玩意儿给人看，却一点实事都做不成功，官又做不成，这不还是回流到做小人来谋生的边缘么？与其虚套的本领一大堆，不如定下心来成功做上高官吃精粮。可惜，孔子自己也没做到，诸国之间四处流浪——众所周知的，这里就不谈他的辛酸事啦！

【原文】子曰：“其身正，不令而行；其身不正，虽令不从。”

【释文】孔子说：“自己身行端正，即使不下达命令，下属也会自觉去做；自身不端正，即使下达了命令，下属也不会服从。”

●孔子这是有过实践经验的：他做过鲁国的重臣。他领导的攻城军队，若没有孔子坚定的奴隶主立场做后盾、没有孔子家族坚持奴役奴隶的庄园制度，鲁君的奴隶制军队也不会听他的指令，去毁灭快速兴起的两座非奴隶制新都市。老农若只重形象上的身正，稻谷和粮食也不会自己长出来，正与不正，都得一步一步地下田去栽培出稼苗，如果你种上的是秕草，秋天就收不到粮食。孔子生前在政治之“田”上，只收到了秕草的结果。

49. 间谍的初祖

《论语·子路篇》

【原文】子曰："鲁卫之政，兄弟也。"

【释文】孔子说："鲁国与卫国间的政务，是兄弟关系。"

●鲁国与卫国是兄弟关系？鲁与卫在国土大小上是差不多的，与其他诸侯国比，都是弱小邻国，但这不能说在政务上具有实体的兄弟盟邦关系。孔子在鲁国保守的旧制度中败落下来，他希冀从邻国的政治上找到对鲁国奴隶主有利的地方，这个"兄弟也"讲的是要求做体制捆绑，他认为卫君也是奴隶主一边的人。但是卫君是个犹豫在改革与保守之间的人，他身边正有几个主张改革的要臣，并已实施了一些改革行动。这改革发展意味着卫国很可能不再是与鲁国处于一线的奴隶制弱国，这对于鲁国是很危险的，鲁国将孤独地守贫守旧，被强盛的大小诸国侵害。孔子与鲁人新兴势力一战不成出逃卫国，就是为了曲线救鲁。

周王朝各诸侯国原也都是血缘亲属，但分封后就各自为国了。鲁卫真兄弟了么？没有！孔子周游列国时，鲁国就被别的"兄弟"灭国了，卫国没有把它做兄弟来救，原鲁国的社会制度被鲁国人所取缔。而卫国也搞了不少否定奴隶制的改革，反把孔子扔在了一边，从没让他当重臣。

总之，不管卖国与否，拿国政来讲国与国是兄弟，几乎就是卖国。因为本国国政不容他国以兄弟之名来干涉，何况国政是主权国自己的内政之事，鲁国当时应该还是个主权国。后面的动机事实说明，孔子更是行使了间谍之职，希望卫国公子卖国亲鲁。

【原文】子谓卫公子荆："善居室，始有，曰苟合矣；少有，曰苟完矣；富有，曰苟美矣。”

【释文】孔子评论卫国的公子荆说：“他很善于理家。当开始有点积蓄时，他说‘凑合着够了’；稍多时，他说‘可以算钱多了’；富有时，他说‘可以算得完美了’。”

●卫公子荆，与鲁国的公子荆同名，所以叫“卫公子荆”。他是卫国六君子之一，卫献公的儿子。似乎孔子很看好卫公子荆的品德，从评议内容看，这人不重聚财，十分容易自足自满。

卫公子荆

这可正是上一段里孔子讲鲁国与卫国是兄弟的内因啊！孔子住入卫国后马上发现：鲁哀公的公子，与卫献公的公子，正巧都是同名叫“荆”。如果两个弱小国家的下一代年轻君王不搞竞争，那同龄同名的遐想，互相扶持弱弱贫贫的走成一队——嘿嘿！孔子想着：这个卫国公子荆，倒是鲁国公子荆的好兄弟哩。

他始终未能明白过来：鲁国人富裕起来就是在自救着鲁国，那些与鲁国季氏一样富强起来的邻国们，并不敢轻易侵犯鲁国。孔子坚持鲁国应抱贫守着奴隶制，宁愿跑到邻国搞间谍活动以削弱他们的势力，真是太迂腐。

【原文】子适卫，冉有仆，子曰：“庶矣哉。”冉有曰：“既庶矣，又何加焉？”曰：“富之。”曰：“既富矣，又何加焉？”曰：“教之。”

【释文】孔子去卫国，冉有驾车。孔子说：“人真多啊！”冉有说：“人多了，又该做什么？”孔子说：“使他们富起来。”“富了后，又该做什么？”“使他们受教育。”

●这是孔子初到卫国，是刚在鲁国围剿季氏吃了败仗后退职逃出来，他在鲁国正是孤寡无助中。见到卫国的民众比鲁国多，他吃惊地对冉有说：“这卫国的自由民众可真多！”他在想什么？他一定在计谋着要借助卫国军队返鲁！所以才有了后面的二部曲：让卫国人富强起来，并教给他们一些有利于鲁国旧势力发展的思想，也许还能助成孔子荣耀返回鲁国去。当然，在一位同姓亲属的协助下,虽成功得到卫国的朝廷资费,但终因没有被录为内臣而计划失败。

这段话是对孔子早期进入卫国疆域时的一些想法的记录。与他以后住下了解到卫公子荆的脾性,所念叨的这个再次修改的计谋,有很大的出入。心思上的如此变动,是源于孔子又把希望转到了鲁公子的继位上。既然探明卫献公不愿协助他返鲁政变,那么让卫国不具有侵鲁能力,捆绑两国利益,就成了孔子间谍活动的目标。于是上段说出了“鲁卫之政兄弟也”,他是试图借“二荆”而涉足卫国之政。是卖国还是当间谍?也许两者兼有。

【原文】子曰:“苟有用我者,期月而已可也,三年有成。”

【释文】孔子说:“如果有人用我,期以年内就能见到初效,三年就能有大的成果。”

●孔子这个自撰的应聘广告很响亮,但信他话的政府少之又少。因为这只是接权热忱的胆量,并不是数据量化的执政能力的体现。如果你是一个现代的职业应聘者,可千万别在没见到切实事件数据时,就自吹自擂讲自己必能在几年里有成果,这可正露出了你个性上不成熟的大毛病哩!孔子之所以在列国游历中,没有侯王敢器重他,不正是也有这个因素吗?

【原文】子曰:“善人为邦百年,亦可以胜残去杀矣。诚哉,是言也。”

【释文】孔子说:“‘善人治国用上百年时间,才可战胜残暴杀戮啊!’这是很中肯的一句话。”

●这无非是他为在鲁国执政时,屠城和杀学者的一种辩解。可惜这不是正理,因为孟氏、季氏等家族并没有杀戮和残暴的事实,反之新兴地主是以和平的“释奴运动”,来自发的解放这些可怜的奴隶们。孔子用“善人”自称,对他所反对的解放奴隶运动做血腥的赋性,可见孔子善于言词美化自己的无理霸道。

【原文】子曰:“如有王者,必世而后仁。”

【释文】孔子说："如果出现称王的新帝君，也要经过30年一整代人的奋斗，然后才会有仁政。"

●这是标明他可以拥有"30年"的时间，以付诸对国民的杀戮行为，30年后才可以让大家见到他的"仁政"。卫国人质疑他在鲁国的做官履历中，为什么只见他对国人的诸般杀戮而不见仁政呢？孔子强辩说30年内你是见不到我的仁政啦！一"世"是30年，30年以后再见鲁国政治成果吧。事实是10年后，鲁国就被吞并而亡国。

也许大家不会忘了：上面孔子曾吹嘘自己有能给邻国三年见效的执政才能，现在怎么又说自己在鲁国的政治，反而要有30年后方见"后仁"。我看是孔子的政治牛皮吹穿了帮。

【原文】冉子退朝，子曰："何晏也？"对曰："有政。"子曰："其事也如有政，虽不吾以，吾其与闻之。"

【释文】冉子退朝。孔子说："怎么这么晚？"答："有政务。"孔子说："是他季氏的事吧。如果有公事，我虽然没做官，也会知道。"

●孔子自己曾以"不在其位不谋其政"，来教导弟子们。现在他又食言干起了位外干政的勾当，这是他不能以身作则的毛病吧？

弟子冉有做上了鲁国的官员，是季康子的下属。朝上回来很晚了，孔子怀疑冉有是跟季康子在密谋什么，所以盯着他问：你跟季康子晚上是谈了私事吧！吓唬的口吻还升级了——孔子说：若你是朝廷公事，我这里都会有探报的。看来，孔子还在季康子身边安插了特务，用以监视弟子和朝廷。

不在其位不谋其政，孔子自身是完全没做到的。他安插有特务为他传递朝内的一切政事，如同在国家机构装上了针孔照相机。据说孔子还要求所有弟子们，要把自己位上的政务完全向他公开泄密！

孔子一直在担忧鲁国的君臣要改革奴隶制。特别是季氏、孟氏这些大家族已在家中有了释放奴隶的改革举动，如何深化这场人性运动，是已获益的季氏日夜思考中的。孔子更怕他这个挺奴隶制的鲁国主将的谋划底细，由于弟子们的背叛而泄漏给季氏。所以一旦弟子们有点反常的事儿，他就要做追问。

为什么孔子专拿“有政”对弟子进行考察？因为当时鲁国政治还是统一于奴隶制下的，大臣们搞政革也多是从自己家庄园里闹起。最多只算是属于自己内部的变革，不归为“政”的。孔子要刺探大臣们私家庄园内部的改革，就得从弟子与大臣们的交谈内容是不是私家政革开始，所以得排除是“有政”。

【原文】定公问：“一言而可以兴邦，有诸？”孔子对曰：“言不可以若是其几也。人之言曰：为君难，为臣不易。如知为君之难也，不几乎一言而兴邦乎？”曰：“一言而丧邦，有诸？”孔子对曰：“言不可以若是其几也。人之言曰：予无乐乎为君，唯其言而莫予违也。如其善而莫之违也，不亦善乎？如不善而莫之违也，不几乎一言而丧邦乎？”

【释文】定公问：“一句话可以使国家兴旺，有这样的话吗？”孔子答：“虽然不可以这样说，但也差不多。有人说：‘做君难，做臣也不易。’如果知道做君难了，不是几乎一句话就可以使国家兴旺了吗？”定公问：“一句话可以亡国，有这样的话吗？”孔子答：“虽然不可以这样说，但也差不多。有的君主说：‘我的乐趣不在于做君主，而在于没人敢违抗我。’如果他的话正确，那很好；如果他的话不对却没人敢反抗，不几乎一句话可以亡国吗？”

●孔子说这话时，正是在为鲁定公当着重臣。定公所问的话，被孔子偷换了议题，但鲁定公不能察知。“一言兴邦”竟被孔子立刻换成了“君不知臣心”，可见孔子的嘴巴多么厉害！孔子兵分两步：第一步，偷换议题引向“君不知臣心”，第二步，反过来得以指责鲁定公“一言而丧邦”。孔子要得鲁定公团团转，但这不是鲁国政治的好现象，我看这已近乎是佞臣戏愚君了。

【原文】叶公问政。子曰：“近者说，远者来。”

【释文】叶公问政。孔子说：“使身边的人都高兴，让外者都来依附。”

●这话是说给封地在叶城的楚国大夫沈诸梁的，沈诸梁世称“叶公”。他这个人据《论语·述而篇》里介绍，他曾专门向子路过问到孔子，是对孔子有点好感的，属于孔子的外国“粉丝”。楚国是南方大国，孔子知道若楚国常年出兵来征讨北方，定会给楚国的庶民们带来不悦。所以借以挖了楚人的墙脚来暗示:你们要是出兵收敛些,也许你的老百姓就会高兴点儿。

叶公此时向孔子请教政治，这给孔子一个绝好的亲手干涉春秋南北战争的机会。当时的鲁国正与其他北方国家做军事结盟,向南方开战于前后。楚国一定是为大兵压境关闭了边关,不让北方流民逃至南方境内。

孔子这句看似善良的“近者说,远者来”,包藏着对于楚国十分不利的奸计！引你关注境内百姓的怨气,来钳制你的斗志,并诱导你中计:放进北方的难民入境,人为增加楚国大后方的政局动荡。

叶公这一个小小的楚大夫,脱开国君向北方政客求教政术,这于孔子学说里也是归为不忠之列的。但孔子并没有批判叶公,反而送他一个做“楚奸”的计谋,不知这叶公识得是计否?

【原文】子夏为莒父宰,问政。子曰:“无欲速,无见小利,欲速则不达,见小利则大事不成。”

【释文】子夏做了莒父的市长,来问政。孔子说:“不要贪图速度,不要只见小利。只贪速度,往往达不到目的;见小利,就做不成大事。”

●孔子一面千方百计地在叶城官员身上找缺口,要给楚国导入奸计,一面又在为鲁国铺设好了自己的私人关系网。他把学生们放出门,让他们在各地当官,子夏也做了鲁国一个市镇的官员。他对子夏的嘱咐,与对楚国叶公讲的完全相反:不是要他“近者说”,而是相反的“无欲速”。“说”字,是“悦”的古字。因为是人都喜好“速则悦”,但是孔子提醒说:“欲速则不达。”又要子夏“无见小利”,而非“远者来”这般收留给你带来小利的外人。因为对外人只“见小利”,则孔子在鲁国的大事就做不成。

这个“欲速则不达”是十分有道理的,现在不少人读论语,就欲以快餐方式来速学《论语》。我说这速是速了,但是不会达。因为你连古文都不懂,怎么去信从某人翻译的对错?如果遇到了错的译法呢?“蜜中杂毒”是误人子弟的!所以这种治学不科学。我认为,只要手上有原文与古汉语字词典,就足以去通读《论语》了。虽然这样笨点,但治学态度老实。如果你自认为不靠古文字词典也可以读《论语》,那又何必要借助于现代释文呢?

【原文】叶公语孔子曰:“吾党有直躬者,其父攘羊,而子证之。”孔子曰:“吾党之直者异于是,父为子隐,子为父隐,直在其中矣。”

【释文】叶公对孔子说:“我家乡有正直的人,父亲偷羊,儿子告发了他。”孔子说:“我家乡人品的正直却不同:父亲要隐瞒儿子的行为,儿子也隐瞒父亲的行动,我要的正直就是它。”

●这叶公也真未必是个笨人,他用一个“儿子告发父亲偷羊”的故事,告诉孔子:在南方地区的人去告发一个有不良企图者,是品德正直人应该做的事,虽父子关系也当如此。叶公似在暗示早已发现了孔子的不良图谋,他并不想不忠不义如此,还准备到楚君处告发他这老师孔子!

孔子一看阴谋露馅,马上辩解“品德正直”在各地区的标准并不一样,用来掩盖他策反不成的难堪。孔子继续骗叶公说在鲁国,是以父子之间互相隐匿所做的坏事为有德,意思是你若要去告发我,你在我们鲁国人的眼中,就是做了一个最不正直的人!

不知道这位因好奇撞上麻烦的叶公,后来向楚君告发了孔子的间谍行为没有。总之,叶公好龙而被龙所吓的故事,更可能是后人用来编排叶公见孔子被引诱做“楚奸”的故事吧?

子为父隐

50. 巫者的恒心

《论语·子路篇》

【原文】樊迟问仁。子曰:“居处恭,执事敬,与人忠,虽之夷狄,不可弃也。”

【释文】樊迟来问仁。孔子说:“在家要恭谦,朝上做事要敬戴,与人相处要忠心。即使到了愚昧之地,也不可背弃这准则。”

●这个“仁”,就是前面讲到的“世而后仁”的仁。看到孔子讲的王者要30年后才能实现的仁,为什么这么难? 原来是关于居家、执事和人员交往这三个方面的综合体。要达到的仁,无非是“恭、敬、忠”这三事。其实:恭、敬、忠三条是个人行事态度认真与否的标准,与王者执政奋斗与否没有必然关系。我想,就是一个没有政治的、自然海岛上的夷人,人与人也一样会有行事态度的认真。果然,孔子这段里,以“虽之夷狄不可弃也”,反证了他曾说的“王者必世而后仁”,仅仅是一个想当然的政治牛皮。其实王者之仁所不至的夷狄野蛮之地,也一样有认真二字。

【原文】子贡问曰:“何如斯可谓之士矣?”子曰:“行己有耻,使于四方,不辱君命,可谓士矣。”曰:“敢问其次。”曰:“宗族称孝焉,乡党称悌焉。”曰:“敢问其次。”曰:“言必信,行必果,硁硁然小人哉,抑亦可以为次矣。”曰:“今之从政者何如?”子曰:“噫!斗筲之人,何足算也。”

【释文】子贡问:“怎样才能算个真正的士呢?”孔子说:“做事时要有羞耻之心;出访国外,要不辱君王的使命。这样做可算合格的士了。”子贡说:“请问其次呢?”孔子答:“宗族亲人赞他孝顺,家乡的人赞他尊敬师长。”子贡说:“请问还有么?”孔子说:“言谈必见信用,行动必见结果。不问是非地固执己见的像小人,但也可以算最次等的士了。”子贡说:“现在从政的那些人怎样?”孔子说:“噫,这些小气的人,不算是士。”

●士,就是出仕为官的学人。孔子对子贡说出的一番道理,好像是针对子贡的行为说的。子贡曾出访邻邦齐国,为鲁国寻求停战出路,就是孔子讲的“使于四方不辱君命”,结果也还真救了鲁国。孔子是对子贡用了三步来收拾他的!这是第一步的夸奖。

第二步警告,孔子搬出“孝悌”来约束子贡的散漫自大。这原是暗指子贡不用国库而自掏了私银,从邻国赎回被掳作奴仆的庶民。大多数人都搞不明白:孔子为什么要骂子贡自费赎人的善举。我认为这与鲁国的宗族和乡党有关,因为宗族与乡党中人掳后要救赎,家人原就已向国库交有保护性的官税。如果还用私银去赎人,那宗族和乡党实质就没必要再去交官税了,这给了百姓们以拒交官税的隐患。孔子认为自掏私银违背了孝悌，因为宗族与乡党并没有机会享受使用国税的利益，以后再想通过政府去赎人，恐怕再也拿不到国银了。

第三步是讲言论上的，是在批判子贡常有的多舌利嘴。子贡见到鲁定公某次行为举止的失态后，马上分析出了鲁定公将有亡兆。结果不到半年，鲁定公还真的去世了。事后孔子大骂子贡，并对公众解说这是子贡乱说时所不幸言中的。这句批语——“胫胫然”的固执己见，就是在批子贡对鲁定公必亡的那种充分自信。

孔子这次没有直接讲子贡出使齐国是他最不满意的，而是先说子贡任务完成得好，然后再顺着两人的问答，去一一细数子贡出使齐国造成的错误。为什么他要讲宗族乡党？又为什么讲言词信用？因为孔子责备子贡为了达到止战的目的，又引发了齐国与越国的战争，以及吴国灭亡晋国强大的利益联动效应。这里面有子贡不顾诸侯宗族的和谐、犯言论险毒的毛病。因为孔子认为鲁齐止战，只是两国自己的事，并不关越国、吴国和晋国的事，你子贡为救国却以言词引发了诸侯国间关系上的变动，这是无仁德。

孔子以一种脱离现实的态度，要子贡做到他理想国中的邦国外交。但这几乎已不是现实中的外交了，倒似书呆子纸上谈兵的某种天真想象。从而否定了子贡在现实世界里，这次惊天动地的外交壮举。实际上，鲁国与齐国间的矛盾化解，必然关联着南北诸侯的利益平衡。

【原文】子曰：“不得中行而与之，必也狂狷乎！狂者进取，狷者有所不为也。”

【释文】孔子说：“找不到行为有分寸的人来交往了！只能与狂妄或拘谨的人交往。狂妄者胆大妄为，拘谨者胆小怕事。”

●孔子周游列国一直找不到能采用他当官的人，所以他把这个责任统统推给到处都是无“中行”的人，他只能够“与之”交往。这是他完全不究自心的牢骚话，其实若不是孔子有向狂狷者的场所去求交往的喜好，也没人强行要他与狂狷者交往嘛。狂者与狷者都是行为情态上的表述语，与做某事件的好坏无关，狂者与狷者就可能会同时不依孔子的要求做，列国诸侯王中的狂者与狷者,都对他置之不理嘛!狂与狷下,人的基本判断力还是有的。他的弟子中,子贡可能比较狂,曾参又比较狷,但孔子学说的继承发展,若不是这些狂狷者的行动支持,孔子的这番感叹,现在还不知要到哪里去找!

“中行”是一个哲学上的模糊语,它非可数据实现的行为公式,所以它也是情怀上的心态,并不具有理性的把握实现条件。比如我在批评你的不中行,也即是在传递要求你中行的指令。可是你偏右了一点又让我不满意,偏左了一点我还是不太满意,总之这“中行”与否,完全是由我下令者说了算,此时你没有能力自行,全由我下令者的主观来称为“中”。

所以,孔子的“中行”之理,是一个变相的“驭奴令”,它欲剥夺人类人人本具的觉性。中行,用这个模糊术语的理由,就把人糊里糊涂地变成了概念的奴隶。

佛学里也有一个“行中道”,与孔子的“中行”字义上近似。但是,中道与“中行”不是一回事,中道是讲于佛法各义内部的思维协调,范畴只限制在佛法内部诸法共性的把握上。比如:外道法,与佛法,两者不可能“中道之”,你取一点佛法再加上一点外道法折中在一起,这不是“中道”。而孔子的“中行”,是讲究你的行为要照顾到利益分寸。用现在的话说:为人要乖巧懂势利,这就有分寸了。讲中道的人,在真理上是一必是一,决不说二。而那些讲中行的人,则油滑于是非的两边,为占取利益欲两不得罪。

【原文】子曰:“南人有言曰:人而无恒,不可以作巫医。善夫!不恒其德,或承之羞。”子曰:“不占而已矣。”

【释文】孔子说:“南方人有句话:‘人无恒心,不能当巫医。’说得好啊!无恒定的操守,会蒙受羞辱。”孔子说:“在占卦前他就自动放弃了。”

●孔子引用了一个南方格言,来说明恒心对人的重要。中国人很早就把一些做人的要素抽象成格言来传播,但是这些做人的要素,是缺少现实对象的无主句,拿来用好了才是对的,用得不好反而更加有错。比如“恒心”,就不能做到杀盗淫妄酒上,若在做这五条罪上心中有“恒”,那必是要做一世的恶人了。

古代医师巫师不分,都是一个人。治病时先要占卦问神,孔子比喻说巫医也要有恒心,不然还没学治病,在学占卦的繁琐面前就会放弃努力了。通过孔子的例子可见:周代的古人也是有智慧的,一看问神占卦与治病根本就是风马牛不相及的两码事,估计逃学的人便不少。孔子举证不当,反而证明了做人乱用恒心,很可能会巫医不分,就赶上做了一名神智混乱迷信鬼神的巫医。

恒心,是一个无主语对象的术语,它并非如孔子言下全是褒义的,好不好你要看对应所在事项的性质。恒心随事件对象所具的善恶而显其善恶。

【原文】子曰:"君子和而不同,小人同而不和。"

世界最大的古青铜器
商代司母戊鼎

【释文】孔子说:"做君王的子弟,相处和睦,不要求利益平等。但是工农的小人们,只要求利益平等,却不会和睦相处。"

●这是看似排比的句式,前"君子和而不同"只是孔子对士人职业理想的要求,后"小人同而不和"则是孔子观察到的社会现象。大家不要真以为"君子和而不同"也是事实的真相,其实做君王的弟子——官僚们,互相侵害的例子各大小机构古今中外都是不断的:告发、排挤、诬陷、结派……这就是做臣的职场规律,君王也常常是利用着"君子不和"来获益。"不同"是指利益分配,用现代语说,就是官员是不讲报酬分配大小的。真的是这样么?职场官阶是以报酬分配的大小为分级的,一个官阶严谨的机构,主官必是严格执行着平级人员报酬平等的"同",以利内部团结。那些任意拿平级成员报酬搞"不同"的,一定是在违规克扣官饷,或是私钱高薪收买心腹以结私党。

从孔子要求君子和而不同上,可以看到他是支持用一种"表面要团结、底里可结私"的管理模式,这种模式究竟是不是有利于君王,我也不知。但这有益于在两派对立的臣子乱局中,制造出有利于自己的官场环境,则似有篡权操控的主观导向。

"小人同而不和"是讲工人与农人们,孔子认为这些人都是不太讲团结的,只会自私自利与他人闹平等的一类人。孔子是以工农阶层品德的低下,来衬出了君王子弟品质的高尚。

“二人同心，其利断金”，工农常为谋利而协作互存。通观周朝青铜冶炼的发达，这种众人为利合作的心是必“同”的，互助互存之态，即是“和”。所以孔子对工农所用的眼光是片面的，论众生间的和与不和，只与组织制度的科学与否相关，跟出身于“小人”身份无关。

51. 酷内媚外的仁政

《论语·子路篇》

【原文】子贡问曰：“乡人皆好之，何如？”子曰：“未可也。”“乡人皆恶之，何如？”子曰：“未可也。不如乡人之善者好之，其不善者恶之。”

【释文】子贡问：“乡人们都喜欢的人，这人好么？”孔子说：“不好。”子贡：“乡人们都讨厌的人，怎样？”孔子说：“不好！还不如只乡间的好人才喜欢他，乡间的坏人却讨厌他的人。”

●此时子贡用外交手段，出使齐国救了鲁国。子贡还用自己经商挣来的银子，去赎回被掳到邻国为奴隶的鲁国人。这些关系到所有国人的事儿，不论是鲁国的好人还是坏人都会完全支持子贡。孔子并不认可子贡的行为：他主张做人，应该做一个让好人喜欢、让坏人不喜欢的人。

孔子的观点表达了指导方向：好人坏人都来赞你，表明你是不对的。做人为什么不是好人赞你而坏人恶你呢？用现代观点来看，孔子是强调要强硬地对付国内人民间的矛盾，要建立起敌对分明的道德意识，做出水火势不两立的区分，是支持强权的做派。而子贡的观念，拿着国中道德的善恶是非，只当人民内部矛盾来处置。重要之处，如在关系到内部全体人民共同安危的重大事情上，子贡主张不分类别地全力以赴。

用现代的话说：孔子对于国内道德是“极端派”的态度——对民众加予

道德化刑杀。但他的道德观,仍是以继续奴役奴隶为第一道德。孔子不满子贡之处,正在于子贡是主张乡里优劣人等共和而存的。孔子对国内的政务,重内部斗争对决,子贡则重内部团结互利。孔子对国际外交的行动,重在利益捆绑模糊互惠,子贡则在国际外交中重视厉害纵横间的分明斗争。所以孔子这段话的内外政治从理论到实践,都有“内苛政而外和交”的特色。用现代的话说,那是将与欺民卖国几无二致的。

孔子一直是强调对内部人民加以镇压整治的硬派, 他不喜欢对外强硬且对内温和的子贡式作风。

两人此段虽然只是谈论国内人民支持度的问题, 但也含着国政内外方针不同的争执内涵。

【原文】子曰:“君子易事而难说也。说之不以其道,不说也;及其使人也,器之。小人难事而易说也。说之虽不以道,说之;及其使人也,求备焉。”

【释文】孔子说:“给君子做事很容易,但要使他高兴却很难。讨好不当,他是不会高兴的;他用人时,总能量材而用。为小人做事难,但使他高兴却很容易。讨好不当,他也高兴;他用人时,总是求全责备。”

●给君子做事,君子是什么人?是官僚!他总不可能什么都自己亲手干,事务都是指挥别人去干的。你为他干,他当然不反对。但干不好,官儿是“不悦”的,用别的方式是不能“悦之”的,为因他那个事情没办好他就不高兴。厉害的官僚都是势利眼,说好话几乎没用,他只图那事儿办成。

而为“小人”做事难,因为做小人的工农之事,都要讲点技能,你干事没有拿出胜任的技能来,他定是会求全责备你的。但工农阶层的人都厚道,你说点好话求情,要使他高兴容易得很。即便你说话不当地去讨好工农,他们一般也会不再计较。

孔子用“君子”、“小人”来分别描述了官僚与工农在做人上的区别。言下之意,就是做一名官僚不可近于工农作风。这个工农作风,我看却倒是现代官员的特色,我们称之“技术型干部”。而孔子主张的这些干部,是把下属工农只当做动物工具看待的“奴隶主型干部”,奴隶主对人的冷酷无情,那是无法用人情来感化的。这种人,在古代叫做酷吏。

【原文】子曰:“君子泰而不骄,小人骄而不泰。”

【释文】孔子说:“君子坦荡而不骄狂,小人骄狂而不坦荡。”

●做官僚的君子们,匍匐在官阶上泰然坦荡是自然的,因为个个官僚都是贵族特权阶层下的人选。他又骄狂不起来:因为官阶一级比一级的大,官大一级压死人嘛! 这说的是周朝官府的状况。

做工农的小人们,那个情况就不一样了:手上有技术的人就高人一等,用孔子的话说,就是有资历上的骄狂资本。但有了技术的也是会被别人努力超上,或者技术失误而受损失。所以工农在技术工作上,心中很难永葆坦荡。他们为人用心上,当然是与官僚不同的。

用现代眼光看,这“泰而不骄”只是不同职业心理所造成的,并不能说明小人的品性差,也非君子品性就好。孔子以职业对比来论人品的是非,很不应该。

【原文】子曰:“刚毅木讷,近仁。”

【释文】孔子说:“刚强又坚毅、朴实又话少,这接近于仁了。”

●这是针对做官僚而说的,是君子的“仁”。

【原文】子路问曰:“何如斯可谓之士矣?”子曰:“切切、偲偲、怡怡如也,可谓士矣。朋友切切偲偲,兄弟怡怡。”

【释文】子路问:“怎样才算真正的士呢?”孔子说:“相互鼓励、相互批评、和睦相处,可算士了。朋友间要相互鼓励、相互批评,兄弟间要和睦相处。”

●士,是君子一类的贵族读书人,不是工农。用现代话来说:能重视团队精神的才是士,士是有良好朋友兄弟关系的人。孔子说“士”身边的朋友兄弟们,就是他天然的政治团队。用现代话来说:依托着亲朋士人拉起贵族帮派,共同发展奴隶主政治。这与民主公平的现代社会关系有本质区别,它完全是宗族性的。所以士的政治观,只是贵族和帮派的。

【原文】子曰:“善人教民七年,亦可以即戎矣。”

【释文】孔子说:“善人训练百姓七年,也可以让他们当兵打仗了。”

●这个“善人”是指善用人的士,孔子用“戎”以比喻他的一切教学,说明这教学有着明确政治目的。出于诚挚的表态,孔子向弟子们托出自己的真诚之心,说自己是在真心为学生的未来着想。

52. 弃稼的政客

《论语·宪问》

【原文】宪问耻。子曰:“邦有道,谷。邦无道,谷,耻也。”

【释文】子思向孔子问什么叫“耻”。孔子说:“国家有道义时,去吃俸禄;国家无道义时,还吃官俸,这就是耻辱。”

●“宪”,即孔门弟子原宪,人称子思。子思问孔子什么是耻辱的,孔子用“邦”为议题,以“有道、无道”为范围,论“谷”的可耻。邦是广义的国家,谷就是官方俸禄,古人对薪金的古称。

孔子说:你在国家有道时当官拿薪水,这没错;但国家无道你还在拿薪水当官,这应是感到十分可耻的。

孔子想去当官的那些邦城,是不是都有道的呢?比如陈国,晋国……晋国的赵简子,胆敢处置犯事的旧贵族,把孔子给吓坏了,结果他不敢去那里拿薪水。看得出,孔子当时是因为“既想又怕”而放弃的,并不是如他自称的“耻也”!当然,他放弃所做的官,的确是有对政府无道的抱怨,但这不是“耻也”的结果,而是当不下去了。

比如孔子做鲁国司寇,他总不会说他的邦国也无道吧!他以为自己是

“有道”的，结果发动内战攻打他人城池遭受失败，才自动辞职不干。他哪是什么耻而不“谷”，完全是败而不谷！

【原文】“克、伐、怨、欲，不行焉，可以为仁矣？”子曰：“可以为难矣。仁，则吾不知也。”

【释文】问：“好胜、自夸、怨恨、贪婪，这几种毛病都没有的人，可以算仁吗？”孔子说：“可以算难得了，算不算仁我不知道。”

●“克、伐、怨、欲”是关于个人品德毛病的用词，孔子认为人没有这些毛病是好的，但与有没有“仁”，并没有关系。孔子发明的仁，是专指在奴隶制下保持人与人的奴隶制关系的那种做人格式，所以个人品质的优良并不是仁，个人在社会制度里，能保持孔子所创制的优良标准，才是仁。

“克、伐、怨、欲”的反面，就是善良、忍辱、谦逊、知足，孔子否定有以上的品质必是“仁”。孔子之所以不认为子贡的“贤能”品质是仁，就在于孔子的仁，乃是只能专门用在做士对君王的态度上，而不认为个人不服务于君王的善良、忍辱、谦逊和知足的品质，就是他说的仁。

【原文】子曰：“士而怀居，不足以为士矣。”

【释文】孔子说：“士如果恋家，就不配做士了。”

●士，也是做朝廷中的跟班者，他们是在外服侍君王的人，所以不能顾恋家庭，士逃回家中过自己的生活，孔子认为他就要失去士的身份了。看来，这个士，也是要过集体生活的，挣这个俸禄也不容易。

【原文】子曰：“邦有道，危言危行，邦无道，危行言孙。”

【释文】孔子说：“城邦有道义，就坦然言论并率直行动；城邦无道义时，率直行动时要言论谦逊。”

●“危”是坦然意；“孙”是逊的古字。孔子教人潜于城邦中，要看这个城市是不是“有道”，有道就可以“危言危行”，这样并不会掉脑袋。若潜在没道的城中，就得“危行”中注意言论谦逊，不能因言失掉性命。

【原文】子曰：“有德者必有言，有言者不必有德；仁者必有勇，勇者不必有仁。”

【释文】孔子说：“品德好的人，必然会讲话。话讲得好的人，不一定品德好。仁的人必定勇敢，勇敢的人，不一定有仁。”

●德 = 会讲话 ×（X），会讲话≠德。

仁 = 勇敢 ×（X），勇敢≠仁。

（X）= 服务主子。

上面两项是孔子的表述，他无非是说：德和仁只是一个标准，但会讲话和勇敢却有许多不同的是非标准。归于德和仁之下，勇敢和讲话都是有所不同的。这究竟是什么标准孔子也没说出来，我们可以推敲上面的表述格式，也可找出他的标准——一切为了主子而行动！为主子而会讲话、为主子而勇敢……这是孔子所讲“德、仁”的核心！

【原文】南宫适问于孔子曰：“羿善射，奡荡舟，俱不得其死然，禹稷耕稼，而有天下。”夫子不答。南宫适出，子曰：“君子哉若人，尚德哉若人。”

【释文】南宫适去问孔子：“为什么羿善于射箭、奡善于泛舟，都没有死得好；禹、稷都亲自种庄稼，却取得了天下？”孔子不回答。南宫适出去时，孔子说：“君子就是这类人啊！崇尚道德就应像这个人。”

●弟子南宫适问了老师一个问题：有贤能的人得不到天下，反是只会亲手种地的无能之人得了天下做帝王。这一问，几乎将了孔子一军！因为孔子反对学生种地学农，强调学生都要学六艺。“射”是六艺之一，但善射的羿却是个政治失败的人，他连种庄稼的禹、稷都不如。

禹稷耕稼

孔子无法立即回答，知道此时南宫适是在刁难他。过了好久，孔子才表态：做君子就是做禹、稷这类人。其实，孔子是想说：禹、稷虽会种庄稼，但也放弃种地搞治国了，所以他们是君子。最后一句讲：崇尚仁德的人，都要学习这种“放弃种地去搞政治”的精神。孔子的回答中，还暗含懂军事的人来治国便有无德的可能，懂劳作的人来治国才最君子的意思。射箭、泛舟都是军事技能。孔子似不赞成领导人会军事，而主张懂劳作的人来领导国家。这虽然表面上与他一向反对学生学农艺的观点相违背，但他更支持要去放弃了劳作来领导国家，论点仅在于“弃耕”从政，而非“耕稼”。

【原文】子曰：“君子而不仁者有矣夫，未有小人而仁者也。”

【释文】孔子说：“君子有不仁的人，未见到小人中有仁的人。”

●做君子的士人，也会做出些不仁的事，比如背叛主子什么的；但是，做工农的“小人”，他认为就绝对不会做出什么仁的事来，他们永远不会为主子着想的。这个断论，是对社会职业，做了“性善、性恶”的划定。为君王做事的职业者君子会是善的，因为他很“仁”，但也可能变恶而转为“不仁”。孔子这半句没说错，但是他又说：“工农小人”的职业者，都是些绝对“不仁”的人。

虽然孔子论的“仁”只是局限于“为主子”上，但工农的诚实也一样可为某人提供服务。当然，工农是被雇佣的，不是“君王的子弟”——君子是血缘的。但只说君子有服务的诚实，而去妄议工农没有服务的诚实，就属于孔子哲学的主观曲解了。这无非是说：周朝血缘关系的奴隶制，可靠于雇佣制的服务关系，雇佣制不及奴隶制。奴隶制里做人才有“仁”，而雇佣制里不会有仁。

其实中国社会中的雇佣制劳务方式，也有两千年以上的历史了，难道这两千年里就没有诚实了吗？不！奴隶制有被服务的主人，雇佣制也有被服务的主人，只不过雇佣制的主人已不具有奴隶主的生杀特权罢了。其实，孔子是在担忧自身血缘关系中贵族特权被剥夺啊！

有人要说：孔子讲的只是现象的事实。我说不是的：因为对雇主完全负责的事在工农现象中比比皆是，在本质里也没有不能负责的绝对性，所以若不是“仁”理论本身有问题，就是孔子“仁”的对象有问题，为什么没有了奴隶主后，工农们就愿负起诚实的责任来了呢？

看来，问题还是出在孔子的逻辑概念上，他只限定“仁”用于对奴隶主的服务。用孔子的眼光看，他自己也应是不仁的，因为他收弟子学费时，他也实际被雇为了教师，他也讲究收费和叫做“谷”的官俸薪水嘛！孔子在这里不是也做了一个教书的“小人”么？孔子说的“小人”除了工奴和农奴，就是指被雇佣的打工者。

53. 仁可做叛徒

《论语·宪问》

【原文】子曰：“爱之能勿劳乎？忠焉能无诲乎？”

【释文】孔子说：“爱他，能不为他操劳吗？忠于他，能不对他劝告吗？”

●这是对“仁者爱人”和“爱人”的注释。“爱”是一种服务，服务于谁？孔子重申说明了“爱”的适用范畴。基于孔子“仁”的理论，绝对排斥了工农对象。我们可以认定：“爱”是专对君子、士、君王，是这些奴隶主阵营里的爱。又基于子夏有关利用爱人之术拉帮结派的补述，可以认定，孔子的爱只是对士、君子、君王利益的利用。所谓的“为他操劳”的爱，和“对他劝告”的那个忠，都是在利用权势之人过程中的手段而已。“仁”+“爱人”= 对奴隶主势力的利用。

【原文】子曰：“为命，裨谌草创之，世叔讨论之，行人子羽修饰之，东里子产润色之。”

【释文】孔子说：“郑国的法令，都是由裨谌起草的，世叔审阅的，子羽修饰的，子产润色的。”

●子产，是郑国七大贵族之一，住在东里，所以称“东里子产”。子产是郑国有名的执政大臣，生于孔子前。裨谌、世叔、子羽都是郑国法令的前期起草者，最后交由子产来定稿。文中的“为命”，是指法令的制定。

本段是专讲子产的才能，如何以“仁”奉献给贵族的。

【原文】或问子产。子曰：“惠人也。”问子西。曰：“彼哉彼哉。”问管仲。曰：“人也！夺伯氏骈邑三百，饭疏食，没齿无怨言。”

【释文】有人问子产怎样，孔子说：“慈善的人。”问子西怎样，说：“啊，他呀！他……”又问管仲怎样，说：“这个人！夺走了伯氏封地三百，伯氏过着苦日子只能去吃蔬食，让他直到掉光了牙齿也不发怨言。”

伯氏

●这段是用对比的手法，讲管仲对贵族奉献的不仁，是借管仲来衬托出子产的“惠”。惠是慈惠、善良。孔子眼中的齐国管仲是不会惠及贵族的，而郑国子产很会“惠人”——大概是在起草法令时，他周全地考虑了贵族利益的保护。

有趣的是，孔子讲齐国管仲的“不仁”之处，是用一个事例来形容的：管仲没收了齐国贵族伯氏的所有封地，让伯氏“哑巴吃黄连”，直到老死都在吃苦……

【原文】子曰：“贫而无怨难，富而无骄易。”

【释文】孔子说：“贫穷而无怨恨很难，富裕而不骄狂容易。”

●孔子赞赏贵族伯氏的“没齿无怨言”，是难得的“贫而无怨”。这也是为衬出子产的“惠”，转去指责管仲“富而骄”。

【原文】子曰：“孟公绰，为赵魏老则优，不可以为滕薛大夫。”

【释文】孔子说：“孟公绰当赵氏或魏氏的总管都能当好，但不能当滕或薛等小国的大夫。”

●这无非是讲：管仲虽然可以做好大国的宰相，却可能做不好小国鲁国的官。

【原文】子路问成人。子曰:“若臧武仲之知,公绰之不欲,卞庄子之勇,冉求之艺,文之以礼乐,亦可以为成人矣。”曰:“今之成人者何必然。见利思义,见危授命,久要不忘平生之言,亦可以为成人矣。”

【释文】子路问怎样才算是个完美的人。孔子说:“如果具有臧武仲的智慧,孟公绰的清心寡欲,卞庄子的勇敢,冉求的才艺,加上知礼懂乐的修养,就可以算完美的人了。”又说:“现在做个完美的人就不必这样了,见到利益立即从道义去思考,面对危难敢于承受,恪守平生诺言,这也算是个完美的人。”

●子路并不具备孔子列出的这几人的品质,孔子对子路要求相对低很多,只要他注意在“利”和“危”上不忘平生之言。用现代话说:恪守诺言不出卖主人、遇险挡在最前面,就是完美之人了。可见这不过是孔子对子路充当老师卫士职务的责成。

【原文】子问公叔文子于公明贾曰:“信乎夫子不言不笑不取乎。”公明贾对曰:“以告者过也,夫子时然后言,人不厌其言。乐然后笑,人不厌其笑。义然后取,人不厌其取。”子曰:“其然。岂其然乎!”

【释文】孔子向公明贾询问公叔文子:“他真的不说、不笑、不取吗?”公明贾答道:“这话过分了。他该说时才说,人们不厌烦他说话;他快乐时才笑,人不厌倦他的笑;他该取时才取,人不厌恶他去取。”孔子说:“是这样吗?难道真是这样吗?”

●孔子以公叔文子的表面行迹,说明人的外表行为一定伴有内在的品质。这是专讲给子路听的,用来要求子路遇到“利”和“危”时,得有上佳的表现。因为,品质的完美,与外在表现统一。孔子这句“其然?岂其然乎”,即是用疑问句来提醒子路:公叔文子的内在品质也是很不一般的。

【原文】子曰:“臧武仲,以防求为后于鲁,虽曰不要君,吾不信也。”

【释文】孔子说:“臧武仲拿交出自己的封地为条件,想求得后代继续在

臧武仲交地

鲁国生活，虽然口头上说并不是在要挟君王，但我不信他。”

●这是孔子举证了臧武仲的“智”用之不当，说臧武仲违背继位制度不为君主服务，反而拿着手上的土地去要挟君王，是归为“谲”的狡诈。

据记载，臧氏是鲁国的重要贵族一支，臧武仲的父亲以“废长立幼”的不合法方式立了他为继承人，臧武仲他又拿“废长立幼”，参与了对贵族季氏长子的废黜。这样导致了各家贵族的诬陷和围攻，后逃到齐国。只得拿出了自己的封地，来换得鲁君的原谅。孔子认为臧武仲的交地行为，也是一种变相的要挟。

【原文】子曰：“晋文公谲而不正，齐桓公正而不谲。”

【释文】孔子说：“晋文公狡诈而不正直，齐桓公正直而不狡诈。”

●晋文公曾在城濮之战后，把周天子骗了来，借周天子之名，召开了“践土之盟”以会诸侯，成为“挟天子以令诸侯”的霸主。

孔子更赞成齐桓公的霸主之道，齐桓公是做的“尊王攘夷”，所以用“正而不谲”来认可他，可见孔子批判的“不正”，是指借着君王操纵诸侯的行为。孔子的“仁”，指定了所有贵族是不能得罪大奴隶主的。

【原文】子贡曰：“管仲非仁者与？桓公杀公子纠，不能死，又相之。”子曰：“管仲相桓公，霸诸侯，一匡天下，民到于今受其赐。微管仲，吾其披发左衽矣。岂若匹夫匹妇之为谅也，自经于沟渎，而莫之知也。”

【释文】子贡问道：“管仲不是仁人吧？齐桓公杀公子纠时，管仲不能为公子纠殉死，反做了齐桓公的宰相。”孔子说：“管仲做了齐桓公的宰相，称霸诸侯一匡天下，百姓现在还都享受到他的恩惠呢。没有管仲，我今天已是披发左衽的亡国人了，哪里能叫他像一个匹夫匹妇一样去自杀，去自尽于沟渠之下，现在都没人知道他！”

管仲叛主

●子贡也问孔子：管仲变节投降了齐桓公，他还是不是仁人？孔子反复说管仲投降后以宰相身份做了好事，所以他是仁人。为了证明这位齐国宰相是仁人，他用“霸诸侯一匡天下”，来认可齐国百姓得到了管仲长期的好处；孔子更用自己当年没有成为亡国奴而感激管仲对鲁国政策的恩惠。

在《论语·八佾篇》里，孔子曾历数了管仲“器小”、“不俭”、“不知礼”，在本篇也讲到管仲有迫害贵族的严酷。现在，孔子这里又说管仲是“仁”的——管仲背叛主人做了叛徒，反而让齐国百姓念管仲的好处，连孔子也不得不念叨管仲的好处。表面看来，孔子哲学在这里讲的“仁”，又与“礼”“俭”“器”无关了。不能讲全无关系，只能讲孔子把“仁”视为单一事件中的行为价值，一件事做“仁”了，另一件事并不一定就仁。总之，孔子的哲学里，仁不可以不知礼，但可以当叛徒。

54. 强国亡国论

《论语·宪问》

【原文】公叔文子之臣大夫僎，与文子同升诸公，子闻之曰：“可以为文矣。”

【释文】公叔文子推荐一个叫“僎”的家臣做了大夫，与他平起平坐。孔子说：“公叔文子可以称为‘文’了。”

●孔子赞叹公叔文子，因为他把一名家臣荐为了世袭贵族，并与他平起平坐。孔子讲的平等，只能是上级给予下级的，下级自己是无权与上级讲平等的。家臣，其实也不是奴隶，大多是自由庶民来担当。比如子路就是最后做了家臣，家臣是士中最低的级别。

【原文】子言卫灵公之无道也，康子曰："夫如是，奚而不丧？"孔子曰："仲叔圉治宾客，祝鮀治宗庙，王孙贾治军旅，夫如是，奚其丧？"

【释文】孔子说卫灵公无道，季康子说："既然如此，为什么他不败亡呢？"孔子说："他用仲叔圉治来接待宾客、祝鮀管理宗庙、王孙贾统帅军队，像这样，怎么会败亡呢？"

●孔子对鲁国的贵族季康子说，邻邦卫国的国君很无道。季康子便以"无道必亡"来怀疑孔子的判断。孔子又转以"无道不一定亡国"来说明他个人的理由。孔子说："有仲叔圉、祝鮀、王孙贾这些坏人控制着卫国，卫国是亡不了的。"语气中带着鲁国的利益立场，是否在暗中还似叹息卫国的不亡？他最了解鲁国贵族担心着卫国壮大侵鲁。他点出齐国具有三个与鲁国有关的层面：外交、宗庙、军队，全都掌握在孔子所不喜欢的几个人手上。

看孔子挑齐国三个层面的状况来论亡国，孔子是担心卫国无道会强国！孔子认为国君无道才会想着强国，有道的国力会弱些，比如鲁国在孔子眼中是有道的，齐国国君是无道的，卫国国君也无道……总之，鲁国是落在末后的小国，国内旧贵族势力又不赞成以解放生产力来强国，孔子主观地认为：强国政策＝国君无道。

【原文】子曰："其言之不怍，则为之也难。"

【释文】孔子说："说话大言不惭，做起来就难了。"

●孔子这句话是为下一段孔子请求鲁君出兵讨伐齐国作的铺垫，是骂鲁哀公的。

【原文】陈成子弑简公，孔子沐浴而朝，告于哀公曰："陈恒弑其君，请讨之。"公曰："告夫三子。"孔子曰："以吾从大夫之后，不敢不告也。"君曰："告夫三子者。"之三子告，不可。孔子曰："以吾从大夫之后，不敢不告也。"

【释文】陈成子弑了齐简公。孔子沐浴上朝，把这事向鲁哀公报告："陈恒把他的君主杀了，请讨伐他。"哀公说："去向三位大夫报告吧。"孔子说："因为我做过大夫，不敢不报告。”哀公说：“你得向三位大夫报告！”孔子只好向三位大夫去报告，他们不同意讨伐。孔子说：“因为我做过大夫，故而不敢不报告。”

●这事儿表面看有点混乱：齐简公被齐国贵族陈成子杀了，以低阶杀君王叫“弑”。孔子以一个平民身份，郑重地沐浴后上朝，向鲁君请求派兵去齐国讨伐陈成子。鲁哀公说：你不应来这里报告，你去向三位大夫报告去吧。于是就有上段孔子骂鲁哀公“言之不怍”的话了。

鲁君把事情推向了“三子”。“三子”是孟懿子、季康子、叔孙武叔，这些人都是新兴地主阵营的人，他们的观念本就是强国护己，基本不愿去管别国的内政。孔子并不是不知道平民得向直接上级打报告的，他是怕“三子”反对，所以才以一个退职大夫的身份，跳过“三子”以旧大夫的身份来见鲁君，可是鲁哀公不认可孔子还是大夫，所以要他先去在职大夫这里报告，结果还是回到“三子”这里，并被否决了请求。

孔子求伐

可能鲁君曾经有过对旧大夫的默许，有大事可以直接跳过程序，到他这里来报告。但这次，鲁君内心也是不想派兵杀向齐国，因为齐国是北方大国，以小国之力派兵伐齐，是根本不可能完成的事。孔子只是死认理想主义的血缘关系，他不知人类一旦涉入政治，一切血缘关系就会被地缘利益淡化，何况当时周朝各国已进入不可收拾的战争时代，连国内大小贵族之间也互相为发展争斗不已。在这种情况下，像鲁国这样的小国弱国，唯恐被人侵害。还想要干涉别国内政，鲁君就算有以各国为血缘兄弟的盟誓，他也不敢以卵击石啊！

鲁君推托以退职大夫也应先向现职大夫汇报，巧妙地回避了孔子要鲁国派兵伐齐国的不现实要求。

【原文】子路问事君，子曰：“勿欺也，而犯之。”

【释文】子路问怎样服侍君王，孔子说：“不欺骗他地去犯颜直谏。”

●这段似乎是子路看到三子挡在君前否决孔子的建议后，也认为三子这样事君有点不妙，于是问孔子应如何事君。孔子给子路设想了一个“事君”的观念——“勿欺也，而犯之”。就是说做官不可学三子，只会随着国君的想法转，要敢于“犯之”！其实新兴势力的思想在于注重改革国政富强本国，我看鲁哀公与三子的想法本就是一致的，并非只是三子倒向国君。孔子和其弟子，都没有看到事情的实质所在。

【原文】子曰：“君子上达，小人下达。”

【释文】孔子说：“官僚君子向官阶去显达，工农小人向财利去显达。”

●这是以排比句式来将“君子”与“小人”作了区分。“上”指官阶的上升，“下”指财利的积聚。这本是两个职业的区别，但孔子用“上、下”做了对与错的分别，他以升官为主张，反对工农经济。

【原文】子曰：“古之学者为己，今之学者为人。”

【释文】孔子说：“古人学习是为了自己，今人学习是为了他人。”

●承续上句的意思，把“为己”的学习，视为君子的榜样，否定“为人”的学习。孔子认为要走升官之路，就得“为己”而学习，不能光为了别人的要求而学。这个意思表达得并不清晰，下面的举例则很好地讲明了什么是“为己”而学习。

【原文】子曰：“不在其位，不谋其政。”曾子曰：“君子思不出其位。”

【释文】孔子说：“不在那个职位，就不要考虑那个职位上的事。”曾子说：“君子考虑问题从不超过自己的职权范围。”

●他讲为官之人只要做好自己位子上的工作就可以了，不应超出自己职权的范围想事。这似是指责鲁国“三子”在超出范围，以大夫之位在想着国君之政。

【原文】子曰：“君子道者三，我无能焉。仁者不忧，知者不惑，勇者不惧。”

子贡曰:“夫子自道也。”

【释文】孔子说:“君子的三种品德我没做到:仁者不忧、智者不惑、勇者不惧。”子贡说:“老师是在自说自话。”

●孔子承认自己也不是君子中的完美人物。他说他没有做到仁,也没有到智,也不是勇者。子贡提醒孔子:老师怎么在自言自语说自己呢!

孔子说了一个大实话:他忧心、迷惘和惧怕了一辈子。而这些,正是他所发明的仁中所不应有的。

55. 佞嘴骥马

《论语·宪问》

【原文】子贡方人,子曰:“赐也贤乎哉,夫我则不暇。”

【释文】子贡喜欢与别人比较,孔子说:“子贡啊,你就那么能干吗?我可没这个闲工夫。”

●这是解释“为他人”而学习的那种人,就如同子贡这样,喜欢拿学问与人比较。

【原文】子曰:“不患人之不己知,患其不能也。”

【释文】孔子说:“不怕没人了解自己,就怕自己没有能力。”

●这是讲“为己”而学的人必有的想法。

【原文】子曰:“不逆诈,不亿不信,抑亦先觉者,是贤乎!”

【释文】孔子说:“不要事先怀疑别人欺诈,不要事先怀疑别人不讲信用,如果能预觉察到欺诈和撒谎,就是贤能的人了。”

●这是讲子贡很喜欢“货比货”,孔子认为要拿到事件的结局再来下结论。孔子不知“货比货”乃是商人买卖成功的诀窍,也是子贡为人一辈子的特点。孔子说子贡在为政上,也借用“货比货”来作“人比人”,是很无能的手段。孔子认为真正贤能的人,是“先觉者”,而子贡的“人比人”并不是贤良。

其实,“人比人”是十分有效的人才筛选手段,这个手段不以主观标准为目的,而是以现有条件为筛选对象,从而找出最合适的方案。现代管理中,“人比人”是重要的结构搭建机构手续,实践证明这比孔子主观设立了概念找寻人才,要现实可靠得多。

分析孔子对子贡的观点,可以断定孔子没有看到:在子贡的商人头脑下,他也是有管理特色的人才。他把子贡的“人比人”误解成了是人对人的“逆诈、不信”。其实“人比人”这只是思维程序而已,如同机构中所讲的树型结构,并不就是把人真当树叶、树根来使用。

【原文】微生亩谓孔子曰:“丘何为是栖栖者与?无乃为佞乎?”孔子曰:“非敢为佞也,疾固也。”

【释文】微生亩对孔子说:“你为什么要忙碌不安颠沛流离的游说呢?你不是显示自己很‘佞’吗?”孔子说:“我并非主观敢做佞人,只是他们也太顽固不化了。”

●微生亩这个问题,提得尖锐!把“佞”的概念,联系孔子“是栖栖者”的现象,栖栖即“栖栖惶惶”,忙碌不安状。这样游说列国的人,是有“佞”的类似。微生亩嘲讽孔子实是做了一名“佞人”所做的事,对孔子来说“佞”与“不佞”已不重要了,孔子默认了自己是“佞”的。“非敢为佞也”,这就是同意自己在行为上是“佞”的,但并非出于主观想要佞,而是因为别人太顽固才造成了孔子行为上的“佞”。

自从有了孔子思想以后,诸子百家们不断质疑着孔子的行为:孔子这种“君子”是否就是典型的“佞人”?因为他在列国游历的表现上,多是事情做不好但口舌很厉害。在这里,才见到孔子已自我承认他的所为,是落入当时的

“佞人”之列。

孔子曾批评卫国有个佞人祝鮀，卫君不该让这个人做掌管宗庙的官，孔子说佞人祝鮀是败坏卫国的害群之马。所以“佞”是个很敏感的概念，它比“不敬”更不道德。如今孔子肯承认自己行为的“佞”，果然他是佞不可逃。当年孔子在太庙里乱问卜，有人批评他对太庙不敬，孔子也是佞嘴抢白说是在“敬故多问”，他不承认对先君有所不敬。

其实，佞嘴这种不良行为，并不像孔子辩解中的那样是对方的责任。一方的佞，与对方思想的顽固无关。佞，就是不顾一方逻辑不通地乱讲话、不讲道理。孔子对自己所承认的“佞”，也是在不得已下对自己说的话的一个自我定性。

【原文】子曰：“骥不称其力，称其德也。”

骥

【释文】孔子说：“千里马值得称赞的不是它的力气，而是称赞它有调教出的好品德。”

●这是自誉自己是“骥”。骥是千里马，以跑得快和远著称。但孔子说千里马的好处不在力气上，而在这马的“品德”好。这种解释出自周游列国而落下“佞人”的嘲弄里，很有点滑稽。孔子说他的“佞人相”，是如同一匹千里马的“不称其力”，但他的品质，还是没得说的“称其德也”。

【原文】或曰：“以德报怨，何如？”子曰：“何以报德？以直报怨，以德报德。”

【释文】有人问：“以恩德报答怨恨，怎样？”孔子说：“这样怎么报答恩德？应该以正直报答怨恨，以恩德报答恩德。”

●“以德报怨”是慈悲，“以直报怨”是善正，“以德报德”是恩惠。孔子并不支持报怨以慈悲为怀，而只主张善正和恩惠。对恩德报答恩德的恩惠很好理解，就是记人家的好处。而善正，“以直报怨”则是依自己的是非概念来处理别人的怨恨。

孔子认为报答恩德的手段，不应用于报答怨恨上，不然报答恩德的手段也是错的。以恩报怨，被怨的这口气是无法出的，因为以孔子生活中政治占重要比例来看，这无疑是叫他主动放弃政见与行动了。

56. 指责的雷声

《论语·宪问》

【原文】公伯寮诉子路于季孙，子服景伯以告曰："夫子固有惑志于公伯寮，吾力犹能肆诸市朝。"子曰："道之将行也与，命也；道之将废也与，命也。公伯寮其如命何！"

【释文】公伯寮在季孙氏面前诬蔑子路。子服景伯将此事告诉了孔子，他说："季孙氏被公伯寮的谄言所迷惑，我有能力去杀了他，将他陈尸街头。"孔子说："理想之道能够得到推行，是命运决定的；理想之道得不到推行，也是命运决定的。公伯寮他能够拿命来怎样呢？"

●公伯寮是孔子的弟子，但他在季孙这里讲了子路的坏话，有出卖老师的现象。子服景伯，是鲁国的贵族。子服景伯想助孔子在街头杀了公伯寮，但孔子认为完全是自己的命运不好，才是他的思想不被人采纳的原因。他已不再信杀了一两个人，就能从根本上解决自己的问题。

【原文】子曰："贤者辟世，其次辟地，其次辟色，其次辟言。"子曰："作者七人矣。"

【释文】孔子说："贤者逃避红尘社会，也逃避动荡的地域、避鄙视的目光、逃避恶毒的人言。"孔子说："能这样做的也只有七个人。"

●孔子指的七个贤者，究竟是谁，我们也不知道，古人今人多有推测，也都是猜的，没有定论。孔子何以去说贤者，可能与"子贡之贤"的著称有关。孔子一定认为子贡的贤，并没有做到如七贤者的“辟世、辟地、辟色、辟言”，所以并不是贤者中最高的。至此，孔子从古学者的“为己”，推及到如今的学者只“为他”，如此理解才通顺。七贤者之类，大概就是那种不“为他”，而完全“为己”的人吧！

【原文】子路宿于石门，晨门曰：“奚自？”子路曰：“自孔氏。”曰：“是知其不可而为之者与？”

子路与门夫

【释文】子路睡在石门下，看门的人问：“你哪里来的？”子路答：“从孔子那里来。”问：“是那个明知做不到却还要去做的人吗？”

●看门人对子路的问答，揭示出众人们旁观孔子和弟子们的活动已早有定性：孔子他们是做的“知其不可，而为之”的迂腐行为，为了一个不切实际的主观理想，在白白吃苦，白白浪费了一生。

看门人都有个特点：喜欢观察进出之人，出门带了什么东西、进门又带了什么东西，人有什么变化。他见孔子一行人马，进进出出总是这么落魄的样子，竟到了落难睡在冰凉的石门下的地步了，这与追求当官的差距太大了，看门人也在劝子路看清现实不可走向理想的反面。

【原文】子击磬于卫，有荷蒉而过孔氏之门者，曰：“有心哉，击磬乎？”既而曰：“鄙哉，硁硁乎。莫己知也，斯已而已矣。深则厉，浅则揭。”子曰：“果哉，末之难矣。”

【释文】孔子在卫国击磬，一个背背篓的人从门前走过，他说：“真用心啊！击磬的人！”一会儿又说：“好庸俗哟！这硁硁的声音，自己都不能理解，自己对自己演着就是了。水深就穿着衣服游过去，水浅就撩起衣服趟过去。”孔子说：“果然是这样么?！我也没有什么可以被责难的啦。”

●这个背着背篓的“荷蒉者”，也像看门人这样嘲笑孔子，他借评论孔子演奏磬时认真的表情，实际是在评议孔子在周游列国推销自己时的那种执著。当然“荷蒉者”的话很难听：直接说孔子这乐奏得十分庸俗！还在这么装模作样地奏乐。

孔子击磬

这个荷蒉者还有更难听的，他把孔子在政治行动上的滑稽，用“莫己知也，斯已而已矣”来嘲笑，说孔子奏的什么连自己都没搞懂，还装模作样的在台上演，把个奏曲子当成了过河，不论水深水浅就这么跳下去拉倒了，意思是孔子涉政不论深浅胡乱地过……

孔子听说后，反驳道：“你除了对我击磬不满外，就没有可刁难我的东西啦？我击磬果真是很难听么？”孔子听出了荷蒉者的话外之音，但他不接手，反而意图留驻于击磬的自信，来表达他就是要如此在涉政上的固执己见。

【原文】子张曰：“书云：高宗谅阴，三年不言。何谓也？”子曰：“何必高宗，古之人皆然。君薨，百官总己以听于冢宰，三年。”

【释文】子张问：“书上说：‘商朝的高宗守孝，三年不说话。’是什么意思？”孔子说：“不止是高宗，古人都这样。君主死了，百官听从坟前安排，要三年。”

●这是孔子喜欢的：儿子守孝要三年不得说话，连帝王也是如此。这里孔子更把话说得仔细了，文武百官要三年里都跪在坟前听安排。是什么人在安排？不是这人已入土了么！——是“冢宰”在给百官布政。宗庙里可能是要演一个“通灵”的戏，由祭师来请亡者出来“主政”，下面的百官就都跪在灵前听政，所以他们是“三年不言”的。说白了，就是这三年，新君是把国政交给祭师来治理了，而且是典型的“一言堂”——因为百官和新君得不言三年啊！全由祭师说了算。

【原文】子曰：“上好礼，则民易使也。”

【释文】孔子说：“上级尊崇礼，百姓就容易被使唤。”

●孔子这句话抓住当官的要命之处了，孔子希望当官的人都要学他主

张的周礼，于是用“民易使也”来引诱之，所谓的以利诱学。

【原文】子路问君子。子曰：“修己以敬。”曰：“如斯而已乎？”曰：“修己以安人。”曰：“如斯而已乎？”曰：“修己以安百姓。修己以安百姓，尧舜其犹病诸？”

【释文】子路问君子，孔子说：“提高自己的修养，对人恭敬谦逊。”问：“这样就行了吗？”孔子说：“提高自己的修养，使人心安”。问：“这样就行了吗？”孔子答：“提高自己修养以安顿百姓，尧舜都难做到！”

●孔子分三步对子路说“修己”的功能，第一步是讲修己可以提高个人品质，第二步是讲修己对家庭的贡献，第三步是讲修己对治国的好处。即“修身→齐家→平天下”，孔子说“修己”之身得到“敬”，“修己”齐家得到“安人”；“修己”平天下得到“安百姓”。孔子又说：尧舜都没全做到“安百姓”，即你子路要修己一辈子的，连尧舜尚且做不全，你们怎可超越尧舜放下不修呢？

这里的“修己”，并非“修心”，而是指学习知识技能。佛门的“修心”是指对菩提心的觉照，这是启发本具的智慧光芒与佛等无差别的自觉觉他。向内修是本具光芒的自觉智慧，而儒家的“修己”，则是心向外求的一种预备，是有所学、有所求的心，所以它实际是“向外修”。很明显，“修身→齐家→平天下”是个由内向外走的心。

【原文】原壤夷俟，子曰：“幼而不孙悌，长而无述焉，老而不死，是为贼。”以杖叩其胫。

【释文】原壤总是叉开了双腿坐着等孔子，孔子说：“小时候就不懂礼貌，长大了一事无成，白吃饭的老不死，真是个偷生的贼。”并用手杖敲打他的小腿。

●弟子原壤，叉伸两腿坐在席上，被孔子骂了。因为周代人是没有凳椅的，人人都坐在地上，地上有席垫，如果在席垫上的人都叉伸两腿而坐，席前走路的人就会被他绊倒。所以孔子骂他没教养，并用手杖打他的小腿，意图叫原壤收回在他面前伸直的双脚。

其实原壤的“夷俟”坐法，是少数民族的一种生活礼仪，你不能说他们没礼数。只是原壤在异于“夷俟”的“踞跪”环境下，会使习惯于在踞跪者面前走动的人反感，因为妨碍了席内的走动。孔子却上升到了“偷生”白吃饭的高度，反而收不到就事论事改正原壤毛病的效果。原壤也许是个比较懒的学生，比较自私只会关注自己，但骂不是好办法。

原壤的毛病并非出在无礼上，他只是不太顾忌别人的感受，习惯“夷俟”。规则与行为的异常，在有些时候不一定是在与人对立。礼是行为规则，而行为异常也可能只是因服从了另一种规则。两种规则处在一起，总是会有矛盾的。

【原文】阙党童子将命，或问之曰：“益者与？”子曰：“吾见其居于位也，见其与先生并行也，非求益者也，欲速成者也。”

【释文】孔子外婆家的童子被推荐了来，有人问：“会是个学习有长进的孩子吗？”孔子说：“我见他竟然与长辈同坐同行，他不是个要求上进的人，而是个急于求成的人。”

●这是从童子行为的缺礼上来评论童子的学习能力。孔子不知缺礼不是无礼，以授者之身份，误把“缺”当“无”。以孔子的教师身份，他在未启教之时，就以“无礼”对这童子定性。未学礼，何以说礼不礼呢？童子缺礼故而投师来学啊！缺礼正在于老师还未教成，但不是“无礼”而是正待师教育之时。孔子把“缺礼”当“无礼”，把这“阙党童子”的未来给随随便便地否定掉了。

57. 笼鹰的人

《论语·卫灵公篇》

【原文】卫灵公问陈于孔子。孔子对曰：“俎豆之事，则尝闻之矣。军旅之事，未之学也。”明日遂行。

【释文】卫灵公向孔子询问排兵布阵之法，孔子对卫灵公说：“礼仪方面的事，我还懂一点；军旅里的事，我没学过。”孔子第二天就离开了卫国。

●“陈”是“阵”的通假字。孔子第三次去卫国，卫灵公召见他商议给他官位的事，卫灵公用军事话题来试探孔子，意在要派他做守境的军官。孔子听出来，卫灵公想让他担任军事方面的事。于是孔子说：我只是懂礼仪上的事，军事上的事我不会。其实孔子就是为了制止卫国强兵，为了减小卫国所带给鲁国的压力而来。孔子只想谈“俎豆之事”，他根本不会帮助卫国搞军事的。什么是“俎豆之事”？就是想做朝廷内部的礼仪高雅之事，而不是风餐露宿地为朝廷在外面守边疆。俎，切肉板；豆，盛食器。这里代指祭肉的切法和祭器的摆放。

卫灵公一试，就把孔子的意图试出来了，这个孔子不是诚心来投奔卫国的。果然，第二天孔子就决定离开卫国，他这第三次去卫国又没有做成他想做的事。

孔子为什么老想做官？而且只想做掌管朝廷内部的要官呢？

【原文】在陈绝粮，从者病，莫能兴。子路愠见曰：“君子亦有穷乎？”子曰：“君子固穷，小人穷斯滥矣。”

【释文】孔子在陈国断了粮，跟随的学生饿得走不动路。子路埋怨地说：“君子也有穷困潦倒的时候吗？”孔子说：“君子虽穷，但穷不失志；小人穷了，就自暴自弃一蹶不振了。”

●孔子带着弟子们曾走在陈国和蔡国之间，被困在了山中。他们七天都没有吃到一口饭，吃的是野菜，大伙全被饿得爬不起来。

子路埋怨做君子也会如此受苦，孔子听了，鼓舞大家别泄劲，不要学工农那样自暴自弃。

也不知孔子怎么搞的，总是拿“小人”——工农来反衬君子。当然，工农一生只为了吃饭忙，从不愿干没饭吃的活。君子不为吃饭忙，忙着要当官，但算你是君王的弟子，也一样会饿肚子。

孔子把社会协力的合作关系切断了，他强调“玩”政的乐趣。而流落陈国这种“玩”政中的饿肚子，被孔子用来对工农业——社会头等大事进行污辱。用肢体和嘴巴来“玩”政治，如同毒瘾一样在孔子的身上发作，从而让他成了古怪的政治玩家，而非真正的政治家。

玩政与从政：从政的人，拿工农当成宝；而玩政的人，把工农称作小人。不重视工农，来源于人与人压迫和剥削的内因，有了对工农的压迫和剥削的贵贱心，工业、农业就没有创造的动力，因为他们不愿因发明创造冒了被剥削压迫的风险。这个结果对于要真正从政的人，是不愿看到的。但玩政的人，比如孔子这样是无所谓工农的工程创造，因为他没有政治家对工农事业的那种敬重，内心更在意于“玩政”时主观想法的实施。

真正从政的人，对于社会里的工农之事，如同放鹰，鹰是自由而有效地生活着。而玩政的人，总是要给鹰造个笼子，强行给个生存的概念化规则来关它。真正从政的人因为给予鹰的自由而敬重鹰的存在；但玩政的人，却用他发明的主观规则来为他的主观思想服务。前者是真的养鹰，后者只是占有了鹰。孔子辱工农如在辱鹰，是因为太想做那个占有鹰的人啊！

【原文】子曰：“由，知德者鲜矣。”子曰：“无为而治者，其舜也与？夫何为哉。恭己正南面而已矣。”

【释文】孔子说：“仲由啊，知晓德的人太少了。”孔子说：“无所行动就能治理好天下的人，只有舜吧！他做了些什么？只不过是自己庄严地坐在正南方向而已啊！”

●孔子向仲由介绍了“德”在官身上的所在。他举例说：德是官儿自个庄严地坐在官位上，无所行动就能治理好天下。

“正南面”是指端庄地坐在南面，“无为而治”是后来道家的哲学依据，它又称黄老之术、人君术、南面术或帝王之术。所谓的“德”，就是完全领会帝王之术，依照着帝王之术来治理国家。“南面术”是讲地位关系的权术，这就是强行推行一种不平等的关系，在孔子看来，君子与小人，就是这权术下的优劣关系。

用“仁义道德”来推行官民不平等的思想和体制，是孔子一生的活动意义。

【原文】子张问行。子曰：“言忠信，行笃敬，虽蛮貊之邦行矣。言不忠信，行不笃敬,虽州里行乎哉?立,则见其参于前也;在舆,则见其倚于衡也。夫然后行。”子张书诸绅。

【释文】子张问什么是正确的行为。孔子说:“说话忠信,行为诚实,即使到了偏远地区,也能事业顺利;否则,即使在繁华都市,能顺利吗?站立的时候,这几个字好像就立在眼前;坐车的时候,这几个字好像就刻在车辕木上。这样走到哪里都会畅通无阻。”于是子张将这话写在了腰带上。

子张书绅带

●“参”意思是穿插并立,指孔子的“忠信、笃敬”这句话,如同与人一同并立。“衡”是车辕上的横木,它指的是马车前的扶手。有人解释为车窗,这是错的。“绅”是腰带垂下的部分。

孔子要弟子们做事要“言忠信,行笃敬”,这样才可以处处都行动无阻。这是服从于“南面术”的一条要则,“言忠信,行笃敬”是孔子讲的南面术之“德”。

【原文】子曰:“直哉史鱼。邦有道如矢,邦无道如矢。君子哉遽伯玉。邦有道则仕,邦无道则可卷而怀之。”

【释文】孔子说:“史鱼正直啊!邦城有道时,他像箭一样,邦城无道时,他也像箭一样直。蘧伯玉真是个君子!邦城有道时,他就出来做官,邦城无道时,他就藏而不露地隐居起来。”

●史鱼的“直”,就是个“言忠信”的范例;而蘧伯玉的“卷而怀之”,是“行笃敬”的典范。

这也是讲“南面术”下的两个“德”。

【原文】子曰:“可与言而不与之言,失人;不可与言而与之言,失言。知者不失人,亦不失言。”

【释文】孔子说:“遇到可以说话的人却不说,就会失去可交的人;遇到不可说的人却说了，就是说话冒失。聪明的人不可失去应当交往的人，也不言谈冒失。”

●这是解释为什么孔子对遽伯玉的“卷而怀之”赞之有加，又对“言忠信”的史鱼也赞赏，孔子以为他们服从了“南面术”的德。

南面术——绝对至上的权！对于这权只有服从而不欺，才是孔子讲的“德”。

【原文】子曰：“志士仁人，无求生以害仁，有杀身以成仁。”

【释文】孔子说：“志士仁人，不会为求得生存而破坏仁，却会舍生忘死维护仁。”

●孔子说“仁”是可以值得为之以命相护的。

【原文】子贡问为仁。子曰：“工欲善其事，必先利其器。居是邦也，事其大夫之贤者，友其士之仁者。”

【释文】子贡问怎样去实现仁，孔子说：“工要做得好，必须先磨好工具。生活在邦城，就要追随贤能的官大夫，结交那里士人中的仁者。”

●把“大夫之贤者”、“士之仁者”当做磨刀石。孔子拿“磨刀”作为追随官僚士大夫的比喻，目的是为了治身——“为仁”。孔子对子贡说了“为仁”，下面，将向颜回说治国——“为邦”。

【原文】颜渊问为邦。子曰：“行夏之时，乘殷之辂，服周之冕，乐则韶舞。放郑声，远佞人。郑声淫，佞人殆。”

【释文】颜渊问怎样治理邦城，孔子说：“用夏朝的历法，乘商朝的车辆，戴周朝的礼帽，演奏舜尧的音乐，禁止郑国人的音乐，远离佞人。郑国人的音乐很淫秽，佞人夸夸其谈很危险。”

●“为邦”，就是治理邦城。物拣好的用，打击坏的事……孔子说了一大堆理政的好事，都是主观理想主义的观点。

【原文】子曰:“已矣乎！吾未见好德如好色者也。”

【释文】孔子说:“这个社会完了！我没见过有喜欢美德如同喜欢美色的人。”

●“德”与“色”是不相干的两个内容,孔子却拿来作“比”,这是不理性的。“德”是金字塔式的品质构筑,而“色”并不一定是倒金字塔式的。因为“好色”是人类生殖繁衍的客观前提,只要身体健全为后盾;而“好德”是精神生活主观概念的结果,是与健康无关的抽象东西。像孔子这样以“仁”为德的,是把抽象主观的概念当成生殖繁衍来看了。强把生殖血缘与主观政见拉在一起说,可见仁德难有“繁衍”的可行啊!

这段话是孔子在感叹“人君南面术”将在周代末年消亡。

58. 人君南面术

《论语·卫灵公篇》

【原文】子曰:“臧文仲,其窃位者与？知柳下惠之贤,而不与立也。”

【释文】孔子说:“臧文仲难道不是窃居了官位的人吗？明知柳下惠能耐很强,却不推荐他做大夫之官。”

●柳下惠据说是个贤人,是鲁孝公的儿子公子展的后裔,有说柳下惠大有“坐怀不乱”的品德,做狱讼的小官。传说有一年的严寒中,一位女子旅途来投宿,柳下惠恐怕她冻死,就让她坐在他怀中,还用自己的衣服盖住她,一夜如此都没有越礼的事。那个抢了兄长名分而继位的贵族臧文仲,没让柳下

坐怀不乱的柳下惠

惠从一个士，转为世袭贵族大夫。孔子骂臧文仲自己也是个低阶窃占了高阶世袭之位的人，却不让别人从低阶转为高阶，并表示了对柳下惠的支持。这是在指责臧文仲从没按“南面术”做事，是“无德”之例。

孔子把血缘上的生辰，似视为天赐的能耐指标之一，认为是可以与“贤”一同进阶评估官衔的身份。其实，生辰的先后，并不能决定贤的程度。柳下惠固然可以因贤立为大夫，但兄长未必一定有弟弟的能耐。就说孔子也赞叹的泰伯吧：他是贤能较弱的兄长，但品德高尚，甘心于被其父立弟弟为继承人，自己退居梅里去务农。让贤固然有德，但德与贤并非一定并进的。虽然臧文仲与兄弟斗贤，可说是无德，但这又与贤否的参数无关。孔子思维的混乱，恐怕只是因个人对柳下惠的简单好感，才发生否定“德贤不同”的鲁莽现象。柳下惠的“坐怀不乱”，是德，不是贤。

【原文】子曰：“躬自厚而薄则于人，则远怨矣。”

【释文】孔子说：“多躬而责备自己少责备别人，就可以避免怨恨。”

●孔子若早知道这个道理，他在鲁国做官就不至于把其道的不行，怪罪到少正卯和鲁国三大家的身上。

【原文】子曰：“群居终日，言不及义，好行小慧，难矣哉！”

【释文】孔子说：“整天和小人聚在一起，说话不讲义，喜欢要小聪明，这样的人真难办！”

●孔子这是举例了一个他认为的社会乱象，他以为这是不服从“南面术”的现象。可能是在指责臧文仲吧！

【原文】子曰：“君子义以为质，礼以行之，孙以出之，信以成之。君子哉！”

【释文】孔子说：“做君子‘义’是它的本质，行之以礼、口中谦逊、守信做事，这就是君子！”

●指出一个君子在“南面术”下，在社会中所应有的“德”。

【原文】子曰："君子病无能焉，不病人之不已知也。"

【释文】孔子说："君子只怕自己做不到，不怕没人了解自己。"

●服从了"南面术"的德，君子也只能这样去做了。

【原文】子曰："君子疾没世而名不称焉。"

【释文】孔子说："君子担心至死也没好名声。"

●孔子认为："南面术"下，自会给君子以名声上的惠馈。

【原文】子曰："君子求诸己，小人求诸人。"

【释文】孔子说："君子求自己，小人求别人。"

●提示了"南面术"下，君子不得给别人添乱。

【原文】子曰："君子矜而不争，群而不党。"

【释文】孔子说："君子举止庄重而不争，合群又不结党。"

●在群体中，君子服从"南面术"的管理规范。

【原文】子曰："君子不以言举人，不以人废言。"

【释文】孔子说："君子不会偏听旁言就举荐人，也不会因别人的错误而制止这人讲话。"

●这是讲君子在"南面术"下，不得给君王添乱帮倒忙。以上数段议论，全是由指责臧文仲所引发的。

【原文】子贡问曰："有一言而可以终身行之者乎？"子曰："其恕乎！己所不欲，勿施于人。"

【释文】子贡问:“有一个字可以终身奉行吗?”孔子说:“那就是恕字吧!自己做不到的,不要强加于人。”

●这是孔子借子贡之问,对“服从”二字的再解释,“恕”是指宽恕。子贡,曾因不恕齐国的侵鲁动机,而引发多国战争,破坏了周天子的“南面术”。对于这事,孔子大为不满。

【原文】子曰:“吾之于人也,谁毁谁誉。如有所誉者,其有所试矣。斯民也,三代之所以直道而行也。”

【释文】孔子说:“我对人,诋毁过谁又称赞过谁?如果我称赞过人,一定是他已先经过了考验。这样来对民众,就能让三代人都在正直的道上行。”

●这是孔子在说大话。起码在评价子贡上,他曾经做得不正确,结果不是还做了一次自我检讨吗?

【原文】子曰:“吾犹及史之阙文也,有马者,借人乘之,今亡矣夫!”

【释文】孔子说:“我还能见到史书上因存在怀疑而记下的“阙文”,这如同有马的人,却愿把马借给别人去骑,现在这种事是不会有了!”

●孔子说春秋时代记史的人,史事记录全凭着自己当时的目力,什么都一次性详尽地记载满了,没一点给统治者借用的余地。

上古史官,在宫廷做记史时,原也是独立运行不得被政治干涉的。记史就是原始数据库的记录,若你后期再修饰涂改的,就远离了原始性。孔子的投机态度,背弃了记史所要求记录的即时真实原则。

【原文】子曰:“巧言乱德,小不忍则乱大谋。”

【释文】孔子说:“巧语会乱了德,小事不能忍耐就会搅乱大的谋划。”

●这似是在对记史之人的批判。这“大谋”是什么?正是孔子上面讲的“南面术”。

【原文】子曰："众恶之，必察焉；众好之，必察焉。"

【释文】孔子说："众人厌恶的，必须仔细观察；众人喜欢的，也必须仔细观察。"

●与记史的判断眼光有关，孔子希望对一切社会好恶有细致观察后，再落笔写下。这是提醒史官：要切入"南面术"的大谋利益中来记史，不要什么细节都记，只应记述那些与"大谋"合拍的东西。我认为孔子的记史主张，是意在否定数据记录，提倡概念导述。但历史记载若只见概念导述，而无原始数据的真实性，这种历史即等同于伪史！

【原文】子曰："人能弘道，非道弘人。"

【释文】孔子说："人能弘扬道，不是道能弘扬人。"

●孔子认为弘道是要借人，也要借史的。借史如同借马，得为着"大谋"去驱使历史记录，来为未来的政治目的服务。孔子不认为运用原始数据库的记录方式，这史官工作的功绩就很伟大。孔子意指搞数据库，只是史官想"以道弘人"，没有立足于"大谋"去给统治者留下以人弘道的空间。

【原文】子曰："过而不改，是谓过矣。"

【释文】孔子说："有过错不改，这才是真过错。"

●孔子希望搞数据库的记史之人，发现这些过错，就不要再犯。

【原文】子曰："吾尝终日不食，终夜不寝，以思，无益，不如学也。"

【释文】孔子说："我曾整天不吃、整夜不睡，用来思考。结果没好处，还不如去学习。"

●孔子把介绍学习他的东西放在首位，而把独立思考放在"无益"的位置上。这是因为"南面术"下的人们，是不应再具有独立思考的。

【原文】子曰："君子谋道不谋食。耕者，馁在其中矣；学也，禄在其中矣。君子忧道不忧贫。"

【释文】孔子说："君子谋求道而不谋求食物。耕田，有时还会挨饿；学道，却能拿俸禄。君子担心没道不担心贫穷。"

●孔子的逻辑很佞：种地人无禄又挨饿，不种地的人却可以有禄有食。这是孔子点出了服从"南面术"的好处——"禄在其中矣"！

【原文】子曰："君子不可小知，而可大受也。小人不可大受，而可小知也。"

【释文】孔子说："君子不可行小智，而可接受重大使命；工农小人不可接受重大使命，而只能行小智。"

●又在拿以工农"小人"做反衬，来讲解君子应该对"南面术"的服从。

【原文】子曰："民之于仁也，甚于水火。水火，吾见蹈而死者矣，未见蹈仁而死者也。"

【释文】孔子说："人民对仁的感触，比水火更甚。水火，我见过蹈之而死的人，但我没见过蹈仁而死的。"

●这是站在"南面术"的角度，讲"仁"不会害着人民，但人民却怕仁，如同怕水火。

【原文】子曰："当仁不让于师。"

【释文】孔子说："面对仁道，在老师面前也不要谦让。"

●照这孔子的"仁"做，就是拿孔子的思想去做，这个"不让"是指要做得比老师更好。

【原文】子曰："君子贞而不谅。"

【释文】孔子说:“君子守贞信而不寻求谅信。”

●“贞”和“谅”是两种守信方式,贞信是长久的,谅信是短期的。孔子提倡在“南面术”的服从中,君子要守长久的信用。

【原文】子曰:“事君,敬其事而后其食。”

【释文】孔子说:“服侍在君王身边,要恭敬的服侍,然后再谈拿俸禄。”

●这是从守信上要求君子,在服侍与拿报酬之间,要有长久信任的信用关系。

【原文】子曰:“有教无类。”

子曰:“词,达而已矣。”

子曰:“道不同,不相为谋。”

【释文】孔子说:“我没有分出类别来实施教育。”孔子说:“话说清楚就可以了。”孔子说:“若人与人所求的道不一样,就不必谋事共处。”

●“有教无类”指孔子只是从不教务农和务工的,他只教出仕——当官之道。有什么“教”?是有为官之教;无什么“类”?无工农业之类。

有不少人以为“有教无类”是孔子对人的教育平等,其实是误解了原话。孔子只教贵族子弟如何当官,不教工农类的课,也不教坚持务工务农的人。所以原话的“无类”,不是指“不分类型”,所以不能用“教学对象不分类型”来释义。孔子的原意是“教学只针对一个方向”。无类,就是“各种方向”。

孔子的言词,通过一系列的教学过程,思想传递到了学生的身上,这就是他的“达”了。“教”与“学”,是道同的关系,若学者不想学,教者就不必再为他而“谋”了。

这段是拈出君子必须服从于南面术之道,学生中有不服从的人,就必须立即远离他。

“道不同,不相为谋”,就是“有教无类”本意的真实注释。把“有教无类”,解释成“人人都有受教育的权利”是不合适的,因为现实中,孔子连弟子中长相丑陋的，他都不愿教。何况是他不喜欢的那类人呢？以孔子一生中言行统一来预想，他的行为也证明了他的言词，“有教无类”定是讲他的教育“是专对某种人某种事”的，“无类”——是“无别种”，而不是“人不分类”。

【原文】师冕见，及阶，子曰：“阶也。”及席，子曰：“席也。”皆坐，子告之曰：“某在斯，某在斯。”师冕出，子张问曰：“与师言之，道与？”子曰：“然。固相师之道也。”

【释文】乐官师冕来见孔子。走到台阶前，孔子说：“这是台阶！”走到坐席前，孔子说：“这是坐席！”都坐好后，孔子告诉他：“某人在这，某某人在那……”乐官走后，子张问：“这是同盲人交谈的方法吗？”孔子说：“是的，这就是与盲人相处的方法。”

●这似是讲与盲人乐师的故事，实是孔子通过这个故事，在讲“师道”。此“师冕”原是世袭的盲人乐官，姓师名冕。孔子解释教师的教学手法，要如同对待盲人一样，老师应严格引导学生的每一步。

总之，孔子宣讲学生也要对“南面术”服从，以此做君子应该遵循的规范。

59. 朽坏的柙椟

《论语·季氏篇》

【原文】季氏将伐颛臾，冉有季路见于孔子曰：“季氏将有事于颛臾。”孔子曰：“求，无乃尔是过与？夫颛臾，昔者先王以为东蒙主，且在邦域之中矣，是社稷之臣也，何以伐为？”冉有曰：“夫子欲之，吾二臣者，皆不欲也。”孔子曰：“求，周任有言曰：陈力就列，不能者止。危而不持，颠而不扶，则将焉用彼相矣。且尔言过矣。虎兕出于柙，龟玉毁于椟中，是谁之过与？”冉有曰：“今夫颛臾，固而近于费，今不取，后世必为子孙忧。”孔子曰：“求，君子疾夫舍曰欲之，而必为之词。丘也，闻有国有家者，不患寡而患不均，不患贫而患不安，盖均无贫，和无寡，安无倾。夫如是，故远人不服，则修文德以来之。既来之，则安之。今由与求也，相夫子，远人不服而不能来也，邦分崩离析而不能守也，而谋动干戈于邦内，吾恐季孙之忧，不在颛臾，而在萧墙之内也。”

【释文】季氏将要攻打颛臾城。冉有、季路去见孔子说：“季氏快要攻打颛臾了。”孔子说：“冉求，这不是你的错吗？颛臾人曾做过先王的东蒙主，而且就在鲁国境内。是鲁国的一部分，为何要打它？”冉有说：“季氏要打，我二人都不想打。”孔子说：“冉求，古代的良史周任说过：‘在其位就要尽其责，不然就该辞职。’主人危险时不协助，跌倒时不搀扶，要你这个助手有何用？而且你还说错了，虎兕跑出了笼子，龟玉毁在盒中，这又是谁的错啊？”

冉有说：“现在颛臾城墙坚固，又离费城很近，现在不夺过来，将来会成为子孙的后患。”孔子说：“冉求，君子最痛恨那种不说自己想要，却要找个理由辩解的人。我听说有国有家的人，不怕钱少而怕不平均，不怕贫穷而怕不安定。因为，平均了就没有贫穷，大家和睦就感觉不到人少，安定了就没有危险。这样，如果远方的人不服，就用仁政招徕他们；来了之后，就要安抚他们。现在你二人辅助季氏，远方的人不愿服却不能招徕他们，国家分崩离析却不能保全，反而想着在国内使用武力，我只怕季孙的危险不在颛臾，而在自己的内部。”

出柙的虎兕

●季氏要打击的“颛臾”，是在鲁国境内的风姓古国，它在夏朝就出现了，九夷之中归属于东夷。孔子反对季氏对颛臾动武，理由是颛臾做过周朝祭祀的附庸臣，在蒙山祀祠中做了“东蒙主”。孔子批判冉有和季路这两人，指责他们去做了季氏助手，却不能制止季氏的行动。

当时的年代是争霸年代，各国诸侯王要争斗，各诸侯国内的各种势力间也在争斗。孔子曾在鲁国攻打过三个政治集团，也都是这样以家族和城市为攻击单位的。季氏当然也与孔子的思路一样，要想吞并对自己不利的一方。也许看在曾经是周朝祀祭所在地的份上，孔子认为附属国的颛臾，是属于奴隶主阵营里的一部分，是推行礼教的势力。所以他很反感季氏这政治对手，又要去利用自己培养的学生吞并颛臾。

季氏占了鲁国一半的实有领地，另一半中又有少部分成员不是孔子赞同的那类集团，所以季氏的政治势力大于国内任何家族集团。如果以孔子所代表的鲁君集团一方来看，季氏可吞并国内某一集团成功的胜算最大。但要是某一集团从国外附属国里拉来了力量，他可能就在势力上等值于季氏了。力求谋取这种政治力量的对抗平衡，是孔子对鲁君的奴隶主势力设计的万全之策。现在看到季氏正在破坏这种战略平衡，连自己的两个学生也参与了进去，孔子发火了！

孔子的这两位学生，从季氏新兴地主集团的安全着想，认为颛臾是相邻80里地的敌方坚固城垒，它的存在于费城的安全十分不利。

于是孔子怒斥了学生，用的是国家“和睦”的理由，把分崩离析“虎兕出于柙，龟玉毁于椟”的起因推到季氏集团一方，认为动武是不和睦的。“兕”是凶悍的犀牛，代指危险的事件。“龟玉”是玉雕的交亲婚嫁礼器，代指和睦的事件。

“柙”、“椟”是箱子和盒子，孔子用它代称鲁国的奴隶制社会关系。孔子说是季氏先破坏了奴隶制这个“柙椟”，才导致了颛臾的敌对出现。孔子说，如果“柙椟”不被你破坏，你会受到攻击吗？你的亲朋会被人打败吗？

我们看到孔子的语言，政治性十分强。为了偏爱的某一方，他常言行不一、前后之言也不一。这里，他似乎忘了他在打击三个鲁国政治集团时，也是动用武力的。而且是以单方之力，连续攻打了三方的都城。现在，他不主张战争的言论，全是对过去他攻打过的敌方势力而讲。这种只许自己动武，不许可敌方动武的霸道态度，并不是智慧而是滑稽逆反的情绪。其实，孔子打季氏、季氏打颛臾，都是利益的博弈，哪有什么仁政可论？

【原文】孔子曰：“天下有道，则礼乐征伐自天子出；天下无道，则礼乐征伐自诸侯出。子诸侯出，盖十世希不失矣。自大夫出，五世希不失矣。陪臣执国命，三世希不失矣。天下有道，则政不在大夫。天下有道，则庶人不议。”

【释文】孔子说：“天下有道时，礼乐和征伐的制定权都出自周天子之手。天下无道时，礼乐和征伐的制定权都出自诸侯王之手。实权落在诸侯手上，最多能传十代，很少有不垮台的；实权落在士大夫手上，传了五代很少有不垮台的；卿大夫的陪臣执掌了国家命运，经过三代很少有不垮台的。天下有道，则政治权不下放到大夫这一级别。天下有道，则百姓不会去议论政治。”

●孔子认为由最高层来决定意识（礼乐）或处罚（征伐），才是政治有道。如果放权给下层人民来制定幸福意识和痛苦处罚，就是无道。用孔子的观点看现在的机构管理，都不合格，全可判为无道。因为现在的政治机构，用的是民主集中制，即政治同僚共同协商的办法，来进行行动的协调。而后在民主集中制下，进行权力下放，即各专业性质的分权分管。

孔子曾说过周朝的分封制度是优秀的。这分封制度另有一个特点，那就是礼乐和征伐的各专业分工，也都得分封到各诸侯王身上。周天子并没有亲自掌握什么专业，他只是协调各专业诸侯的主持人。比如历代鲁国的诸侯王，曾经担当了周朝礼乐的某部分管理运作和传承，鲁国就是这样被封为礼乐专业的诸侯，他们持有礼乐上的发言权。

现在，孔子又反说礼乐权不在鲁国手上，这是得了便宜又卖乖。如果再看鲁国春秋时代亡国在即的状况，那不是礼乐下放到了孔子这样的大夫身上鼓吹所引发的吗?难道孔子传播的周礼，并不是真正的周朝礼乐?其实，礼乐与征伐，在国家各阶层之中，各有各阶级的礼乐与征伐。最高领袖的礼乐是国家级礼乐，征伐是国家级征伐。省级领导有省级的相应礼乐和征伐，连庶民们也有自己相应的礼乐和征伐，比如家礼和讼争。孔子曲解了天子的权力意义，他主观地认为天子是“父”的拟化，原本天子协调与集中的组织权力，被孔子偷换成了如“父亲用巴掌教训孩子”、“父亲带回鱼肉给孩子吃”这样的“父权”。

只要是周朝制度有过长久有效的行政管理，这天子权力必无“父权”性，因为这孔子发明的“政治父权”是无法实现社会复制的，是主观拟想出的东西。现在他以“老陪臣”的身份，也在“出”什么礼乐之论，孔子是不是有道呢?他不是说了“陪臣执国命，二世希不失”吗?“陪臣执国命”也要看做得合不合理，有些陪臣是为国改变国家苦难命运的，他的“执国命”就是对的。所以孔子讲的陪臣不执国命，不足为信。

“政不在大夫”、“庶民不议”就是天下有道了，这说法是不正确的。我们常说天下兴亡，匹夫有责。孔子却说大夫和庶民不得议政，这种政治就很不民主了！我看上古时代政权，也不会像孔子说的这么不民主，不然怎么会出大禹这样的平民帝王呢?

【原文】孔子曰:“禄之去公室,五世矣。政逮于大夫,四世矣。故夫三桓之子孙,微矣。”

【释文】孔子说:“爵禄的控制权,从国君的公室里向外流失,已经五代了;政权实力落到大夫手中,已经四代了。所以三桓的子孙也衰微了。”

●孔子认为鲁国的灭亡,完全是权力下放的结果。国君对官禄管不着已有五世之久了。这用现代的话说:就是领导不管发放员工的工资,已有好久了,这被孔子认为是要亡国的。孔子心底无非是说:君王亲自发放官员俸禄,可以买到官员们的心,但把这权力下放到了财务人员的手上,岂不是亡国了?孔子还认为“政逮于大夫”也会亡国的,大夫无权参政,才是国家兴旺的基础。这种观点完全与现代机构的管理制度相悖,现代政治尽可能强调了参政权的人人平等,参政议政权公民是平等共有的,但孔子反对这个,只把参政议政权留给天子和诸侯王这些大小奴隶主们。孔子无非是强调了大小奴隶主们的特权不得侵犯和下放。

总之,现代企业若由领导来亲自发工资给员工,是极愚笨的管理手段,只适于在小作坊里实行。要开拓发展,放权是信任部下的有效管理手段。

奴隶制度只是特定历史条件下的人类社会制度,这个枷棱的材质终是会朽坏的。孔子认为枷棱的朽烂都是人为的结果,他不会思考社会结构的血腥才是朽烂的内因。难道国君亲自发放了爵禄、政权从大夫手中收回,就能让这血腥枷棱的朽坏立即中止么?我看不可能中止。孔子无非是为奴隶制的即将倒台而扼腕叹息,他把朽烂的制度之罪,怪责到了一切他认为可以怪罪的人身上。

60. 混世秘诀

《论语·季氏篇》

【原文】孔子曰："益者三友，损者三友。友直，友谅，友多闻，益矣。友便辟，友善柔，友便佞，损矣。"

【释文】孔子说："有益的朋友有三种，有害的朋友也有三种。与正直的人交朋友、与诚实的人交朋友、与见多识广的人交朋友，有益处；与走邪门歪道的人交朋友、与谄媚奉迎的人交朋友、与花言巧语的人交朋友，有害处。"

●这是孔子教训学生的话。孔子目的是引导学生，与不会害及自己的人去交朋友，交朋友要有获取利益的功利心。

【原文】孔子曰："益者三乐，损者三乐。乐节礼乐，乐道人之善，乐多贤友，益矣。乐骄乐，乐佚游，乐宴乐，损矣。"

【释文】孔子说："有益的爱好有三种，有害的爱好也有三种。爱好礼乐、爱好称赞别人的优点、爱好广结有贤能的善友，有益处；爱好放荡的乐趣、爱好闲逛乐趣、爱好宴席乐趣，有害处。"

●爱好中的有益无益，与品德无关，这只是孔子在介绍如何去寻求做君王子弟的方法而已。但大多数人一看有"从善不从恶"，就以为孔子说的"君子"是绝对善的，大家是忘了一句——善恶是有人类阶级性的，善恶也是相对与可变的抽象概念。

举例说，孔子所讲的"乐佚游"、"乐宴乐"，几乎已是现代中国文化层的人士普遍的生活习惯。"佚游"即是旅游，我看现代单位和学校，都是会定期组织些国内外旅游。许多家庭和个人，也会自费旅游观赏祖国河山和世界异域风光。这在孔子的儒学里，被他批为“损者”之习。

关于“乐宴乐”，也被孔子认为是“损者”的恶习，我看现代白领和金领都是大饭店里宴席上的常客，他们习惯于宴乐环境下谈事。中国人就是这个风俗，要在宴乐上边吃边办事，到了过年过节请吃和吃请更是少不了。如果中国人这种风俗也是无益的，那么商人政客们才不会这么干上几千年了，他们都是很重功利的人士，根本不会把一个对己无益的活动在生活、工作中推行下去。

【原文】孔子曰：“侍于君子有三愆：言未及之而言谓之躁，言及之而不言谓之隐，未见颜色而言谓之瞽。”

【释文】孔子说：“陪君子说话要注意三种毛病：没到说的时候就说，叫做急躁；到该说的时候不说，叫做隐瞒；不顾对方的表情就说，叫做睁眼瞎。”

●这叫预规则下的含蓄设定，反而造成了对方把握上的困难。所以，这礼是一种让人平生出许多麻烦的东西，只能在熟人圈子里自知，学了它，陌生人就无法与你交往了。反而因为他人无法与你交往，又生出了对陌生人的诸般轻蔑。所以重礼的人，心里多是贡高我慢得很！这就是心理被君子之礼障住了，忘了礼只是个相对化的社会习惯，世上并没有一成不变的礼。

【原文】孔子曰：“君子有三戒：少之时，血气未定，戒之在色；及其壮也，血气方刚，戒之在斗；及其老也，血气既衰，戒之在得。”

【释文】孔子说：“君子有三件事要警戒：年轻时，血气还不成熟，要戒女色；年壮时，血气正旺盛，要戒争斗；年老时，血气已衰落，要戒贪婪。”

●这些是自然规律，不是孔子发明的理论。但孔子的三戒也不是绝对的，少时好斗的人也是很多的，壮年人也应戒色，因为女色对壮年人的害处最大，疾病和法律许多麻烦都会出来。少年人、壮年人也一样会有贪婪，小偷和贪官中这两层的人数都不少。

【原文】孔子曰：“君子有三畏：畏天命，畏大人，畏圣人之言。小人不知天命而不畏也，狎大人，侮圣人之言。”

【释文】孔子说：“君子有三件事要敬畏：敬畏天命、敬畏大人物、敬畏圣人的言教。这些工农小人物不懂天命因而也就不敬畏，不尊重大人物，戏侮圣人的言论。”

●对天命、大人、圣人这“三畏”，是入朝廷做君子很有价值的劝诫，但工农小人并不靠官做官，所以没这“三畏”。这完全是职业不同造成的社会习惯差异，并非此人德高彼人德低。

小人＝小人物，大人＝大人物，这是清晰的社会人群分类。从孔子眼中的价值里，大人物必须是让小人物和君子们用来尊重的，要从心里尊重到“畏”的样子。君子们的老板是大人物，他们能“畏”，但小人物们的工农，生活中与大人物无大关，所以没必要“畏”。孔子认为小人物们对大人物的“狎”、“侮”，是“不知天命”的结果。这句话是玩弄了一种语言结构上的“归因式恐吓”：果上的三不畏，经由孔子的“不知天命”的归因后，原有果上的那个意识轻快，被孔子找出一个罪恶重大而不可恕的因，从而将果上的那种自在轻快，偷换成了沉重的意识压力。这在佛学里，被称之是“拨弄因果”的非逻辑手段，是意识不善的语言。

天命，无非是讲生死都由老天决定——老天可以因你对大人物和圣人的无畏，而决定你的生死。这就是恐吓！其实，果上的“狎大人”“侮圣人”，并非出自小人物的“不知天命”之因，小人物们只是不经意间把大人物看成了与自己一样的人，并拿他来评论。孔子的逻辑是错误的，心态上的恐吓人也是错误的。

【原文】孔子曰：“生而知之者上也，学而知之者次也，困而学之，又其次也。困而不学，民斯为下矣。”

【释文】孔子说：“生来就知道的，是上等人；学习后才知道的，是二等人；遇到困难才学习的，是三等人；遇到困难也不学习的，这些百姓都是最下等人了。”

●这无非是孔子分列出两类优劣不等的人，强调的是：学做君子的人就优秀，民众不学习就劣。

【原文】孔子曰："君子有九思：视思明，听思聪，色思温，貌思恭，言思忠，事思敬，疑思问，忿思难，见得思义。"

【释文】孔子说："君子有九种事情要考虑：看要考虑是否看清楚了、听要考虑是否听清楚了、脸色要考虑是否温和、表情要考虑是否谦恭、言谈时要考虑是否忠诚、工作时要考虑是否敬业、疑问时要考虑请教、愤怒时要考虑后患、见到好处时要考虑道义。"

●完全是办公室职员的科室处世技能。孔子的道德，其实质并不是我们现代话语中的"道德"一词，而是指某个职业人的职业品质。

【原文】孔子曰："见善如不及，见不善如探汤。吾见其人矣，吾闻其语矣。隐居以求其志，行义以达其道，吾闻其语矣，吾未见其人也。齐景公有马千驷，死之日，民无得而称焉。伯夷叔齐，饿于首阳之下，民到于今称之，其斯之谓与某与？"

【释文】孔子说："见到善事，要像赶不上似的；见到不善事，就要像防被开水烫了似的。我见到过这样的人，我听到过这样的人讲的话。隐居起来寻求自己的志向、维护正义实现自己的理想，我听到过这样的话，没见到有这样的人。齐景公拥有四千匹马，但死的时候，百姓觉得他没什么德行值得称赞；伯夷、叔齐饿在首阳山下，百姓却至今称赞他们。你说这又是为什么呢？"

●这就像老鼠之辈，见到香甜的一窝蜂地上，这是看到世道好了谁都想上去占一脚。世道搞不好了，就如老鼠听到猫步声拔腿就逃，放弃责任去过个人隐居生活了。这类孔子赞叹的人，是以自私的心专来求"善"的。有人把"见善"误解成见到善良，其实这里讲的"善"，都是代指某事情的好处，并不是指心的善良。把"事的好处"解成了"善良"，是曲解和美化了孔子的原意。

首阳山遗老

孔子拿同是贵族后代的齐景公与伯夷、叔齐做比较,孔子认为齐景公是处于乱世之中,是在"不善"之中当上了国君,他没有隐退。而商末的伯夷、叔齐,在商亡周朝来到之际,隐入首阳山,结果饿死了。孔子说齐景公乱世中的就位致富,是不仁的,只有隐匿深山才值得称赞。

孔子的这种说法,又显然有了逻辑上的矛盾:依他发明的"君君、臣臣、子子"来论,齐景公是以贵族君王的身份继位于齐国,其拥有马千驷,完全正常的是在"君君"。因为君王具有诸侯的权力,财产权和兵权诸侯国也都是相对独立的,所以孔子举证的"齐景公有马千驷",并不构成"民无得而称焉"的直接结果,孔子是拿一条妄语作了佐证。

伯夷、叔齐是商朝贵族,在商末乱世时,不能以身挺出纠正时弊,为商朝提出改革智慧或正义力量。反而以隐匿的方式,冷眼旁观商朝的倒台,这是不是已构成了孔子说的不仁不忠不义不孝呢?

伯夷、叔齐都做了个"臣不臣"的坏榜样,而反被后世百姓们所赞赏,只能说明,孔子的那种"臣臣"思想是被各代老百姓反对的。连孔子自己也有自相矛盾的时候,这里孔子忘了他前面曾对弟子劝导的讲话了。季氏攻打颛臾时孔子训斥冉有、季路"危而不持,颠而不扶",这不是也批了伯夷、叔齐的"不持""不扶"吗?伯夷、叔齐的商朝逸民举动,被商朝后的周朝百姓所赞叹,这也说明了敌对势力的百姓们永不希望商朝的改革和扶正,"臣臣" 思想在人们眼中是个无脑主义的束缚。所以孔儒在"臣臣"与"隐逸"问题上的矛盾立场,已处于左右两非的处境了。

【原文】陈亢问于伯鱼曰:"子亦有异闻乎?"对曰:"未也。尝独立,鲤趋而过庭,曰:'学诗乎?'对曰:'未也。''不学诗,无以言。'鲤退而学诗。他日又独立,鲤趋而过庭,曰:'学礼乎?'对曰:'未也。''不学礼,无以立。'鲤退而学礼。闻斯二者。"陈亢退而喜曰:"问一得三:闻诗,闻礼,又闻君子之远其子也。"

【释文】陈亢问伯鱼:"你学到了密传吗?"伯鱼答:"没有。只是有一次他一个人站在那,我快步走过庭。他问:'学诗了吗?'我说:'没有。''不学诗,就不能掌握说话的技巧。'我回去学诗。又一次他又一个人站在那,我快步走过庭。他问：'学礼了吗？'我说：'没有。''不学礼，就不能立足于社会。'我回去学礼，就听过这两次。"陈亢回去高兴地说："我问一件事，而得到三方面收获：知道诗的作用，礼的作用，又知道了君子并不偏爱自己的儿子。"

●从伯鱼与孔子的对话中，可以看到"诗""礼"都是孔儒混世的技巧，陈亢也是个脑子不好的人，孔子并不是他所认为"远其子"的人，而恰恰相反，是赤裸裸地以直授混世技巧的亲情父子。

用现代眼光看，孔子拿学"诗"作为培训说话的技巧，用来教孩子是错认了定盘星。诗的表达方式，虽可得到概念的表达经验，但由于诗的逻辑态在一切语言形式上，是最低级的一类。所以诗意的言词不太具有科学的实证性，也就是这种语言中缺少诚信，都是选词好听的用词技巧。现代语言不支持这样的以诗意入话的方式，已证实这是辞藻华而不实的虚套之语。把孩子都教成这样的讲话中玩弄好听辞藻的人，别说古代官邸不敢用这种人，就是现代办公室里也是讨厌这类人的。

61. 无法下嘴的匏瓜

《论语·阳货篇》

【原文】阳货欲见孔子，孔子不见，归孔子豚，孔子时其亡也而往拜之，遇诸途，谓孔子曰："来，予与尔言。曰：怀其宝，而迷其邦。可谓仁乎？"曰："不可。""好从事而亟失时，可谓知乎？"曰："不可。""日月逝矣，岁不我与。"孔子曰："诺。吾将仕矣。"

【释文】阳货想见孔子，孔子却不接见他，便送了孔子一只猪过来。孔子乘他不在家时去拜谢，却在半路上碰到了，他对孔子说："来，我有话要对你说！"他说："自己身怀宝贝却迷乱于国家中，能叫做仁吗？"孔子说："不能。""可以胜任的事却放它失去了机会，能叫做明智吗？"答："不能。""时光一天天过去了,岁月不等人啊！”孔子说:“好吧,我准备做官。”

●阳货又称阳虎,是季氏的家臣。比孔子年龄大,与后面要讲到的公山弗扰两人,发动了对鲁君公室的政变。这个人是很势利的人,但政治上看不起腐败无能的君王公室,最后因政变失败逃到了国外。

孔子年轻时听说季氏要招待士人,于是披麻戴孝中的孔子也到季氏家参与,结果被做季氏家臣的阳虎呵斥,所以孔子似有点怕阳虎的。这可以用来解释为什么后来孔子不愿见阳虎。可能这时的阳虎正在闹腾如何对付鲁国奴隶主的事儿上,所以想到了孔子,要把孔子拉拢来一同对付鲁国奴隶主势力。

看来阳虎是真心意图拉拢孔子,所以屈身上门来拜访孔子。在见不着孔子之后,阳虎又以一只小猪为礼物表达了诚挚,给孔子留下回访他的机会。这几乎是十分诚挚的约请了,孔子回避不了,就先打听到阳虎已出门了,再佯装去阳虎家回访,要避开与阳虎见面。

结果还是不巧遇上半道折返回来阳虎,两人见面对话,是阳虎主动邀请,孔子被动应对,阳虎用大道理讲话,孔子不好反驳,只是一味应承。但说话时两人的心思不在一块儿,阳虎要孔子来他这做官打击公室,孔子却想着去公室那里做官。

【原文】子曰:“性相近也,习相远也。”

【释文】孔子说:“本性都是相近的,日常所习使人有了差别。”

●这似是孔子在分析阳虎的习气,与他有很大的区别,所以两人走不到一起去。这一论点,他的忠实学生子路,将之谨记在心,结果闹出了两次以这个理儿去干涉孔子出仕的事,这是后话。

【原文】子曰:“唯上智与下愚不移。”

【释文】孔子说:“只有上等人的聪明和下等人的愚蠢是不可改变的。”

●这似乎是讲自己不被阳虎所动,是因为自己是“上智”的“不移”,而阳虎的执拗意图是“下智”,所以孔子也认为对阳虎的下智也“不移”——根本没法改变。

【原文】子之武城，闻弦歌之声，夫子莞尔而笑曰："割鸡焉用宰牛刀。"子游对曰："昔者偃也闻诸夫子曰：'君子学道则爱人，小人学道则易使也。'"子曰："二三子，偃之言是也。前言戏之耳。"

【释文】孔子去武城，听到弹琴唱歌的声音。孔子微微一笑说："杀鸡哪用得上宰牛的刀？"子游对他说："以前我听您说过：'君子学道就会爱人，小人学道就易于被使唤。'"孔子说："同学们，子游说得对！刚才我只是在开个玩笑。"

●这似乎是孔子在以领导身份，去边区的武城视察，学生子游正在那里发展礼教。当听到弦歌之声后孔子以为是子游搞礼乐排场迎接他，于是笑着说子游搞这么大的排场干什么。子游解释说礼乐不是用来迎接老师的，他正在实践老师的教诲，是开发武城百姓来学道。孔子一听，立即改口说自己是误会了。

子游在对话中讲出孔子普及演奏弦歌的意义：一是"爱人"，二是"易使"。对君子可以培养出"爱人"之心，对工农小人可培养出易于被使唤的"奴心"。孔子认为子游的实践，已深得了自己思想的精髓。所以，孔子的乐曲与歌唱，并不是用来提供百姓以快乐生活的，这只是管理百姓的政治工具。用以给君王子弟提供"爱人"之心——对拥有属下成员以执有的兴趣；或用以给工农盗贼等小人，以方便使唤他们的空间。

孔子这句"割鸡焉用宰牛刀"，正点明了他主张应拿弦歌来做"刀"来用，有对人行"宰"的政治功能。所以这句孔子对子张的笑话，实是个双关语，是暗示学生这个音乐也有杀戮的功效。

【原文】公山弗扰以费畔，召，子欲往，子路不说，曰："末之也已，何必公山氏之之也！"子曰："夫召我者岂徒哉！如有用我者，吾其为东周乎！"

【释文】公山弗扰占据了费市在叛乱，来召孔子去做官，孔子想去。子路不高兴地说："没地方去就算了，何必到公山氏那里去？"孔子说："他来召我难道是说的空话？如果有人肯用我，我也许就会建立起又一个东周王朝。”

●“吾其为东周”——这也许就是在阳货家中回避为阳虎当官，孔子心里想去公室做官的目标。

公山弗扰，官至鲁国的费都宰，曾与阳货一起搞废黜鲁国公室三桓的政变。但他从没有呵骂过孔子，所以孔子只对阳货印象不好，反而对其同伙公山弗扰抱有好感。孔子想利用公山弗扰来改变鲁国政局，是属剑走偏锋的一个险招，可是没成功。当阳货在公室政变失败后，公山弗扰并没有与阳货出逃国外，而是占据了费都的有利地势与鲁国公室抗衡。后来孔子终于在鲁国公室里当上了官，代表着公室又去攻打公山弗扰的费城。公孙辄和公山弗扰两人，领着费都百姓们以偷袭鲁国公室的领地，来阻止孔子的堕费之战计划，最终还是战败逃亡。

这个孔子是个很投机的政客。因年轻时被辱而惧为阳货做官，却愿为公山氏做官，转而就跑到被公山氏和阳货所反对的三桓这当了官，就开始攻打起公山氏和阳货所反叛的季氏了，为了达到个人的“伟业”——“吾其为东周”这样的抽象目的，他几乎只是在满足了自尊不伤害的前提下，当什么官他都愿干的，更不要说出尔反尔的杀气腾腾了。

这次是子路抓住了孔子有出尔反尔的毛病，并举给孔子看，让孔子止住了到叛官那里去出仕的念想。

【原文】子张问仁于孔子，孔子曰：“能行五者于天下，为仁矣。”请问之。曰：“恭宽信敏惠。恭则不侮，宽则得众，信则人任焉，敏则有功，惠则足以使人。”

【释文】子张问仁，孔子说：“能在天下推行五种品德，就是仁了。”“哪五种？”说：“庄重、宽厚、诚实、勤敏、慈惠。庄重就不会受侮辱，宽厚就会得到拥护，诚实就会受到重用，勤敏就会获得成功，慈惠就会有本钱差使人。”

●仁＝五种品德的推行，这五种品德是什么意愿从表面上看不出多少名堂来，似乎都还很美丽正确。但是细观这五种品德中，包含的并不是单纯的公共品德，而是孔子个人心理特征那被美化了的一面。第一位的“恭”是指庄重，体现了孔子对满足于自尊的首要精神，这是排列出主观私心为“仁”的首要位置；再看最后之“惠”，孔子解释以“惠则足以使人”，是为计谋着如何差遣别人做事，是对人行贿的用惠，这也是私心，而且已成为千百年来中国人违法行贿的理论基础。可以断定，孔子的“仁”，如此美丽言词的外表下，是以自私为首要条件，以自私做了“仁”最终目的。孔子在阳货和公山氏、三桓公室问题上的表现，足以证明他的“仁”，是美化中自私的代名词！

【原文】佛肸召，子欲往。子路曰：“昔者由也闻诸夫子曰：亲于其身为不善者，君子不入也。佛肸以中牟畔，子之往也如之何？”子曰：“然。有是言也：不曰坚乎，磨而不磷；不曰白乎，涅而不缁。吾其匏瓜也哉？焉能系而不食。”

【释文】佛肸召孔子去，孔子想去。子路说：“以前我听您说过：亲自做了坏事的人那里，君子是不去的。佛肸占据中牟反叛，你要去又怎么解释？”孔子说：“对，我说过。没听说过坚硬的东西吗？磨也磨不坏；没听说过洁白的东西吗？染也染不黑。我岂能像个瓠瓜？光挂在那里而不让人吃呢？”

匏瓜

●佛肸，是晋国赵简子的家臣，是官做晋国的中牟宰，在中牟任期中反叛了赵简子。佛肸欲招孔子去中牟做官，孔子与对公山氏招他一样，再次动心了。结果，子路再次反对，孔子也没去成。

孔子虽没去成，但他的嘴还很佞：他认为自己已是个“坚乎”又“白乎”的东西，到哪里也不会变坏的，就是做了盗贼也是好事。他有个比喻：他不是个葫芦，只能看不能吃。由于他这个葫芦君子没人吃他——不重用他，所以他想到让猫狗来吃他也是一种幸福，这是与私心名利有关的动心。

孔子讲的“匏瓜”，就是葫芦。葫芦才长出来是可以做菜的，一旦让它继续长下去，就会皮老瓤空。孔子认为自己快被学生干涉成老葫芦了。

【原文】子曰：“由也，汝闻六言六蔽矣乎？”对曰：“未也。”“居，吾语汝。好仁不好学，其蔽也愚；好知不好学，其蔽也荡；好信不好学，其蔽也贼；好直不好学，其蔽也绞；好勇不好学，其蔽也乱；好刚不好学，其蔽也狂。”

【释文】孔子说:“仲由啊,你听说过六种品德六种弊病吗?”对答:“没有。”“坐下,我对你说——喜欢仁德又不好学,其弊病是愚蠢;喜欢智巧又不好学,其弊病是放纵;喜欢轻信又不好学,其弊病是害人;喜欢率直又不好学,其弊病是刻薄;喜欢斗勇又不好学,其弊病是破坏;好刚正又不好学,其弊病是狂妄。”

●这是孔子对“仁、智、信、直、勇、刚”的一种后期约束。他认为没有向他“学”的后续过程,这六个东西就走到反面去了。没有继续的“学”,“仁、智、信、直、勇、刚”就立即变成了“愚、荡、贼、绞、乱、狂”。

为什么孔子持续强调“学”的重要?因为他是教师,这六条都是学生们曾向他“学”的,如果真的学生一学就独立成行了,他教师便控制不住学生的后期。用现在商业的话来讲,就是“售后服务”中止了,学生长期的品质没保障。看来,孔子教授的“仁、智、信、直、勇、刚”也如西方的商品售后跟踪一样,有一个设计商品后续控制的问题啊!总之,是让你买下了他的思想产品后,得要继续不断地买他生产出的后续产品。

【原文】子曰:“小子,何莫学夫诗?诗可以兴,可以观,可以群,可以怨。迩之事父,远之事君。多识于鸟兽草木之名。”

【释文】孔子说:“学生们,为什么不学诗呢?学诗可以激发热情,可以提高观察力,可以团结群众,可以抒发不满。近可以事奉父母,远可以事奉君王;还可以多知道些鸟兽草木的名字。”

●诗的文学特征是情绪文字的抒怀,是情与欲在文学上的格式化表达。孔子可能认为学生们太现实,会冲淡他灌输给他们的主观理念,一旦学生心中带有了诗的主观心态,就会为孔子思想固执地走下去。所以孔子举了一大堆诗的好处,无非是向学生推介这个最具主观化的情绪文学而已。

【原文】子谓伯鱼曰:“汝为周南召南矣乎?人而不为周南召南,其犹正墙面而立也与?”

【释文】孔子对伯鱼说:“你读过《周南》和《召南》吗?一个人如果不读《周

南》《召南》，就像面对着墙站着而无法前进。”

●好像是孔子在强调学诗，必要学他编辑的《诗经》。因为《周南》、《召南》被编入《诗经》风、雅、颂中的“风”中，是处于十五国风之首。伯鱼，即孔子的儿子孔鲤。他把这些诗介绍给了儿子去读。

“诗可以兴，可以观，可以群，可以怨。迩之事父，远之事君。多识于鸟兽草木之名。”这是孔子介绍给学生和儿子读诗的终极目的，其意无非要人能文雅地表达想法而已，因为孔子不喜欢粗陋的表白。当然，主要是看到粗陋的子路，总是直率地干涉他，让他成了一个谁也下不了嘴的大孢瓜。

62. 风雨四季的示范

《论语·阳货篇》

【原文】子曰：“礼云礼云，玉帛云乎哉？乐云乐云，钟鼓云乎哉？”

【释文】孔子说：“礼啊，礼啊，难道只是玉器和丝帛吗？乐啊，乐啊，难道只是钟鼓乐器吗？”

●有人把“玉帛”解释成了白纸，这是错的。周代不要说白纸，连纸是什么都不知道，纸是汉代才发明的。应该按礼器礼物来理解“玉帛”，这才是正确的。玉器与丝帛，是周代古人用来做礼仪交换的常用物品。

孔子认为礼也是精神上的行为，不仅是物质上的玉帛和钟鼓。其目的，是要人们从精神上自觉地束缚好自己的行为，不能只以物质的礼器马虎地应付过去。

【原文】子曰：“色厉而内荏，譬诸小人，其犹穿窬之盗也与？”

【释文】孔子说：“外表威严而内心怯懦的人，用小人作比喻，就像挖墙洞的小偷吧！”

●这是在骂阳货，因为阳货在孔子青年时代，以极威严的姿态给孔子留下了心理上的人格阴影。而且，阳货的为人正是以背叛公室和主人，早被社会指责为非君子的小人，孔子把他比喻为挖墙洞的小偷，孔子对阳货的厌恨之情可见一斑。

【原文】子曰："鄙夫，可与事君也与哉？其未得之也，患得之；既得之，患失之。苟患失之，无所不至矣。"

【释文】孔子说："卑鄙之人，可以共事于君王吗？这种人他在没得到时，却怕得不到；得到后，又怕失去。一旦害怕被失去，他什么坏事都敢做啊！"

●好像是在骂晋国的中牟宰佛肸，因为佛肸是得到了官，又怕失去官，而反叛了主人赵简子。"鄙夫"是指都县一级的城乡之农夫，晋国的中牟，正是合乎"鄙"的级别，所以此句应是骂佛肸。反正孔子被弟子阻止了去中牟当官，所以骂骂佛肸是"鄙夫"也无妨了。当然也可能是在骂干涉他去中牟当官的子路，因为子路一直被孔门人视为鄙夫。

【原文】子曰："古者民有三疾，今也或是之亡也。古之狂也肆，今之狂也荡；古之矜也廉，今之矜也忿戾；古之愚也直，今之愚也诈而已矣。"

【释文】孔子说："古代的百姓有三种偏激的毛病，今人或许没有：古代的狂人很肆意，今天的狂人放荡不羁；古代的高傲者很自律，今天的高傲者凶恶蛮横；古代的愚人天真直率，今天的愚人狡诈无赖。"

●孔子这种推测完全是主观乱说的。孔子之所以这样说"民有三疾"，是想约束人们的心，阻止人们走向不利于奴隶主的一面。因为当时的人们，比较会轻信古人的一切言行，这一特点被孔子加以了利用，这其实不过是一种巧言说服人的小技巧而已。

这里是真的在骂子路了！为了那数次直接干涉了孔子从政方向的缘故。

【原文】子曰："巧言令色，鲜矣仁。"

【释文】孔子说:“花言巧语满脸堆笑,很少有仁心。”

●因为孔子的性格并不喜欢堆笑对人,所以他反对这种性格的人。人吃百谷不同,性格也有各异。严肃板脸的人与嬉笑开朗的人,在政治观念问题上并无区别。怎么一到孔子发明的“仁”上,人的性格就会成为不仁之因啦?导致了汉语中的“巧言令色”,现在都变成了贬义的成语。

子路干涉孔子为盗匪当官的作为,是以孔子自己的堂皇理论来作阻碍的,所以对孔子来说是属“巧言令色”的技法,孔子恨恨地说这种人的行动“鲜矣仁”。

【原文】子曰:“恶紫之夺朱也,恶郑声之乱雅乐也,恶利口之覆家邦者。

【释文】孔子说:“我厌恶用紫色代替红色,厌恶用郑声搅乱雅乐,厌恶用妖言颠覆国家的人。”

●孔子这里指的色彩和音乐,都是用来讲他对于旧习和新潮的喜好选择。紫色是当时十分时髦的色彩,因为才发明出来。而朱色就老旧之色了,听说齐桓公、鲁桓公这些贵族都喜爱这种名贵的色彩。

古代化学不发达,但也有特别的:在现代考古中发现,秦代兵马俑上真就有紫色的合成化学颜料出土,而现代化学也只是二百年里才发明了合成的紫色颜料。我从这段文句上看,合成化学紫色的记录,应该是早在春秋战国时代就有了。

只是孔子厌恶这种新发明的颜料,他认为那是新色要夺取旧色的“颜色政变”。他更举一反三地认为:郑国的民乐也是扰乱雅乐的罪魁,因为郑国的流行音乐正在流播各地,百姓官僚都喜欢听。而这一切,都是过去不曾有的变化。

孔子把新发明的色彩,与新流行的民乐,都视为颠覆国家的严重现象。其实,色与乐的议论,都被孔子用作了“起兴”的手段,来发挥点明“恶利口……”的正题,无疑这是指责子路,是他借了自己讲过的道理,巧言令色的,在干着阻挠出仕的事情。

【原文】子曰:“予欲无言。”子贡曰:“子如不言,则小子何述焉?”子曰:“天何言哉。四时行焉,百物生焉。天何言哉!”

【释文】孔子说:“我想不说话。”子贡说:“您如果不说话,谁教我们呢?”孔子说:“天说过什么?天不说话,照样四季运行,百物生长,天说过什么吗?”

●孔子要弟子们不光只从言论上学道,也要学他的行动。也可认为是孔子正发着业障骂人,在骂学生们全没长眼睛,不看他在生活中的行为示范。

【原文】孺悲欲见孔子,孔子词以疾,将命者出户,取瑟而歌,使之闻之。

【释文】孺悲想见到孔子,孔子却推说有病。传话的人刚出门,孔子就取瑟弹唱起来,有意要让他听见。

●孔子的示范是什么呢?有个叫孺悲的鲁国人要想拜见孔子,不知什么原因孔子摆起臭架子来,不愿见这人。孔子要门人推说自己正生着病,打发走这人。当孺悲信以为真刚离开,孔子就在房里弹起了瑟、唱起了歌,他要让孺悲知道:他就是要这样说着谎赶走他!

都说孔子是个温和的人,因为你看他的理论有多和谐,那是不对的!这个北方大个子对人发泄出的那种恶毒心,用“气死人”来描述也全不过分。这种道德示范,不见得是什么正面的社会之礼吧!

【原文】宰我问:“三年之丧,期已久矣。君子三年不为礼,礼必坏;三年不为乐,乐必崩。旧谷既没,新谷既升,钻燧改火,期可已矣。”子曰:“食夫稻,衣夫锦,于汝安乎?”曰:“安。”“汝安则为之。夫君子之居丧,食旨不甘,闻乐不乐,居处不安,故不为也。今汝安,则为之。”宰我出,子曰:“予之不仁也。子生三年,然后免于父母之怀。夫三年之丧,天下之通丧也。予也有三年之爱于其父母乎?”

【释文】宰我问:“三年的守孝期也太长了——君子三年不行礼,礼必坏;三年不奏乐,乐必崩。陈谷吃完,新谷又长,钻木取火的老方法也该改一改了,一年也就够了。”孔子说:“吃稻米,穿锦衣,在你心安吗?”答:“心安。”“你心安你就做吧。君子守孝中，吃鱼肉不香，听音乐不乐，住宅室不安，所以不做，现在你心安，那么你就做吧。”宰我走后，孔子说：“宰我真不仁德，婴儿三岁后才能离开父母的怀抱。三年的丧期，是天下通行的丧期。他宰我就没得到过父母三年的怀抱之爱吗？”

●宰我是对“守孝”很不理解的一个孔门弟子，他认为儒家以三年守孝期来约束人，是不讲道理的。为什么不守两年，或只用守一年为期呢？而且宰我还讲：三年内不许去操练行礼和奏乐，人们都会把礼节和乐曲都忘掉了，这种三年为期的孝道，是不是也太陈旧了？

当然宰我是从个人的角度，谈“守孝”不是很自然的道，说穿了就是在批判“守孝”严重妨碍了人们的正常社会互动。

孔子对于宰我，也不多去解说三年儒孝对君王利益的重要性，而是从宰我个人父母对子女的养育之恩讲开来，强调了家庭父母与子女之间，有着“以三年还三年”的实际交易关系存在，讲它这样是还做子女的家债。孔子是聪明的：一旦在孝上对“血缘政治”说穿帮了，就没人再服从奴隶制度了。所以把守孝一事，挂上了“家庭中的生命买卖”为招牌，要子女们自觉服从与父母买卖关系的切实交割。这实则只是用一种变相传播“死亡信息”的方式，控制社会人群家家都去做到“三畏”——畏天、畏大人、畏圣人。

宣扬子女对父母子女间“生命交易”的交割，就是孔子论孝的理论实质。拿生命间的生养方式，变作为一种特殊买卖的家庭交易方式，是中国千年家庭悲剧不间断的原因。连血缘亲情都成为了商人式买卖关系的一种兑付关系，可见孔子的政治之孝，对中国人的毒害是十分深的。

我们知道：父母对子女的付出，原只是无私的。一旦有人向父母告知他们与子女之间，还有一种血缘连带的交易关系，于是家庭关系就紧张了起来，什么干涉和胁迫的事都从中冒出来了。如果强权势力扬言要对父母加以“株连”拿去治罪，这些父母就会因惧怕株连九族，而主动地去强行管制子女。如此一来，血缘政治的制度结构就在“孝”中实现了，所以儒孝是典型的政治而不是伦理，这种血缘政治所潜藏的，就是千年里吓破人胆的“株连治罪”啊！

【原文】子曰：“饱食终日，无所用心，焉矣哉！不有博弈者乎，为之犹贤乎已。”

【释文】孔子说:“整天吃饱了饭,什么都不想,真太难了！不是还有博戏下棋的吗？总比什么都不做要好。”

●也许这是对弟子们的劝导,“饱食终日” 正是弟子们的生活状况,“无所用心”是弟子们的生活方式,因为他们的心全都放在求做官上了。他们在老师的教导下,不去种地不去务工,只等着那个政权来招聘他们去做官——这就是“士”的生活追求。

“博”又叫“六博戏”,是一种投骰子的赌博游戏,如同现在的麻将牌。“弈”,就是下棋。用现代的话说:饱食终日什么也不想,这日子也不好过,你们不如去搓搓麻将,下棋消遣消遣也好啊!

【原文】子路曰:“君子尚勇乎？”子曰:“君子义以为上,君子有勇而无义为乱,小人有勇而无义为盗。”

【释文】子路说:“君子崇尚勇敢吗？”孔子说:“君子以道义为上,君子如果勇敢而不讲道义就会作乱,小人如果勇敢而不讲道义就会成为强盗。”

●孔子明文是要弟子们都先放下“勇敢精神”的。因为他有三个理由:“君子”只讲“义”为上,无义的君子有了“勇”,就会“为乱”。无义的小人有了勇,就会“为盗”。由于“义”不是人人都有的,所以“勇”也不能人人该有。孔子看人的态度,就如同给牲畜去势,先手术割了你的“勇”,你再有些个无义也不会出大事了。

所以,中国千百年来,以儒家思想为正统的皇家宫廷里,都喜好着实行用手术阉割来对男性宫奴们去势,去势就是对人的“去勇”啊！这个状况一直到清朝的终止才被消灭,这就是中国的传统文化现象之一。

弟子子路,是最贴近孔子的私人卫士了,他以“勇”著称于弟子中。说实话,孔子在不时被勇敢的子路出面干涉到时,真的是想阉割了他了事！因为他对老师的“无义”干涉中,总是“勇”于冲在前面坏老师的好事。

【原文】子贡曰:“君子亦有恶乎？”子曰:“有恶。恶称人之恶者,恶居下流而讪上者,恶勇而无礼者,恶果敢而窒者。”曰:“赐也亦有恶乎？”“恶徼以为知者，恶不孙以为勇者，恶讦以为直者。”

【释文】子贡说：“君子也有厌恶的人吗？”孔子说：“有啊！厌恶宣扬别人缺点的人，厌恶以下谤上的人，厌恶勇敢而无礼的人，厌恶固执而不通情理的人。”又问：“你也有厌恶的人吗？”子贡说：“厌恶把剽窃当做聪明的人，厌恶把不谦逊当做勇敢的人，厌恶把告密当做直率的人。”

●这是背着子路，孔子与子贡间推心置腹的一段对话。不论孔子举的是什么“厌恶”的例子，无非皆是与给他难堪和麻烦过的事情有关。所谓的“称人之恶者”，就比如批评他在卫国和淫妇南子间的事；“居下流而讪上者”，就比如捉了他的把柄，阻止他去某地当官就是；“勇而无礼者”，这全是在指责什么人，大家一看就知道了——孔子是暗指他厌恶以“勇”著称的子路啊！子路正是常以这三条方式，来亲自干涉孔子行动的人。

看这段师生的一番对话，让我们真切看到了他们两个人，背后不点名地在议论某某的情形哦！孔子推心置腹地发表完自己的厌恶后，又问子贡有厌恶之人吗，子贡也就接着表达出自己心底里，所厌恶的这个人给老师听。这个狡猾的子贡，也是不指名姓地说出了一个人。不过他只从自己感受的角度，说到这个人有“剽窃当聪明”、“不谦逊当勇敢”、“告密当直率”的坏毛病。

孔子与子贡

子贡的一番描述，完全与老师所说的这个人惊人地吻合！他说的竟就是老师所说的这个人，谁？不就是子路吗！也许子贡认为子路有过剽窃作业的行为……反正子路在同学前表现的勇敢，就是老师眼中的“居下流而讪上”，在同学前表现出的果敢直率，就有着以亲近老师的便利，而常常有向老师做出告密的可能！

子贡此人十分厉害，真会顺杆爬，因为子路常把同学的事向孔子告密，所以同学都厌恶子路。曾因子路不好听的乱弹瑟被孔子骂，大家就用赶他下台报复过子路，结果又被老师包庇下来了。这次一听老师不喜欢子路了，所以子贡把一肚子的苦水全倒了出来。

【原文】子曰:“唯女子与小人为难养也。近之则不孙,远之则怨。”

【释文】孔子说:“唯女子与小人难以教养。太亲近了,他们就会失礼;太疏远了,他们就会怨恨。”

●这是向子贡解释他对子路的包庇,是因为子路是小人物,得哄着点。这句原话也是在指责子路。“近之”就是指子路以私人卫士的方便,有接近孔子的条件。“不孙”指“不逊”,是讲子路常有些不敬重老师和同学的粗陋举动。作为卫士你不信任且疏远了他,自然会有被抱怨的麻烦在后头,比如危难中就不会尽心服侍你。但孔子认为子路这类人,就是小人,是与女子一样难教养的那类人。为什么孔子拿女士做“难养”的例子?世俗的男士若要讨得女士的欢心,但凡都得骗着哄着。孔子认为对付子路这种小人物,不用上这手段还真不行。

由于子路是孔子的外家亲戚,与孔子关系不同寻常,所以子路做他的卫士很合理,孔子与他之间关系显得即矛盾又随便,也十分正常。只要子路认为孔子的言与行有不正确的地方,总是直率地提出批评和反驳。这也是个人的性格使然,完全是子路率直磊落的性格决定的。

【原文】子曰:“年四十而见恶焉,其终也已。”

【释文】孔子说:“到四十岁还是个让人厌恶的人,一辈子都完了。”

●这是说子路四十岁,竟被这么多人厌恶,子路这一辈子大概就要完蛋了!呵呵,还在骂这可怜的子路,好像是有什么大事儿,一时让子贡与孔子在子路背后结成一个利益联盟了。

63. 溜滑的泥鳅

《论语·微子篇》

【原文】微子去之，箕子为之奴，比干谏而死。孔子曰："殷有三仁焉。"

【释文】微子离而去，箕子沦为奴隶，比干劝谏而死。孔子说："商朝有三个仁人。"

●这是孔子的一个举例。是他所不能认同的三类人，但他又在称这些人是仁人。可见他是对殷商仁人敬而远之的，是归于他意识中的不可取之列。

【原文】柳下惠为士师，三黜，人曰："子未可以去乎？"曰："直道而事人，焉往而不三黜；枉道而事人，何必去父母之邦。"

【释文】柳下惠当了"士师"，三次被罢免。有人问："你不可以离开吗？"他说："坚持正直辅佐别人，到哪里不是要屡次被罢免？如果用歪门邪道辅佐别人，何必要离开自己的国家？"

●这是孔子所认同的行为范例。用现代的话说：常被公司开除是人品正直的表现，不正直的人何必被开除离开？这无非是借柳下惠之口，表达孔子官运不佳，全是别人有错的理由。总之，孔子从政时的刻薄相，多变嘴佞无不显现，这难道不就是他"事人"不能长久的真正原因么？

【原文】齐景公待孔子，曰："若季氏则吾不能，以季孟之间待之。"曰："吾老矣，不能用也。"孔子行。

【释文】齐景公要给孔子待遇，说："要我像鲁君对待季氏那样对待你，我做不到，只可以给以季氏和孟氏之间的待遇。"又说："我老了，不能用你了。"于是孔子离开了齐国。

●分析：孔子以类似"枉道"的方式，先于工作前要看齐国给他的待遇。齐景公给他的待遇，并没达到鲁国司空之类的官阶。其实是齐景公并不想直接让孔子去接近他，所以想要把孔子下放到其他官员的手上，故而说"我老了，不能用你"，这是试看孔子服务齐国的心单纯与否。孔子中计，他本就是为接近齐景公而来，怎愿落到做个齐国宰相之下的小官，这不是被控管起来了么？

结果孔子被齐景公略施小计，一试查出：他的投官并不"直道"。孔子只得悻悻然起身，自己卷了铺盖离开齐国。

有人说：孔子是被晏婴告发和排挤，才离开齐国的。这个也有可能，晏婴身为齐国大臣，一定不喜欢齐景公把孔子当皮球踢给了他来管，景公竟还答应了把尼溪的田地封赏给孔子。又可能晏婴在收留孔子时，把孔子形容得很不好，于是齐景公才对孔子说"不能用也"。这句话，意味着景公启用孔子的政治阻力太大了。

其实，孔子可能根本不想屈居在晏婴之下混。看不顺他的这个晏婴，是齐国有实权的大臣，而孔子此番求官努力，无非是意在要取代了晏婴的地位。这些，晏婴都暗中安排了监视，早把孔子一行人调查清楚了。若真落在晏婴手上老实地为齐国打工，那就如同老鼠落到猫窝里，这味道可不好受，还不如逃走。"无可无不可"，其实就是"不可也可"的无可奈何！

【原文】齐人归女乐，季桓子受之，三日不朝，孔子行。

【释文】齐国人送来一些歌女，季桓子接受了，三天不上朝。于是，孔子离开了鲁国。

●齐国人拿歌伎作为国礼，送给季桓子享用。古代的"归"是现在的"馈"字——季恒子一连三天都躲在宫内，享受着齐国的馈赠，三天都没上殿理政。结果，孔子就以这个借口离开了鲁国。

孔子当时在鲁国官任司空，是首屈一指的鲁国重要位置，放着国内政务

孔子借故离鲁

不做，他却要去看君王的好坏。难道君王坏了他就坏了吗？他不是说过“不曰坚乎，磨而不磷；不曰白乎，涅而不缁。吾其匏瓜也哉”的吗？这才几年下来，出尔反尔地又推翻起自己曾坚持的君子态度，竟炒起君王“父母之邦”的鱿鱼了，岂不是太“枉道”？

其实，孔子离鲁，并非因为季桓子三天不上朝这么简单。三天不朝，孔子要决定哪天出走好呢？第一天？第二天？第三天？如果上级一两天不在，下属就不处理公务了，我看这孔子有随便渎职的倾向！上级出游在外数天不朝的情况也是常有的，当时交通不发达。看上级两天不在就逃离了位置，这是仁者么？如果上级犯错三天后回来了，你一个下属还有必要弃官而去吗？上级归位就是错误结束了，哪还有你再接着弃官的必要？三天中，按理哪天弃官都不合适。所以，孔子的借故弃官而走，是经过深思熟虑的。他是因暗谋迎回流亡在外的鲁昭公，而失意于季桓子，故而便要把责任全推给季桓子。此时，鲁昭公似乎病死于国外。

孔子离鲁出走，只有一个真实原因：鲁国在鲁昭公和孔子所领导的数月里，攻打季氏城堡失败了。而鲁国公室也因孔子所出“堕三都”的馊主意，得罪光了鲁国三大家族，引起鲁国上下对孔子制造鲁国内战的不满。鲁昭公已被迫出逃国外长期未归，传闻已病死他乡。孔子在公室里的位子坐不下去了，所以就炒了“父母之邦”鲁国和自己主子的鱿鱼——弃官而去。这也是孔子的无可奈何，即如他佞嘴的那个“无不可”！

64. 鸡鸭间的对话

《论语·微子篇》

【原文】楚狂接舆歌而过孔子曰:“凤兮凤兮,何德之衰。往者不可谏,来者犹可追。已而已而,今之从政者殆而。”孔子下,欲与之言,趋而避之,不得与之言。

接舆截路

【释文】楚国的狂人接舆唱歌路过孔子旁,说:“凤啊!凤啊!你怎么这样倒霉?过去的不可挽回,未来的还可以赶得上……算了!算了!现在的从政者很危险!”孔子下车,想跟他说话。但他赶快避开了,孔子没能与他交谈上。

●这是一个隐士冲撞孔子的故事,隐士在向孔子推荐一种真实观察自我的生活态度。

“接舆”是一个楚国的狂人,从名字上看,这只是他的绰号,意思是拦截车轿的疯子。这个人很著名,在《楚辞·九歌》等书中也说到过他。他会把身体涂上生漆让自己的皮肤烂掉,装成会传染人的、十分可怕的麻风病人,披头散发或光着脑袋,专在路上拦人家贵族的车轿。这次,他拦截的是孔子入楚的车辆。

接舆所唱的这歌词,《庄子》中记得最详细:

凤兮凤兮,何如德之衰也!

来世不可待,往世不可追也。

天下有道,圣人成焉。

天下无道,圣人出焉。

方今之时，仅免刑焉。
福轻乎羽，莫之知载。
祸重乎地，莫之知避。
已乎已乎，临人以德！
殆乎殆乎，画地而趋！
迷阳迷阳，无伤吾行！
吾行曲，无伤吾足。

这首歌的内容是嘲讽孔子的：四处跑官又求官，还以为自己是做了个什么的圣人。这种圣人混到了如今，也只能是比可怜流放的刑徒要强点。即没有福，还不自知有几两的轻重，从头到尾的祸事倒是大得可怕，却从不懂得要避开……接舆在歌中，请孔子立即端正了德行、像个样子地走人道！而《论语》中此段的记歌内容如下："早都过去了的事儿你再做拦谏，也是放了个马后炮，有种的你在没到来的事儿上，先追在前头发现了它。"歌的内容词句十分精彩！格调中有浓郁的楚辞风格。

【原文】长沮桀溺耦而耕，孔子过之，使子路问津焉。长沮曰："夫执舆者为谁？"子路曰："为孔丘。"曰："是鲁孔丘与？"曰："是也。"曰："是知津矣。"问于桀溺，桀溺曰："子为谁？"曰："为仲由。"曰："是鲁孔丘之徒与？"对曰："然。"曰："滔滔者天下皆是也，而谁以易之。且而与其从避人之士也，岂若从避世之士哉？"犹而不辍。子路行以告，夫子怃然曰："鸟兽不可与同群，吾非斯人之徒与而谁与？天下有道，丘不与易也。"

【释文】长沮和桀溺在耕田，孔子路过，让子路向他们俩询问渡口。长沮说："驾车人是谁？"子路说："是孔丘。"又问："是鲁国孔丘吗？"回答："是。"长沮说："他天生就应该知道渡口在那里。"子路再去问桀溺。桀溺说："你是谁？"答："我是仲由。"问："是鲁国孔丘的学生吗？"答："是。"桀溺说："坏人坏事像洪水一样泛滥，谁能去改变？你与其跟随避人者，岂不如去跟随避世的人？"边说边不停地劳作着。子路回来告诉孔子，孔子失望地说："人不能和鸟兽同群，我不同这些人打交道同谁去打交道？天下有道，我就用不着改变它了。”

●这是两位隐士，向子路传授智慧之道——如何才能把主观与客观相统一。

长沮、桀溺都是自耕为活的隐士，长沮开玩笑说：孔子都自称是天才了，他应该什么都懂！我就不用告诉渡口在哪了，去问你的老师去吧！

桀溺严肃地对子路说：你跟随孔子这种“避人”的人，不如跟随我们这“避世”的人有饭吃。所谓“避人者”，是指有极主观的择人要求，且去四处找人交往的人。而“避世者”，是指不去掺和纷乱的红尘是非，冷眼旁观，自食其力。

两位自耕的隐士，借机对子路讲授“什么才是真智慧”。长沮暗示给子路：传播对生活有实用意义的知识者，才是真正的圣人。而孔子传播的那种空中楼阁的君子知识，绝不可能是圣人。桀溺教育子路说：极热切的主观要求下，是看不清楚社会真相的；而以第三方的方式去冷眼旁观，倒是最能看清世界。

【原文】子路从而后，遇丈人，以杖荷莜，子路问曰：“子见夫子乎？”丈人曰：“四体不勤，五谷不分，孰为夫子？”植其杖而耘。子路拱而立，止子路宿，杀鸡为黍而食之，见其二子焉。明日，子路行以告，子曰：“隐者也。”使子路反见之，至则行矣。子路曰：“不仕无义。长幼之节，不可废也。君臣之义，如之何其废之。欲洁其身，而乱大伦。君子之仕也，行其义也，道之不行，已知之矣。”

【释文】子路跟随孔子但落在了后面，遇到一位老人，用拐杖挑着农具。子路问：“您见到我的老师吗？”老人说：“四肢不劳动，五谷分不清，怎么算是老师？”说完，就扶着拐杖除草。子路拱着手站在一边。老人留子路过夜，杀鸡煮饭给子路吃，又让两个儿子跟子路相见。第二天，子路告辞后把情况向孔子作了汇报。孔子说：“是隐士。”让子路返回去见老人，到了他家，他已出门

丈人款待子路

了。子路说："不做官是不义的。长幼之间的礼节，不可废除；君臣之间的义，又怎能抛弃呢？想洁身自好，却破坏了君臣之间的大伦。君子做官，只是为行义，至于天下的道义行不通，我早就知道行不通了。"

●丈人，即扶拐杖的老人。他认为孔子并不是什么合格的"夫子"——老师，因为这老师是"四体不勤，五谷不分"，暗示孔子只是个反感劳动只想享受的坏老师，不能算是夫子。

这位丈人，又请子路来他家过夜，请他吃了丰盛的农家饭，又介绍自己的两个儿子给子路认识。这一切，都是丈人努力在展示自己劳动的所获：有家有儿女，又有食物美餐，这一切都是他亲手踏实劳动的成果。

孔子叫子路再去找那丈人，这回丈人却回避了他，出门了。子路向丈人的儿子反复劝说，要他们出来跟着孔子游历做官去。这老隐士原本是想动员子路留下来，不要再跟着他眼中的坏老师跑，结果反被孔子派了子路，上门去煽动儿子们抛弃他。当然，孔子出如此毒招，全然都不顾他曾讲授过"儿子之孝"的内容了。

可见，拦车疯子——楚国接舆，对孔子交锋中的回避是对的！孔子有很强的报复心，他虽不再骂人，但反手就会不动声色地来搞你这么一下。这个老隐士，即此就遭孔子报复了，因为老隐士想挖走对他最忠诚的卫士！

试想，如果子路当真在这里，就这样中止跟随孔子的做官追求，以自己的壮实劳力，自食其力生活在踏实的劳动中，他也就不会去以贵族家臣身份参与械斗，被人碎成肉泥了！古代隐士中，真能识人未来之命者，是大有人在的。也不知丈人是预知未来躲开了子路，还是明知道子路是他救不下来的，所以躲开了子路。反正神秘的老隐士，只给了子路一次改变命运的机会。

而子路再次上门的动机中，无论他"君臣大义"宣扬得如何伟大，客观上都有想立即挖走他儿子、暴饿这老人的动机。

【原文】逸民，伯夷、叔齐、虞仲、夷逸、朱张、柳下惠、少连。子曰："不降其志，不辱其身，伯夷、叔齐与？"谓柳下惠、少连："降志辱身矣。言中伦，行中虑，其斯而已矣。"谓虞仲、夷逸："隐居放言，身中清，废中权。""我则异于是，无可无不可。"

【释文】隐士：伯夷、叔齐、虞仲、夷逸、朱张、柳下惠、少连。孔子说："不降低自己的理想，不屈辱自己的身份，是指伯夷、叔齐吧？"他评说柳下惠、少连道："降低志向、屈辱身份，但说话合乎伦理、行动合乎理智，他们只做到了这些。"评说虞仲、夷逸道："隐居起来放弃言论，保自身清白，废除自己的权利。我同他们不一样——这样也行，那样也行。"

●相比这七位不同生活方式的隐士，孔子都不做赞同。所以可说孔子是反对人们做隐士的，当然他也必然反对隐士们的哲学思辨，因为孔子的人生态度是无原则性的投机思路——用他自己的话说是："我则异于是，无可无不可。"

什么求理想之志、不屈辱其身；什么合乎伦理的"中伦"、合乎理性的"中虑"、保清白的"身中清"，这些七隐士所具备的人格品质统统都不要！孔子只图"这样也行，那样也行"地投机着做官去。

65. 三个臭皮匠的会议

《论语·子张篇》

【原文】子张曰："士见危致命，见得思义，祭思敬，丧思哀，其可已矣。"

【释文】子张说："士见到了危险要处处联系到性命交关；见到利益时要多考虑道义；祭祀要想着虔诚，居丧要想着悲哀。这样就可以了。"

●孔子逝世了。这段其实算是子张起草的，是优选孔门新掌门人的一个基本稿。"见危致命"的"致"是"想到"的意思，即"见到危难的事要想到身命"。有人把它理解成"敢豁出命"，这是不对的，如果真是这个意思，不如写成"见危掷命"。

子张这句话，是讲他对"士"的生活理解，是他通过孔子的教诲，以及自己体会得到的总结。前两个是讲官场生活的原则，后两个是讲祭祀生活的原则。这两种原则基本概括了“士”生活的全部。

墓地上的会议

子张认为:“士”没有义务为官场事务去“豁命”,他老师孔子的行为也为此做了示范,他就从没有为那个国家或某种道义去豁出命。这是做“士”第一位的原则,子张深得孔子“无可无不可”的真传,用现代话说,就是混官场的就必须为人油滑,以保身命。

“见得思义”,是子张认为的官场第二原则,每次从别人这拿好处时,都要从“义”上去考虑该不该拿。注意:这个原则讲的是“见得思义”而非“见得思法”,“义”是情感与主观的“相似理性”构成。所以它是从自私出发的自我约束,而非从公德出发的法律约束。我认为孔儒只以“义”而不以法律为思,便是以第一原则“见危致命”做它的基调,是“混官场”的不正确为官之道所决定的。

“祭思敬”是表面上看去很普通的行为规范,但它体现了所祭的对象,具有至高权力的身份,子张划出了祭的对象范畴只能是“历代天子”。孔子反对人们去祭祀历代周公以外的一切先人,所以子张讲的“敬”是针对非直系关系的祭祀对象,认为行祭者不易对他们起敬。人们去敬自己直系祖先很容易做到,但对并非自己祖先的“历代天子”,人们就显得很无所谓。

“丧思哀”是专讲家庭成员的去世,悲哀是做“士”必需的表达。由于“丧”是孔子强调的孝道,它关系到家政关系向国政关系的“移情”,所以是士的重要生活准则。没有这些家庭内部的先期模拟行为,就无法向国政关系,去完成“移情”的条件准备。孔子认为一旦达成“移情”,就很容易达到“认君为父”的心理暗示。而这是奴隶制度的分封原则的概括,分封政权就是一种以君为父的国家建制。这种建制有着庞大的树型层层分支血缘关系来组成政权,用现代话说,就是血亲特权制度。

国家利益在这种血亲特权之下,是层层剥削与瓜分的关系,直至完成对最底层奴隶的奴役。而子张所说的“士”,则是处于奴隶之上、奴隶主之下的下层管理者,处于非直系血缘关系的远亲成员。“见危致命”、“见得思义”,体现了“士”在这种古老特权下混日子的某种心理特征。

【原文】子张曰："执德不弘，信道不笃，焉能为有，焉能为亡？"

【释文】子张说："拥有道德不去弘扬，信道义却无笃诚，有他与没他一个样。"

●这句话的重心，在于强调"传播和实践"。子张认为，学了孔子的理论而不做传播和实践，教这种学生是完全没有意义的。子张似意识到：学了老师的理论后不做传播和实践，几乎就是处于近似反叛这个理论的境地之下了，而且是以摸清了这个理论后再加以反对或不服从，是属于孔门内奸和叛徒。看来这个子张很无学术宽容心的，行为上很偏激。

可以看到，子张似乎在为办学之事，想开除某个"执德不弘"的孔门学人。

【原文】子夏之门人，问交于子张。子张曰："子夏云何？"对曰："子夏曰：可者与之，其不可者拒之。"子张曰："异乎吾所闻。君子尊贤而容众，嘉善而矜不能。我之大贤与，于人何所不容；我之不贤与，人将拒我，如之何其拒人也？"

【释文】子夏的学生，请教子张怎样与人交往。子张问："子夏怎说？"答："子夏说：可以交朋友的人就相交，不可交就拒绝他。"子张说："我听到的与这不同——君子尊重贤人容纳众人，赞扬善人同情弱者。如果我是个大贤人，什么人不能不容纳？如果我是个不贤人，人人都会拒绝我，这样我又拿什么态度拒绝人家呢？"

●孔子教的东西出矛盾了：同是弟子的子夏与子张的孔儒理论，出现了对立的态度。一个是"坏友不交"，一个是"好坏都交"。子张的答复中以"大贤"自恃，所以贬低了子夏，意即老师孔子视我为"大贤"，所以授我好坏朋友都应交往的方法。而子夏非大贤，或子夏门人非大贤，故只授以了"坏友不交"的方法。

这好像是子夏的学生在主动拦阻子张开除某孔门学生的行为。

【原文】子夏曰:“博学而笃志,切问而近思,仁在其中矣。”

【释文】子夏说:“既要博学也要专一,既扣紧了问题提问又要努力思考,仁就在这当中了。”

●子夏希望对于一个人的仁与非仁,要落实到具体的学习态度上来观察,以期获得把握。子夏也与孔子一样,喜欢用“仁”捣糨糊:一些很平常的对立与统一的学习关系,转而又成了“仁”的意义。

【原文】子夏曰:“百工居肆以成其事,君子学以致其道。”

【释文】子夏说:“工匠在作坊中完成工务,君子在学习中掌握道义。”

●把学习视为工匠的劳作场所,这个比喻不太科学,这完全是孔子推荐的诗意思维方式的随意跳跃性所造成的,喜欢用不相干的东西来比拟另一件事。劳作场所是借以生产资料和生产工具,来完成加工增值的工作环境;而学习只是拿前人经验为学习对象,加以学习储备的过程。加工增值与学习储备不是一个等级,学习储备不过只相当生产工具的筹备阶段,还不属于进入作坊之列的。如果到了开工再去筹备工具,岂不乱了套?所以说子夏不是很了解工农生话的人,他视“小道”“泥”滞了“大道”的想法,导致了在教学上也只能用不严谨的诗意,去模糊地乱说乱道了。

【原文】子夏曰:“君子有三变:望之俨然,即之也温,听其言也厉。”

【释文】子夏说:“君子有三变:看起来他很严肃,接触后就知道他很温和,听他说话却很严厉。”

●子夏又提出掌门人的三个观察方式:三变。这是子夏描绘君子在“小人”前的表现:形象严肃、行为温和、语言严厉。这“三变”可以唬住“小人”,是君权表达的职业要求。血亲势力以这种“变”的方式,以期成为人类中的永久管理者——“大人”。

【原文】子夏曰:“君子信而后劳其民,未信则以为厉己也。信而后谏,未信则以为谤己也。”

【释文】子夏说：“君子树立了威信才可以指使民众；无信誉时群众则会以为你在虐待他们。取得信任后才可以去劝谏上级；没得到信任，上级就会以为你在诽谤他。”

●子夏认为“威信”对掌门人的重要性！子夏把对人的“信”，分成对血亲势力内部及对血亲势力以外共两种。子夏认为对内外都树立起了威信，才能收拾起非血亲的小人们，并能有效干涉血亲势力内部的发展，而不至于小人不服大人不纳，反而伤了自身。

【原文】子夏曰：“大德不逾闲，小德出入，可也。”

【释文】子夏说：“大的仁德不可去偷加越界，小的仁德可以有点出入。”

●子夏认为对于候选人，小的过节也不必太考究，大的仁德，是指对特权血亲势力的大利益大方向的把握，这是共同情感纽带的现实意义，打破这个利益血亲关系即礼崩乐坏，所有血亲都会特权尽失，这利益的“大德”是有连带关联的。“小德出入”是指为保存全体利益，消灭内部异己的这种“内战手术”，可以动一点，比如消灭鲁国的“三子”的军事行动，虽然“三子”也有贵族身份，也是血亲势力的成员。但他们不想走血亲势力早已制定的管理方针，自寻门路背离血亲共同利益，就要毫不客气地从身体上消灭他们，这是“可也”的。

纵观孔子的历史行为，他的学生也执有这种为人态度。

【原文】子游曰：“子夏之门人小子，当洒扫应对进退，则可矣。抑末也，本之则无，如之何？”子夏闻之曰：“噫，言游过矣！君子之道，孰先传焉，孰后倦焉。譬诸草木，区以别矣。君子之道，焉可诬也。有始有卒者，其惟圣人乎？

【释文】子游说：“子夏的学生，做些洒水扫地、接待客人之类的小事，是可以的。但没有学到深处，没根本的东西，这怎么能行呢？”子夏听到后，说：“唉，子游错了！君子之道，先教什么？后教什么？这好比草木，都是有区别的。

做君子的道，怎能随意歪曲？能有始有终搞教育，只有圣人能做到吧！”

●子游不赞同子夏做掌门人。子游讲子夏只教会学生做些小事的态度，没有教出做大事的底蕴。子夏反驳说：我对学生们的教学是有先后的，草木萌芽的季节也会各有不同呀！你先别急于歪曲我，要看我以圣人的姿态来从头到尾做给你看！

【原文】子夏曰：“仕而优则学，学而优则仕。”

【释文】子夏说：“当官当得好时还应该注意学习，学习学得好时就应该去当官。”

●这里的“学”特指学孔子的思想。这是子夏表达他具有控制士人的手段，当官以后还要回来接受不断的特训，学好了以后要安插到政权里去当官，以产生孔子思想对血亲政权的控制。子夏提出要永远控制住出仕了的学生，最好要有定期返校这样特训之“学”。

孔子死后，子贡以幕后大老板的身份，联合众人暗中推出了有若和子张两个人选，来作为孔子之后的掌门人，但以迟钝著称的曾参不同意。有若的长相很像孔子生前的样子，常被同学认错。但实际水平相距太大，没有足够的信用而不入选。子夏与子张又互相在学术上起了冲突，连子夏的学生也跳出来非难子张，似乎选子张为掌门人也不合适。子游更不赞同子夏做掌门人，讲子夏教的学生没一个是能干大事的，只会斤斤计较于小事。整个会议闹得乱哄哄，都在激烈辩论和互相攻击。

这次会议争吵的影响，直达百年后的汉代。正是因为这个缘故，才有了汉代《论语》编纂中，出现称“有子”为有若的注释。这无非是有人为摆平有若门人的不服而作出的献媚之举。更有乱中取胜的中标者曾参，一个外表极其老实迟钝的人，成了孔门的新掌门人。曾参门人为了稳固树立曾参的不朽地位，在《论语》中插入许多曾参的语录，并标注为“曾子曰”，以期告示后人：曾子的水平，与孔子是平起平坐的。

66. 螳螂、黄雀与蝉

《论语·子张篇》

【原文】子游曰:“丧致乎哀而止。”

【释文】子游说:“办丧事只要能表达出悲哀的感情就可以了。”

●子游对丧的态度,只要表达出给人看到的悲哀就可以了,他不主张夸张。

【原文】曾子曰:“吾闻诸夫子:人未有自致者也,必也亲丧乎?”

【释文】曾子说:“我在老师这里听到说,一个人没有必要让自己变成这样的,想必那是亲人丧命的事啊。”

●这里是讲丧事要尽孝伤心,用以发起下文有关孝的政治用意。公元前479年的冬天刚过,孔子病死。孔子的病故,很让孔门弟子们伤心。

【原文】曾子曰:“吾闻诸夫子:孟庄子之孝也,其他可能也,其不改父之臣,与父之政,是难能也。”

【释文】曾子说:“我听老师说过:孟庄子的孝顺,其他方面别人都可以做到,只有他不更换父亲下属和父亲的规矩,是难以做到的。”

●这是以孟庄子的事例,讲尽孝是血亲政治的基础条件,孝得好,政才好。以此引申到守孝的忠诚上去,老师走了他们也还要捍卫老师。强调孔子生前所立的规矩,不应该有变动。

【原文】孟氏使阳肤为士师，问与曾子，曾子曰："上失其道，民散久矣。如得其情，则哀矜而勿喜。"

【释文】孟氏让阳肤当法官，阳肤向曾子请教。曾子说："管理者失道，民心早已散尽了。如果了解了真相，就要去怜悯他们而不要自喜。"

●这里是讲曾参指责当权者无道，是导致了民心涣散因素，不要责怪百姓也不要窃喜而动以图篡位。孟氏是孔子生前所毁灭的两个城市中，其中的一个大家族成员。这段明显是编者用它来证明着曾参并不是一位孔门的窃位者。

【原文】子贡曰："纣之不善，不如是之甚也。是以君子恶居下流，天下之恶皆归焉。"

【释文】子贡说："纣王的不善良，并不像所传说的那么厉害。所以君子最讨厌自己人品处于人下，天下的恶事都会推责到他的身上。"

●子贡说君子怕自己人品被比下去，因为人们会不理性地把不应该归他承担的责任，全怪到他的身上，所谓"人比人，气死人"，子贡深感压力之重。有趣的是子贡在为纣王开脱，子贡也曾有在孔门被责怪的声音不断，他也有过纣王再世的感觉一般。现在，孔子以七十二岁在鲁地亡故了，社会上指责孔子的声音又不断，其中以叔孙武叔为最厉害，因为孔子生前毁了他的家族和城镇，子贡是在为老师打抱不平。

【原文】子贡曰："君子之过也，如日月之食焉。过也，人皆见之；更也，人皆仰之。"

【释文】子贡说："君子的过缺，像日蚀月蚀。一有缺点，人人都能看见；一旦改正，人人都会敬仰。"

●这是暗示大家不要光看到孔子的缺点，也要看到他已改正的地方，希望不要再大力责怪孔子是鲁国灭亡的内因。

【原文】卫公孙朝问于子贡曰:“仲尼焉学?”子贡曰:“文武之道,未堕于地,在人。贤者识其大者,不贤者识其小者,莫不有文武之道焉,夫子焉不学,而亦何常师之有!”

【释文】卫国的公孙朝问子贡:“孔子的学问是从哪里学来的?”子贡说:“文王武王之道,还没有毁灭,存在于人中。贤人能了解其中的大道理,不贤的人只能了解其中的小道理。到处都有文武之道。孔夫子哪里不能学道?哪用得着固定的老师?”

●周文王与武王制定的国家道路,决定了周朝的政治体制和社会格局,相距孔子时代有五百年之远。公孙朝怀疑孔子的所谓周朝礼教,是自己杜撰出来的东西,因为当时根本已没有这个东西在实施了。

子贡说:孔子是特殊的人,他可以到处向贤人和不贤人来学道。文王武王之道,还保存人群中,所以不必有固定的老师,孔子也能学到文王武王所制定的国家道路。

子贡说对了一半:孔子也是与普通人一样的人,还比普通人更要顽固一点。文王武王制定的国家道路:以姬姓血统为树型结构的血亲统治政权,的确还保留至春秋战国之际。若再观察一下被统治者,从他们这些奴隶身上,即可以轻易地发现他们与姬姓政权势力毫无血亲关系。这实质是某家族在统治奴役其他人群的政治体制,其治理机构是血亲联姻而成的分封制,从而建立起庞大的国家统治。

【原文】叔孙武叔语大夫于朝曰:“子贡贤于仲尼。”子服景伯以告子贡,子贡曰:“譬之宫墙。赐之墙也及肩,窥见室家之好。夫子之墙数仞,不得其门而入,不见宗庙之美,百官之富。得其门者或寡矣。夫子之云,不亦宜乎?”

【释文】叔孙武叔在朝廷上对大夫们说:“子贡贤于孔子。”子服景伯把这话告诉子贡,子贡说:“拿围墙作比喻吧,我的墙齐肩高,站在墙外,就能看到我家里富丽堂皇;孔子的墙几丈高,如果不从大门进去,就看不见雄伟壮观、多姿多彩的景象。”

●子贡是依托于孔子的大商人,用现在的行话说:他深得“以商兴学,以学养商”的相生之道。所以他在口头上永远是支持孔子理论的，但他自己却不去当官走孔子主张的路线，他被叔孙、武叔讲成“贤过孔子”，并非是在恭维他。这个“贤”是能干和精明，子贡的依托孔门走的相生之道，的确是精明过人的商人脑筋，他的人生成功是必然过于孔子。

【原文】叔孙武叔毁仲尼，子贡曰：“无以为也。仲尼，不可毁也。他人之贤者，丘陵也，犹可逾也。仲尼，日月也，无得而逾焉。人虽欲自绝，其何伤于日月乎？多见其不知量也。”

【释文】叔孙武叔诽谤孔子。子贡说：“不要这样吧，孔子是诽谤不了的，其他人的贤良，像丘陵一样，还可以超越；孔子却像日月，别人没法超过。虽然有人要自绝于日月，但对日月又有什么损伤？只能表明他不自量而已。”

●每当有人以破坏孔子名誉，要挖子贡的台阶，子贡必然就会站出来支持孔子。他坦承自认孔子高于他，因为孔子的存在，为他的商业活动提供了生存基础。不但孔子高于他，也远高于一切人，因为孔子与子贡的共同利益构成互补互生的原则。

幕后大老板－子贡

【原文】陈子禽谓子贡曰：“子为恭也，仲尼岂贤与子乎？”子贡曰：“君子一言以为知，一言以为不知，言不可不慎也。夫子之不可及也，犹天之不可阶而升也。夫子之得邦家者，所谓立之斯立，道之斯行，绥之斯来，動之斯和。其生也荣，其死也哀。如之何其可及也？”

【释文】陈子禽对子贡说：“你是谦虚吧，孔子哪里比你强？”子贡说：“君子说一句话就可以表现出是否明智，所以说话不可以不谨慎。孔子的高不可及，如同天高不能搭阶梯爬上去一样。他如果有机会治理国家，该立的必立，该行的必行。远方皆来服帖，处处和睦。他活得光荣，死也可哀，我怎么谈得上赶上他呢？”

●孔门的子禽，也私下认为子贡贤过孔子，但子贡不做认可。据说：孔子

曾参

死后，叔孙武叔领头在鲁国批孔，并举出实例，讲子贡做的商务事业，就远远贤过孔子的从政事业。子贡反对这样说，捍卫了他老师的地位。读到现在，我们才发现孔子要弟子守孝三年的功能了：之所以要专职守孝，是为了捍卫亡者的利益。一切与亡者利益有所相关者，皆要为他做出守孝捍卫。此时一般也就是亡者生前得罪过的仇敌会出现聚集，以发起对亡者进行精神鞭挞的时刻。所以孔子的弟子们得守孝三年，以专职精神还击老师的旧敌们。这个叔孙武叔，正是鲁国还未亡国时，孔子领兵攻打的三家新兴地主之一，是个旧仇人。

由于子贡捍卫得最起劲，所以他期间独以守孝六年，完成了对孔子的孝道。大概也只有子贡这样的跨国大老板，才有闲暇长年守孝来亲身捍卫孔子。在第二年里，他就发起了外国政要友朋，为孔子建起奠祭用庙。从此，北方孔儒的学堂，也在他的金钱支助下，继续发展了下去。

那个在这部《论语》里，数度无故插入的"曾子曰"——曾参，一个老奸臣猾，以装着不动声色、被孔子误认为极愚钝的人，终于做起了继承孔门的掌门人来。曾参势力把子贡记载成不及曾参，又以"曾子"称呼，与孔子平起平坐，似子贡又远不及曾参的"贤"。

67. 镜像的总结

《论语·尧曰》

【原文】尧曰："咨，尔舜，天之历数在尔躬，允执其中。四海困穷，天禄永终。"舜亦以命禹，曰："予小子履，敢用玄牡，敢昭告于皇皇后帝，有罪不敢赦，帝臣不蔽，简在帝心。朕躬有罪，无以万方，万方有罪，罪在朕躬。周有大赉，善人是富。虽有周亲，不如仁人。百姓有过，在予一人。"

【释文】尧说:“好啊！你这舜,天数大命降临到你的身上,让你继承帝位。如果天下都很穷困,天授你的禄位也就永远结束了。”舜也这样告诫过禹。汤曾说:“我是商公履——谨用黑牛来祭祀您,明明白白的向伟大的天帝祷告:有罪的人我不敢擅自赦免。你的臣子——我一切的善恶也都不敢隐瞒,内情您心中早皆知。如果我有罪,请不要牵连天下百姓;如果百姓有罪,罪都应归结到我身上。”周朝大量封地给诸侯,使善人都富了。武王说:“我虽有至亲,都不如拥有仁人。百姓有错,全由我一人担罪。”

●这是借尧对舜传位时的讲话内容,以及商汤对天祷告的内容,把帝王的责任讲清楚了:百姓一切的错,帝王都要归为自己的罪。所以封地给诸侯,虽然产生了血亲统治,要让有利于他的人都“是富”。但帝王虽有好的亲戚(善人)帮助,也全是为了实现对百姓的有效管理,所以拥有好的亲戚,不如有能体谅帝王的百姓——仁人。因为理论上拥有了仁人百姓,没有亲戚的帮助也可以达到统治目的。

这段话是引证古代帝王的论据和观点，用来说明社会要继续实行奴隶制度的必要性。其一,奴隶主帝王具有全权的责任心,因为有天帝授权给他们来管理天下百姓,所以帝王会对天帝负责。其二,帝王组织的血亲势力统治,是因为没有更好的替代方式,这全怪百姓中没有仁人,如果百姓都成了仁人,他也就不必这么血腥。

这个说法是极其曲折的理由讲述。若从直接的归纳,无非是讲奴隶制就是天下最好的社会制度,皆因天下百姓都非仁人,所以就有了血亲政治的必要性,血亲政治是帝王去向天帝负责的唯一手段。当然,这段引用,更可能是子贡等为孔子的辩护句,目的是不许叔孙等人再批判孔子。

其实,“天帝”只是人类杜撰的一个中国元素的天神,这是天子用来表明自己的所为具有天然“公允”“合理”的证明——是一个伪证。有了自导自演的天子与天帝父子般的示范,奴隶制中建立起了“君为父”的职业道德观,所以“君为父”是政教合一的基本政治目的。

【原文】谨权量，审法度，修废官，四方之政行焉。兴灭国，继绝世，举逸民，天下之民归心焉。所重民，食丧祭。宽则得众，信则民任焉，敏则有功，公则说。

【释文】谨慎地审查计量，周密地制定法度，修复废弃的机构，天子的法令就可以畅通无阻。恢复已被灭绝的诸侯国，承继已断绝的贵族，提拔前朝的遗民，天下百姓就都会心悦诚服了。掌权者应该重视：人民、粮食、丧葬、祭祀。宽容就能得到人民的拥护，诚信就能使人民的信服。勤敏就能取得功绩，公正就能使百姓高兴。

●这段话是孔子提出如何在春秋时代，去复兴周朝社会奴隶制度的行动纲领。他参照了上面古代天子们的观点，并加以细化。指出要从三个方面去实施复兴：一是从天子法令实施的层面；二是从诸侯血亲关系的层面；三是从民生教化关系的层面。这三个层面是包括了奴隶制帝国的三个基本阶层，即统治者、实施统治者和被统治者。孔子认为要复兴奴隶制，必须实现这三个基本阶层的精神控制。即：天子要承担对人民号令不力的罪责，诸侯血亲要承担起对人民管理运作不力的罪责，人民要承担起对天子诸侯不仁的罪责。

关于对天帝负责的技能，孔儒人士认为：天子对百姓的取信，是管理百姓的重要工具。勤勉与公平，孔儒们认为这是诸侯王长久管理百姓的技术要素。这上面是专讲帝王诸侯们，要对复兴奴隶制承担技术责任。

【原文】子张问于孔子曰："何如，斯可以从政矣？"子曰："尊五美，屏四恶，斯可以从政矣。"子张曰："何谓五美？"曰："君子惠而不费，劳而不怨，欲而不贪，泰而不骄，威而不猛。"

【释文】子张问孔子："怎样才能治理政务呢？"孔子说："尊显五种美德，去除四恶政，这样就可以治理政务了。"子张说："什么是五种美德？"孔子说："君子应该实惠而不浪费，勤劳工作而无怨言，有欲求但不贪婪，平易近人而不骄傲自大，威武严肃而不凶猛可怕。"

●这段是专讲做了上卿、下卿和士的君子们，对奴隶制度所应该承担的复兴职责。做好天子的仆人，能做到"尊五美、屏四恶"，这就是从政的好君子了。

【原文】子张曰："何谓惠而不费？"子曰："因民之所利而利之，斯不亦惠而不费乎？择可劳而劳之，又谁怨？欲仁得仁，又焉贪？君子无众寡、无小大、无敢慢，斯不亦泰而不骄乎？君子正其衣冠，尊其瞻视，俨然人望而畏之，斯不亦威而不猛乎？"子张曰："何谓四恶？"子曰："不教而杀谓之虐，不戒视成谓之暴，慢令致期谓之贼，犹之与人也，出纳之吝，谓之有司。"

【释文】子张说："怎样才能实惠而不浪费？"孔子说："以民众的利益角度去利益他们，不就是给予实惠而不浪费吗？选择可以胜任的劳务来劳动，谁会怨恨？需要仁德便收获了仁德，又贪求什么呢？君子不管人员多少、不管年龄小大、都不怠慢他们，不就是平易近人而不骄傲自大吗？君子衣冠整齐，有尊严地目不斜视，人人见了都很敬畏，不就是威武严肃而不凶猛可怕吗？"子张说："什么是四种恶政？"孔子说："不加教育而加以杀戮叫做虐待，不看原因只苛求成功叫做暴戾，拖延政令导致期限仓促叫做害人。同样地，要向人付资，却出手吝啬，这叫做小气。"

●孔子是讲实惠的：他指出做君王子弟（君子）的人，要从切实的惠及民众利益的角度，为帝王来节省资源支出。更要以教育的方式，向民众传播仁德的意义，并且要为这些有意义的活动的资助上出手大方。说着说着，又转到他的君子教育与资本运作的问题上了。所以说，孔子的"惠而不费"，实是他为募集教育资金所作的理论铺垫。从这点上看，子贡在资金投入上做得最好。

【原文】子曰："不知命，无以为君子；不知礼，无以立也；不知言，无以知人也。"

【释文】孔子说："不懂得命运，就不能做君子；不懂得礼，就无法立足社会；不懂得分辨对方的语言，就不能了解人。"

●孔子讲的"命"——君子命运，是指君王子弟向君王所应诺的社会职责，这种职责就是"命"。所以他讲不知命即无以为君子——不了解自己在社会制度下承担的责任，就是"不知命"。不知礼无法立足，可见君子要对血亲社会制度的格局要服从，不然不知道事业立在什么地方，什么地方可以立命。不知言不能了解人，这是指命与礼是可以用言论传授的，听懂了所传授的内容，才能真正了解孔子。

孔子明确说明要以捍卫奴隶制作为“君子”之“命”，以“礼”来作为捍卫落后制度的程序，以“言”作为捍卫奴隶制血亲统治的工具武器，以达到君子“五美”的外在标准。

我们从《论语》中看到了孔子悲剧式从政的意志，从他语言的多层面流露，十分完整地展现于我们眼前。用佛门的话看：孔子的悲情结局，自有其典型性的因果关系可循。正是他以主观未那识的固执心理是非，情绪化地践行复兴古代落后社会制度的行为规范，导致了理想的覆灭。

他没有认识到他的阿赖耶识，处处伏藏在自我的未那识之下，如同瀑流在恒转。其实，究其佛理，这些被孔子所捉执的表相，全是无自性的虚浮华丽概念，并无天帝授权的自然性。由于奴隶制度并无什么自然性，所以孔子人为远离了其相的无自性，炮制出一个主观抽象的“仁道”为其自性。虚拟为永恒的贵族血亲政治纲常，来让人们去实践。他不知：阿赖耶识、未那识、意识都是“三无性”的，即无相性、无自然性，也无自然性中的随相性。同理，孔子的生命趣向、是非取向、思量方式取向这三个方面，都决定了他为某种主观价值的私心所系缚。在这种系缚下，是根本没有人生解脱境可言。儒者只有通过真切的对生命唯识性做出把握，从而得到转依的寂静升华，才能跳出孔子主观复古主义的窠臼，得到真实的大智慧。

孔子的“道德治国”，不是两千年后今天的“道德”。他的“道”，是血亲统治之路，他的“德”，是服从血亲制度的“仁德”，而“仁”正是血亲的政治关系状态。血亲统治是中国奴隶制社会的基本框架，是它分裂出了全社会的两大对立阵营——奴隶主统治者和奴隶被统治者。用现代观点看奴隶主意识，它就是极不人道的腐败管理体制。

“仁义”是“道德”之外的，第二个被现代人曲解误用的孔子术语。在孔子思想体系里，“仁”是依托于“道”而存在的人际关系，孔子的“道”既然是以周朝血亲统治为价值主体的奴隶制，那么他这奴隶制下的“仁”，必然只能留下对奴隶制的和睦把握，此“仁”只是表达对腐败的和谐精神——互动。所以，这孔子的“仁”并不适用于引到其他社会体制的框架中。比如佛教的沙门制